U0563551

中华人民共和国地方志

福建省志

税务志（1989—2005）

福建省地方志编纂委员会 编

社会科学文献出版社

图书在版编目（CIP）数据

福建省志. 税务志：1989~2005/福建省地方志编纂委员会编. —北京：社会科学文献出版社，2013.3

ISBN 978 - 7 - 5097 - 4026 - 2

Ⅰ.①福… Ⅱ.①福… Ⅲ.①福建省 - 地方志 ②地方税收 - 概况 - 福建省 - 1989~2005 Ⅳ.①K295.7

中国版本图书馆 CIP 数据核字（2012）第 281781 号

福建省志·税务志（1989—2005）

编　　者／福建省地方志编纂委员会

出 版 人／谢寿光
出 版 者／社会科学文献出版社
地　　址／北京市西城区北三环中路甲 29 号院 3 号楼华龙大厦
邮政编码／100029

责任部门／皮书出版中心（010）59367127　　　　　责任编辑／陈　颖
电子信箱／pishubu@ ssap. cn　　　　　　　　　　责任校对／师晶晶
项目统筹／王　菲　陈　颖　　　　　　　　　　　责任印制／岳　阳
经　　销／社会科学文献出版社市场营销中心（010）59367081　59367089
读者服务／读者服务中心（010）59367028

印　　装／北京盛通印刷股份有限公司
开　　本／787mm×1092mm　1/16　　　　　　　　印　　张／16.75
版　　次／2013 年 3 月第 1 版　　　　　　　　　 彩插印张／0.5
印　　次／2013 年 3 月第 1 次印刷　　　　　　　　字　　数／338 千字
书　　号／ISBN 978 - 7 - 5097 - 4026 - 2
定　　价／178.00 元

福建省国税局大楼（右）、地税局大楼（左）

1992年，福州市税务局与司法人员深入企业宣传《中华人民共和国税收征管法》

1992年，平潭县税务局干部到海上征收零散税款

1997年，省国税系统全面推行纳税人自行申报纳税制度

1999年，福州市国税局在五一广场举行大型税收政策咨询服务活动

1999年，龙岩市地税局开展"税收宣传一条街"活动

1999年，全省地税系统效能建设工作经验交流会在石狮召开，推广石狮市地税局效能建设经验

1999年4月，省税务学会赴台进行闽台税务学术交流

1999年，地税系统对干部业务学习实行每周一题、每月一考

2000年，地税系统对税收征管档案资料管理进行规范化建设

2000年，厦门市地税局税收法制业务知识考试

2000年，省国税局表彰纳税大户

2000年，南平市地税局举办"希望杯"
地方税收知识竞赛

2001年，省国税局举行诚信纳税
活动仪式

2001年，厦门市地税局开展
"诚信纳税"万人签名活动

2002年，省国税局召开外商投资企业税收宣讲大会

2002年，漳州市地税局以喜闻乐见的文艺形式深入社区宣传税法

2003年，南靖县国税局办税窗口推行CTAIS1.0征管软件

2004年，国税系统十周年文艺汇演

2004年，省国税局开展"统一电子申报平台"试点

2005年，厦门市国税局、地税局"12366"纳税服务热线人员为社区居民现场解答涉税疑难问题

2005年，省国税局、地税局领导向国家税务总局领导汇报工作

福建省地方志编纂委员会

主　任：罗　健（专职）

副主任：陈祥健　陈书侨　李　强　陈　澍　江荣全（专职）
　　　　方　清（专职）

委　员：危廷芳　张宗云　翁　卡　杨丽卿　巩玉闽　林　真
　　　　林双先　石建平　胡渡南　王永礼　陈志强　蒋达德
　　　　黎　昕　晏露蓉

《福建省志·税务志（1989—2005）》
编纂委员会

主　任：臧耀民　陈青文

委　员：（按国税、地税系统顺序排列）
　　　　连开光　陈　滨　刘孟全　于海春　曾光辉　雷致青
　　　　陈慕斌　林　琼　吴振坤　施维雄　杨　隽　张祖康
　　　　赖土发　罗恩平

曾任《福建省志·税务志（1989—2005）》
编纂委员会成员

主　任：张金水　李国瑛

委　员：张贻奏　谭坚平　叶木凯　程立顺　施隆银　杨　红

《福建省志·税务志（1989—2005）》
编 辑 部

主　编：包逸生　赖勤学

副主编：林知国　王爱华

编　辑：（按国税、地税系统顺序排列）

夏长安　程立金　苏翔天　叶　明　郑旭田　陈端拯

缪爱东　吴　诚　余兆禄　杨纯华　李朝霞　翁祖东

黄晓丹

《福建省志·税务志（1989—2005）》
审 稿 人 员

江荣全　张如力　李平禄　吕秋心　林春花

《福建省志·税务志（1989—2005）》
验 收 小 组

罗　健　江荣全　方　清

序一

"以史为鉴，可以知兴替"，"鉴前世之兴衰，考当今之得失"……这些震古烁今的至理名言无不道出记载历史、传承文明的重要性。编史修志是中华民族的优良传统，一部二十四史，纵述千古，横概八荒，浩渺博大，记载了上至三皇五帝，下至大明王朝，悠悠四千多年的历史，蕴含着丰富的治国安邦的历史经验。至清朝、民国，地方志的编纂不仅成为文化传承的一部分，还被纳入国家的运行机制，有了较为明确的规定和要求。中华人民共和国成立之后，党和政府更加重视编纂地方志，编纂《福建省志·税务志（1989—2005）》亦在于以志察古知今，述往事而思来者。

福建税收的历史，是无数税收前辈工作实践和智慧的结晶，其辛劳和汗水更非笔墨所能形容于万一。通过志书记载，了解福建税情，有助于借鉴以往历史经验，承前启后，继往开来，扬长避短，发挥优势，以利于处理当前税收工作中出现的纷繁复杂的情况。《福建省志·税务志（1989—2005）》全面、系统地记述了1989—2005年福建税务情况，重点记述十七年来福建税制管理体制改革与发展的历程，充分反映全省税务工作者"为国聚财，为民服务"的精神风貌，充分显示福建税收的地方特色和时代特征。1989—2005年，福建省税收工作经历了国家"八五"、"九五"、"十五"三个五年计划时期，为服务经济作出了贡献；经历了工商税制的全面改革，使税收紧跟时代步伐；经历了税收管理体制以及税收征管模式的变革，使征收管理更加科学；经历了税收管理从手工操作到计算机网络的普遍应用，先进的技术使税收管理有了质的飞跃。《福建省志·税务志（1989—2005）》在整理大量史料的基础上，运用历史唯物主义和辩证唯物主义的观点对上述诸方面加以发掘，科学编排，有序记述，内容丰富，行文规范，言简意赅，特色突出。全志涵盖国税、地税方方面面，分则独立，合则系列，以详见长，以精取胜。阅读此志，可领略福建税务沧桑巨变，探索事业发展规律。该志不愧为"以史为镜谋方略，秉笔直书写春秋"，给福建税务系统留下浓墨重彩的一笔。

艰难困苦，玉汝于成。《福建省志·税务志（1989—2005）》的编纂出版，来之不易。本志数十万言，历经数载编纂，广征博采，几易其稿，其间，亦不乏绝宾客之至、忘室家之业者，发愤而作，乃成此志。为确保史料的系统性和真实性，编者不畏艰辛，多方搜集和考辨资料，其执著精神和严谨作风难能可贵。

昨天的福建税务已载入史册，可传而不朽；明天的福建税务有待我们去拼搏、去创新。当前，海峡西岸经济区建设大潮蓬勃兴起，全省税务工作者要顺应历史潮流，在新的征途中，进一步贯彻落实科学发展观，继续推进我省税务事业科学发展、跨越发展，坚持依法治税，深化征管改革，完善税收制度，强化税收管理，提高队伍素质，发挥税收职能，以大手笔，再谱无愧于人民、无愧于时代、无愧于历史的福建税务新篇章！

予为斯序，与吾省税务工作者并广大读者共勉之。

福建省国家税务局党组书记、局长　臧耀民

2012 年 5 月

序二

　　盛世修志，是中华民族的优良文化传统。修志意在"鉴于往事，以资于治道"，既记载历史，又为现实服务，还给后人提供借鉴，功在当代，利在千秋。岁在壬辰，《福建省志·税务志（1989—2005）》编纂成功，这是全省税务系统的一件大事，也是我省税务部门文化建设的一项重要成果，可喜可贺！

　　福建税务的发展过程，是国家税制改革、决策调整在福建贯彻落实的生动体现。为适应经济体制改革和对外开放需要，税制改革也随之展开。1982年，开征中外合资企业所得税、外国企业所得税及个人所得税；1983—1984年，实行利改税；1984—1993年，全面改革工商税制，形成一个适应多种经济成分、多次分配方式，由35个税种组成的复合税制。1993年12月，国务院颁布《关于实行分税制财政管理体制的决定》，明确从1994年起，实行分税制财政管理体制。这是新中国成立以来规模最大、范围最广、内容最深刻的一次税制改革，根据事权和财权相结合的原则，将税种统一划分为中央税、地方税和中央地方共享税，建立中央税收体系和地方税收体系，并建立分别征收中央税的国家税务局系统和征收地方税的地方税务局系统，以稳定中央和地方的分配关系。之后，又不断深化完善税制，2005年，国家开征的税种有21个。这些税制和管理体制的演变，在这部35万言的志书中得到全面而系统的记述，主题突出，主线鲜明，是国家税制改革的历史见证。志书以大量数据和事件，充分反映我省税收在税制改革进程中所取得的辉煌成就；充分展示税收征管手段的现代化、科技化的巨大变迁；充分体现我省税务工作在各个时期的重点、特点及其变化规律。全志内容丰富，资料翔实，结构合理，特色突出，体例完备，文字朴实，是一部福建税务的"百科全书"，它为人们了解和研究福建税务、财政、经济提供可资借鉴的史料。志书传承与资政同在，教化与存史并存，意义深，作用大，值得一读。

《福建省志·税务志（1989—2005）》的编纂出版，是群策群力的结果。此志在编纂过程中，得到省国税局、省地税局系统广大干部职工的大力支持，得到社会各界的关心与帮助，更离不开《福建省志·税务志（1989—2005）》编纂委员会的具体指导和编纂人员的辛勤劳动。几年来，编纂人员不辞劳苦，广征博采，去芜存菁，殚思极虑，数易其稿，终于为福建税务系统献上一份弥足珍贵的礼物。

税收作为宏观调控的一个重要手段，对经济的影响和作用日益加深，对产业、行业的导向和促进更加显现。《福建省志·税务志（1989—2005）》编纂出版之际，正值海峡西岸经济区建设如火如荼之时。希望全省税务系统广大职工进一步落实科学发展观，加强税收政策与业务学习，加强税收工作规律的研究，运用税收政策、法规，加强税源建设，合理聚财，为福建科学发展、跨越发展，为海峡西岸经济区建设作出新的贡献。

是为序。

福建省地方税务局党组书记、局长　陈青文

2012 年 5 月

《福建省志》凡例

本志按国务院颁布的《地方志工作条例》和中国地方志指导小组制定的《地方志书质量规定》要求进行编纂。

一、以马克思列宁主义、毛泽东思想、邓小平理论和"三个代表"重要思想为指导，贯彻科学发展观，坚持辩证唯物主义和历史唯物主义的立场、观点和方法。

二、以福建省现行行政区划为记述的区域范围（未含金门、马祖）。

三、使用规范的现代语体文记述，行文除引文外，均用第三人称。

四、1949年10月1日以前的纪年，标示朝代、年号、年份，括注公元纪年；1949年10月1日起，用公元纪年。

五、各个时期的政权机构、职务、党派、地名，均以当时名称或通用之简称记述。古地名均括注今地名，乡（镇）、村地名前冠以市、县（市、区）名。

六、除引文外的人名，直书姓名，不在姓名后加身份词；必须说明身份的，在其姓名前说明。

七、各种机构、会议、文件等专有名称使用全称，如多次出现需要简称的，在第一次出现时括注简称。

八、凡外国的国名、地名、人名、党派、政府机构、报刊等译名，均以新华社译名为准。新华社没有译名的，首次使用译名时括注外文全称，全书保持中文译名一致。

九、数字、量和单位、标点符号的使用，执行国家有关部门颁布的标准规定。书中同一名称、事实、数据、时间、度量衡、术语的表述，前后一致。

十、图、照、表突出存史价值，样式统一。

十一、采用国家统计部门公布的统计数据和业务主管部门的统计数据；如使用其他数据，则说明其来源。

十二、采用资料一般不注明出处；引文、辅文和需要注释的专用名词、特定事物加页末注解，注释形式全书统一。

编 辑 说 明

一、本志时间上限为 1989 年，下限为 2005 年。个别内容的时间上限有所延伸。

二、省级税务机构表述：1994 年 7 月前，称"福建省税务局"，1994 年 7 月后分设"福建省国家税务局"和"福建省地方税务局"，记述时分两个机构分别记述。地（市）、县（市、区）级税务机构也按此界限分述之。

三、为表述方便，"福建省人民政府"简称"省政府"；"福建省税务局"简称"省税务局"，"福建省国家税务局"简称"省国税局"，"福建省地方税务局"简称"省地税局"；地（市）、县（市、区）税务机构也按此方法简称。

四、由海关征收的税收在《福建省志·海关志》专门记述，本志不涉及。

目　　录

Contents

概　述

一

1989—1993 年，国务院改革工商税制，形成一套适应多种经济成分、多次分配、由 35 个税种组成的复合税制。福建省除牧业税未开征外，其余 34 个全部开征。

1994 年，根据全国统一部署，福建省对税制进行改革：第一，改革流转税制，实行以增值税为主体，消费税、营业税并行，内外统一的流转税制；第二，改革企业所得税制，将过去对国营企业、集体企业和私营企业分别征收的多种所得税合并为统一的企业所得税；改革个人所得税制，将过去对外国人征收的个人所得税、对中国人征收的个人收入调节税和个体工商业户所得税合并为统一的个人所得税；第三，对资源税、特别目的税、财产税、行为税进行调整，扩大资源税的征收范围，开征土地增值税，取消盐税、奖金税、集市交易税等 7 个税种；第四，根据国家税务总局关于下放管理权的规定，福建省停征筵席税。

改革后，福建省税制由四大类组成。其中，货物和劳务税类包括增值税、消费税、营业税和资源税；所得税类包括企业所得税、外商投资企业和外国企业所得税、个人所得税和具有所得税性质的土地增值税；财产税类包括房产税、城市房地产税、城镇土地使用税、耕地占用税、契税、车船使用税和车船使用牌照税；其他税收类包括印花税、城市维护建设税、固定资产投资方向调节税、屠宰税、农业税和牧业税。

到 2005 年，福建省开征的正税有 21 种。此外，还有征缴基金与规费。

二

福建省税收征管模式随着各个时期的税制变化而进行变革。1989 年 12 月，福建省贯彻国家税务局印发的《关于全国税收征管改革的意见》，提出税收征管改革指导思想、原则以及改革的主要内容和实施步骤。主要是改革旧的征管模式，建立相互制约的征管工作新模式；改变"一员到户，各税统管"的征管模式，对城乡各类纳税人，实行税款征收、纳税管理、纳税检查相分离的征管形式。在机关内部划分征收、管理和检查的职能部门，实行征、管、查权力的分离和制约，同时实行专业化管理。有的县、市在推行"征管查相分离"模式的同时，还配套推行企业办税员制度。"征管查相分离"模式，优化税务部门机构的配置结构，使基层税务部门的重心转向征收管理；推动纳税人主动申报纳税，增强纳税人的纳税意识。

1996 年，福建税务系统贯彻国家税务总局提出的"以纳税申报和优化服务为基础，以计算机网络为依托，集中征收，重点稽查"的新征管模式，基本实现了从管户制到管事制、从专管员上门收税到纳税人主动申报纳税的过渡。21 世纪初，为强化管理，进一步完善征管模式，配套制定"税收管理员工作制度"、"税收公开制度"、"领导干部责任制"、"政务公开审议制度"等制度。

三

1989 年，福建省税务机关使用拨号联系方式，实现地（市）局与省局、省局与总局之间的数据传输。在税收计划、税收统计、税收会计以及文字录入方面应用计算机进行处理。1990 年，开始建设"省税务机关局域网"，实现省局机关处室之间的数据传输。1994 年国税、地税机构分设后，计算机技术应用范围进一步扩大。

在计算机设备配置方面，对全省各级税务机关，按照需求的不同，配置小型机、PC 服务器、台式计算机、不间断电源、打印机、网络设备等，至 2005 年，实现干部人手一台计算机，设备的配备满足税收工作需要。

在网络建设方面，1994 年还没有广域网线路，局域网络也仅有 NOVELL 操作系统、带宽只有 10 兆，县区级机关基本没有局域网络，多数计算机还处于单机运行状态。到 2005 年，已实现 SDH 组网方式，开通省、市、县、分局四级广域网络，末端节点带宽达到 2 兆，数据在网络上的传输以及网络技术的应用，达到同期各单位的先进水平。

在计算机机房建设方面，面积大小、场地选择、土建装潢、供电线路、消防系统、通信电缆敷设等，均按照国家税务总局发布的《税务系统新建和改建计算机场地的暂行规定》执行，以达到规范和安全。国税局、地税局两座新办公大楼建成后，均按照智能化的要求，对其进行标准化的布线和机房建设。

1994—2005 年，先后开发和推行使用的计算机应用软件主要有：《税收会统软件》、《福建省国税管理信息系统》、《行政管理系统》、《对外服务系统》、《网上业务系统》、《对外门户网站》、《对外信息交换系统》、《纳税评估系统》、《综合查询系统》、《纳税人一户式管理系统》、《税收执法责任制自动化考核系统》、《增值税防伪税控开票子系统》、《防伪税控认证子系统》、《增值税稽核子系统》、《发票协查信息管理子系统》、《公文处理系统》、《中国税收征管信息系统》等。这些应用软件的投入使用，进一步规范税收业务流程，优化纳税服务。

四

1989 年，福建税务部门继续实行 1985 年国家税务局对福建省税务局的机构设置、干部管理、人员编制、经费开支的垂直领导。1990 年 1 月，省税务局内部处室升为正处级。1994 年，按照国家税制改革的要求，组建国家税务局和地方税务局两套机构。省级完成机构分设之后，全省 9 个地市两套税务机构组建工作也相继完成。此后的十多年，根据税制改革和征管改革的需要，福建税务系统还进行一系列机构改革和调整，逐步建立起以设区市局为中心的专业化征收、管理、稽查体系，基本实现全职能征管机构向"征、管、查"专业化机构的转换。

1989 年，全省税务系统干部职工 13372 人，其中，干部 11725 人，职工 1647 人。到 2005 年，全省税务系统干部职工 20707 人（干部 19600 人，职工 1107 人），其中，国税系统干部职工 9810 人（干部 9336 人，职工 474 人），地税系统干部职工 10897 人（干部 10264 人，职工 633 人）。

十多年来，福建税务系统不断探索人事制度改革，推行竞争上岗，着力建立"公开、平等、择优"的选人、用人机制。2000 年，省国税局组织两次处级领导职务竞争上岗，有 25 位干部通过竞争上岗走上处级领导岗位。2001 年，县（市、区）地税局领导班子副职实行公开选拔，竞争上岗的人数达到同级干部新提拔数的50% 左右。对招录公务员，实行"凡进必考，择优录取"的办法，以保证新增人员的素质。1994—2005 年，省国税系统共招收国家公务员 1489 人，省地税系统招收公务员 2905 人。全省税务系统加大任职培训、更新知识培训和初任培训力度，省国税系统受训 12 万人次，省地税系统受训 13 万人次。继续推进学历教育，到 2005 年底，国税系统大专以上学历 7666 人，占全系统人员的 78.14%；地税系统大专以上学历 7387 人，占全系统人员的 67.79%。

福建税务系统以建设一流税务机关为目标，开展文明创建活动。围绕税收的公平和效率，推行税收业务的规范化建设。围绕先进税务文化，创建学习型组织。围绕以人为本和诚信建设，提高税务人员的职业道德水平和综合素质。1993—2005年，福建税务系统获得省部级表彰的先进单位有 681 个次，其中，国税地税机构分设前有先进单位 3 个次，分设后国税系统 280 个次、地税系统 398 个次；先进个人有 175 人次，其中，国税地税机构分设前有先进个人 7 人次，分设后国税系统 48人次、地税系统 120 人次。

在加强党风廉政建设方面，推行领导班子和领导干部的巡视制度、领导干部重大事项申报制度、任期经济审计制度、离任审计制度和谈话诫勉制度，增强班子和领导干部权力运作的透明度。开展税收法规、岗位职责、办税程序、服务标准、办税时限、违章处罚、工作纪律"七公开"活动，使税收执法权的运行置于全社会的监督之下。执行廉政教育为主和案件查处为辅的工作机制。1989—1993年，全省税务系统共查处案件843件，政纪处分480人，刑事处分52人；1994—2005年，全省国税系统共组织核查信访举报1317件，政纪处分369件。其中，刑事处分55人，党纪处分55人。1994年，地税系统共受理信访举报信件379件，其中，受刑事处分的4人，受行政处分的30人；2004年，地税系统有18人受到党纪政纪处分。

五

福建税务部门既注重税收计划在总量上与经济协调发展，又区分不同税种、不同行业、不同地区的税源情况，力求税收计划更接近税源实际。税收工作以社会进步与经济发展为要务，积极培养税源，大力组织收入，发挥税收积累资金、调节经济和监督管理的职能作用，走依法治税、科技加管理的道路，使税收收入稳步增长。1989—1993年，全省税收总额335.648亿元。1994年，实施分税制后，福建省的国税收入、地税收入均得到较快增长，国税、地税两部门组织的税收收入从1994年的130.291亿元增长到2005年的734.516亿元。1994—2005年，全省税收总额4335.176亿元，其中，国税税收收入总额2666.015亿元，地税税收收入总额1669.161亿元。

1989—2005年，福建税务部门征收各种税收4670.824亿元，规模从1989年的50.074亿元增加到2005年的734.516亿元。此外，福建税务部门还担负基金、社会保险费、教育费附加、文化事业建设费等征缴任务，共征缴458.184亿元。福建税务为中央和地方各级财政收入的稳定增长作出了贡献。

第一章 税制与管理体制

第一节 税 制

1989—1993年，国务院工商税制改革，形成一套由35个税种组成的复合税制。福建除牧业税未开征外，其余34个税种全部开征。其中，商品劳务税类有10个，包括工商统一税、产品税、增值税、营业税、关税、城市维护建设税、资源税、盐税、集市交易税和牲畜交易税；所得税类有9个，包括国营企业所得税、国营企业调节税、集体企业所得税、私营企业所得税、城乡个体工商业户所得税、个人收入调节税、外商投资企业和外国企业所得税、个人所得税、农业税（含农林特产税）；财产税类有7个，包括房产税、城市房地产税、车船使用税、车船使用牌照税、城镇土地使用税、耕地占用税、契税；行为税类有8个，包括固定资产投资方向调节税、烧油特别税、特别消费税、奖金税（包括国营企业奖金税、集体企业奖金税和事业单位奖金税）、国营企业工资调节税、印花税、屠宰税、筵席税。这34个税种中，对外商征收的税种有5个，包括外商投资企业和外国企业所得税、个人所得税、工商统一税、城市房地产税和车船使用牌照税。

从1994年1月1日起，按照国务院部署，福建省实施税制改革。其内容为：统一内资企业所得税制度，废除按企业所有制性质设置的国营企业所得税、集体企业所得税、私营企业所得税制度，所有的内资企业都按《中华人民共和国企业所得税暂行条例》缴纳企业所得税。内资企业所得税实行33%的税率。对部分微利企业增设27%和18%两档优惠税率，取消国营企业调节税和国家能源交通重点建设基金、国家预算调节基金，规范税前列支项目和标准，建立企业税后还贷制度。

统一个人所得税制度：统一实行国务院修改后的个人所得税法。个人所得税法采用分类税率。工资、薪金所得的月扣除额为800元，对外国人采取加计扣除的办法，并根据物价、职工收入、汇率等情况的变化适时调整。工资、薪金所得实行5%～45%的超额累进税率，生产、经营所得实行5%～40%的超额累进税率。

改革流转税制度：取消在工业生产环节征收的产品税，在工业生产和批发、零售环节对商品和劳务普遍征收增值税，增值税基本税率为17%，基本食品和农业生产资料等采用13%的低税率，出口商品一般适用零税率。对少量消费品在征收增值税的基础上再征收一道消费税；消费税的税目设有11个，主要包括烟、酒、化妆品、贵重首饰、摩托车、小汽车、汽油、柴油等；消费税采用从价定率征收和从量定额征收两种办法。对绝大部分劳务和销售不动产征收营业税。新的流转税制度统一适用于内资企业和外资企业，取消对外资企业征收的工商统一税。原来征收产品税的农、林、牧、水产品改为征收农业税和屠宰税。

改革资源税制度：资源税的征税范围包括所有矿产资源，征税品目有煤炭、石油、天然气、铁矿石和其他黑色金属矿原矿、铝土矿和其他有色金属矿原矿、非金属矿原矿和盐，同时配合增值税的改革，适当调整资源税的税负。开征的土地增值税，在房地产的交易环节对交易收入的增值部分进行征收，按照房地产增值额超过扣除项目金额的比例实行超率累进税率，税率从30%～60%不等。取消集市交易税、牲畜交易税、烧油特别税、奖金税和工资调节税。将特别消费税并入消费税，将盐税并入资源税。

经过上述改革，福建税种由34个减少到21个，即增值税、消费税、营业税、关税、企业所得税、外商投资企业和外国企业所得税、个人所得税、农业税、资源税、城镇土地使用税、固定资产投资方向调节税、土地增值税、城乡维护建设税、房产税、城市房地产税（只对外商征收）、车船使用税、车船使用牌照税（只对外商征收）、船舶吨税、印花税、契税、屠宰税。

除了税收，福建税务部门还征收部分非税财政收入项目，有教育费附加、文化事业建设费等。省政府还规定由税务机关征收具有税收性质的社会保险费。

从1997年10月1日起，执行国务院发布的《中华人民共和国契税暂行条例》。11月8日，省政府修订《贯彻〈中华人民共和国契税暂行条例〉实施办法》，规定：征收对象为转移土地、房屋权属。

2001年，福建省按照国务院发布的《中华人民共和国车辆购置税暂行条例》规定，从2001年1月1日起开征车辆购置税，取代车辆购置附加费。

从2002年起，对生产企业自营或委托出口货物全面推行免抵退税管理办法。

2004年初，省政府制定种粮耕地减免农业税政策。

2005年，降低纺织品等容易引起贸易摩擦的出口退税率，提高重大技术装备、IT产品、生物医药产品的出口退税率。2月，省政府发出《关于全面免征农业税和取消除烟叶外的农业特产税的通知》，在全省免征农业税及其附加。

第二节 管理体制

一、税权管理

1989年，福建省继续执行1986年修订的《福建省税收管理体制的规定》，政策性和行业性的减免税审批权限集中在中央和省，集体企业的减免税审批权归地（市），个体户和地方各税的减免税审批权归各县。同时，继续贯彻 1988 年国务院《关于福建省深化改革、扩大开放、加快外向型经济发展请示的批复》的精神。

是年，贯彻国务院办公厅转发国家税务局《关于清理整顿和严格控制减税免税意见的通知》规定：①对特殊消费品（生产销售的烟、酒、鞭炮、焰火、钟、表、自行车、缝纫机、电风扇、电冰箱、摩托车、洗衣机、吸尘器、空调器、电子琴、钢琴、电视机、录音机、放音机、录像机、电子游戏机、易拉罐及易拉罐饮料、铝合金门窗及建筑装饰材料、电度表、糖精、黏土砖瓦、化妆品、护肤护发品、焚化品）和八个小企业（小毛纺厂、小棉纺厂、小丝织厂、小炼油厂、小油漆厂、小轧材厂、小烟厂、小酒厂），各地一律不得减免产品税、增值税。已经批准减免税的，一律从 1989 年 1 月 1 日起停止执行，恢复征税。②对进口国内长线产品、市场价格已放开的消费品和国家限制进口的产品，不得减免进口环节产品税、增值税。对企业生产的出口产品，在出口时实行彻底退税，因此一律不得减免生产环节的产品税、增值税。③对综合性公司、金融性公司和流通领域的公司一律不得减税免税；已经批准减免税的，应停止执行。开办初期缴纳所得税确有困难的，减免所得税期限不得超过一年；已批准减免所得税超过一年的，改按上述规定执行。④对乡镇企业减免税照顾继续执行。

1990 年，省税务局制定《关于减免税审批管理委员会若干问题的规定》和《关于临时性减免税审批权限的通知》，规定对属于需要减免税照顾的，如税高利小的省优、部优产品，社会急需的短线产品因原材料提价等原因造成纳税困难的；因国家重大政策调整企业增加支出造成亏损的；产品适销对路，但无力挖潜改造发展生产的；遭受自然灾害、非常事故，恢复生产或灾后自救生产经营纳税有困难的；利用"三废"（废气、废水、固体废弃物）和其他废用物品生产产品纳税有困难的，以及其他特殊情况需照顾的予以审批减免。同时，加强流转税减免税管理，凡符合临时性减免税条件的纳税人要求减免税时应提出书面申请，阐明理由和提供必要的资料、数据，并同时提出改善经营管理、提高经济效益的具体措施，以及在享受减免税期间的达标计划，作为税务机关监督考核的依据。

1993 年，省税务局制定《福建省减免税管理试行方法》，审批减免税不得越权，对企业申请的临时性困难减免税或以税还贷等，应由各级减免税委员会统一研究。

1994 年税制改革后，实行财政分税制。除屠宰税、筵席税、牧业税的管理权限已明确下放到福建省外，其他税种的管理权全部集中于中央，福建各级政府不能在税法明确授予的管理权限之外擅自更改、调整、变通国家税法和税收政策。

二、财政分税制

（一）实行管理权限划分规定

从 1994 年起，福建省执行 1993 年 11 月国务院颁发的《关于实行财政分税制有关问题的通知》。按财政分税制，各级税务权限划分为：①按税种划分中央和地方的收入。将维护国家权益、实施宏观调控所必需的税种划为中央税；将同国民经济发展直接相关的主要税种划为中央与地方共享税；将适合地方征管的税种划为地方税，并充实地方税税种，增加地方税收收入。同时，按收入归属划分税收管理权限，对中央税，其税收管理权由国务院及其税务主管部门（财政部和国家税务总局）掌握，由中央税务机构负责征收；对地方税，其管理权由地方人民政府及其税务主管部门掌握，由地方税务机构负责征收；对中央与地方共享税，其管理权限按中央和地方政府各自的收入归属划分，由中央税务机构负责征收，共享税中地方分享的部分，由中央税务机构直接划入地方金库。②地方自行立法的地区性税种，其管理权由省政府及其税务主管部门掌握。③根据《国务院关于取消集市交易税、牲畜交易税、烧油特别税、奖金税、工资调节税和将屠宰税、筵席税下放地方管理的通知》的有关规定，省政府根据本地区经济发展实际情况，自行决定继续征收或者停止征收屠宰税和筵席税。继续征收的地区，省政府可以根据《屠宰税暂行条例》和《筵席税暂行条例》的规定，制定具体征收办法，并报国务院备案。④属于地方税收管理权限的，由省人民代表大会或省政府决定。⑤除经济特区外，各地均不得擅自停征全国性的地方税种。⑥经全国人大及其常委会和国务院的批准，经济特区可以在享有一般地方税收管理权之外，拥有一些特殊的税收管理权。⑦涉外税收执行国家的统一税法，涉外税收政策的调整权集中在全国人大常委会和国务院，各地一律不得自行制定涉外税收的优惠措施。

（二）实行分税制收入划分与调整规定

中央政府固定收入：消费税，关税，船舶吨税，海关代征的增值税，中央企业缴纳的所得税，地方银行、外资银行和非银行金融机构缴纳的企业所得税，铁道部门、各银行总行、各保险总公司等集中缴纳的收入（包括营业税、所得税、利润和城市维护建设税），中央企业上缴利润等。外贸企业的出口退税绝大部分由中央财政负担，地方也负担一定比例。

福建地方政府固定收入：营业税（不包括上述划为中央收入的部分）、地方企业缴纳的所得税（不包括上述划为中央收入的部分）、地方企业上缴利润、城镇土地使用税、固定资产投资方向调节税、城市维护建设税（不包括上述划为中央收入的部分）、房产税、车船使用税、印花税、屠宰税、农业税、牧业税、耕地占用税、契税、土地增值税等。

中央政府与福建地方政府共享收入：增值税、资源税、证券交易印花税。增值税收入中央分享 75%，地方分享 25%。资源税收入按照资源品种划分，大部分资源税作为地方收入，海洋石油资源税作为中央收入。证券交易印花税，中央与地方各分享 50%。

1994 年 5 月 4 日，省政府发出《关于省对地市县实行分税制财政管理体制的通知》，在中央与地方财政收入划分规定的基础上进行省与地、市、县收入的划分。

福建省级财政的固定收入：固定资产投资方向调节税，金融保险营业税，省属企业（包括省属股份制企业和与外商合资企业）所得税，省供销社和省乡镇企业局直属企业所得税，省与外商合资企业的所得税，1998 年 1 月 1 日以后投产的省投资的以及省与外商合资、省与省外合资的企业增值税（不包括中央分成部分）、营业税、所得税，省税务局直属征收分局管征的企业增值税（扣除中央部分）、营业税、所得税，证券交易税按中央规定执行，上划中央的增值税、消费税增长返回收入。

福建省级固定分成收入：土地增值税的 40%，资源税的 15%，城镇土地使用税的 20%，耕地占用税的 20%，所有城市（包括省辖市和县级市）的增值税（不含已列入省固定收入的划分）的 10%、营业税（不含已列入中央、省固定收入的部分）的 30%、所得税〔包括国有、集体、乡镇、"三资"（外商独资、中外合资、中外合作）股份制企业和个人所得税，不含已列入中央、省固定收入部分〕的 30%，此后凡新设市均按此范围划分收入。

地、市、县财政固定收入：扣除已划分为中央、省固定收入和分成收入后的增值税、营业税、地方企业所得税、个人所得税、资源税、土地增值税、城镇土地使用税、耕地占用税，其他印花税，城市维护建设税，房产税，车船使用税，屠宰税，农牧业税，农业特产税，契税。

排污费收入、罚没收入、能源交通重点建设基金、预算调节基金按中央、省有关规定执行，单独结算。

福建省分税制财政管理体制的收入基数是以 1993 年决算收入数为基础，扣除非正常的一次性因素后，按照上述收入划分范围计算核定。

省对下的税收返还基数是根据 1993 年中央和省从地市县净上划的数额加减调整因素后核定，1994 年后照此执行。中央对省的税收返还增量全部留在省级，以增强省级的宏观调控能力。

1994 年后，福建省又执行国家对收入划分的调整规定。从 1997 年 1 月 1 日起，将证券交易的印花税分享比例由原来中央与地方各占 50%，调整为中央占 80%，地方占 20%；将金融保险业营业税率由 5% 提高到 8%，提高税率增加的收入归中央财政。从 2002 年起，对企业所得税和个人所得税收入实行中央和福建地方按比例分享。2002 年所得税收入中央和地方各分享 50%；2003—2005 年所得税收入中央和福建地方分享分别为 60%、40%。

（三）实行分税制征管范围划分与调整规定

从 1994 年 7 月起，福建省征收管理范围划分为：

国家税务局系统负责征收管理的项目有：增值税；消费税（其中进口环节的增值税、消费税由海关代征）；铁道部、各银行总行和保险总公司集中缴纳的营业税、所得税和城市维护建设税；中央企业缴纳的所得税；地方银行、外资银行和非银行金融企业缴纳的所得税；海洋石油企业缴纳的所得税、资源税；对上海、深圳两市证券交易所的证券交易征收的印花税；境内外商投资企业、外国企业缴纳的各项税种，外籍人员、华侨和中国香港、澳门、台湾同胞缴纳的个人所得税，以上税收均按照税种分别缴入中央库或者地方库；出口退税；集贸市场和个体户的各项税收（按照税种分别入库）；中央税的滞纳金、补税、罚款收入；按照中央税、共享税附征的教育费附加（铁道部、各银行总行和保险总公司缴纳的部分入中央库，其他单位缴纳的部分入地方库）；国家能源交通重点建设基金、国家预算调节基金（上述两项基金于 1994 年后逐步取消）。

地方税务局系统负责征收管理的项目有：营业税，地方企业所得税（包括地方国有企业、集体企业和私营企业缴纳的所得税），个人所得税，资源税，城镇土地使用税，城市维护建设税，土地增值税，固定资产投资方向调节税，房产税，车船使用税，印花税，屠宰税，筵席税，地方税的滞纳金、补税、罚款收入，按照地方营业税附征的教育费附加。地方税务局还负责征收地方政府委托征收的具有税收性质的政府基金和政府收费。

征税机关除了两个税务系统以外，还有财政部门和海关。财政部门征收的税种有农业税（含农业特产税）、契税、耕地占用税。海关征收的税种有关税、船舶吨税，代征进口环节的增值税、消费税。

从 1996 年 2 月起，福建省执行 1996 年 1 月 24 日国务院办公厅批转的《国家税务总局关于调整国家税务局、地方税务局税收征管范围的意见》。调整税收征管范围为：①集贸市场和个体工商户税收，按照收入归属原则，由国家税务局和地方税务局分别征收管理。即增值税、消费税由国家税务局负责征收管理，营业税、个人所得税和其他税收由地方税务局负责征收管理。②外商投资企业和外国企业的增值税、消费税、所得税由国家税务局负责征收管理。营业税、个人所得税及其他地方税种由地方税务局负责征收管理。③中央与地方所属企事业单位组成的联营企业、股份制企业的所得税，由国家税务局负责征收管理。④对证券交易征收的印花税由国家税务局负责征收管理。⑤教育费附加（铁道部、银行总行、保险总公司缴纳的除外）由地方税务局负责征收管理。⑥其他工商各税的征收管理范围，仍按国务院办公厅规定办理。

是年，福建省陆续开展税收征管范围的调整工作。对"三资"企业涉外税收中的营业税、个人所得税及其他地方税种从 1996 年 7 月 1 日起由地税部门负责征收管理。1996 年 11 月 8 日，省财税协调小组召开财税厅局长联席会议，明确从 1997 年 1 月 1 日起全省均按收入归属原则，实行各收各税。

1999 年，按照国务院实施机构改革的决定，福建省将国有企业所得税管理职能由财政部门划入税务部门，并将国有企业所得税纳入税收计划考核。

2002 年，福建省根据中央所得税分享体制改革决定，对企业所得税、个人所得税征收管理进行调整：①2001 年 12 月 31 日前国家税务局、地方税务局征收管理的企业所得税、个人所得税（包括储蓄存款利息所得个人所得税），以及外商投资企业和外国企业所得税，仍由原征管机关征收管理。②自 2002 年 1 月 1 日起，在各级工商行政管理部门办理设立（开业）登记的企业，其企业所得税由国家税务局负责征收管理。但下列办理设立（开业）登记的企业仍由地方税务局负责征收管理：两个以上企业合并设立一个新的企业，合并各方解散，但合并各方原均为地方税务局征收管理的；因分立而新设立的企业由国家税务局管理，但原企业由地方税务局征收管理的；原缴纳企业所得税的事业单位改制为企业办理设立登记，但原事业单位由地方税务局征收管理的；在工商行政管理部门办理变更登记的企业，其企业所得税仍由原征收机关负责征收管理。③自 2002 年 1 月 1 日起，在其他行政管理部门新登记注册、领取许可证的事业单位、社会团体、律师事务所、医院、学校等缴纳企业所得税的其他组织，其企业所得税由国家税务局负责征收管理。④2001 年 12 月 31 日前已在工商行政管理部门和其他行政管理部门登记注册，但未进行税务登记的企事业单位及其他组织，在 2001 年 1 月 1 日后进行税务登记的，其企业所得税按原规定的征管范围，由国家税务局、地方税务局分别征收管理。⑤2001 年底前的债转股企业、中央企事业单位参股的股份制企业和联营企业，仍由原征管机关征收管理，不作调整。⑥不实行所得税分享的铁路运输、国家邮政、各银行以及海洋石油天然气企业，由国家税务局负责征收管理。⑦除储蓄存款利息所得以外的个人所得税（包括个人独资、合伙企业的个人所得税），仍由地方税务局负责征收管理。

第二章 税 种

第一节 商品劳务税类

一、工商统一税

1989 年，福建对外商投资企业和外国企业仍沿用 1958 年政务院颁布的《工商统一税条例（草案）》，并根据经济发展需要，制定相应的补充办法。

1990 年 5 月，贯彻国务院《关于鼓励台湾同胞投资的规定》，对福州马尾经济技术开发区内的台商投资区开发的合资、合作、独资经营的生产性企业，以及进口自用的建筑材料、生产设备、原材料、零配件、元器件、交通工具、办公用品免征工商统一税；对其生产的出口产品，除原油、成品油和国家另有规定外，免征工商统一税，内销产品，照章征税。在福州台商投资区台商投资企业中工作或在台商投资区内居住的台商人员，携带进口自用的安家物品和交通工具，凭有关证明文件，在合理数量内免征工商统一税。6 月，对境外运输公司只就从中国口岸起运的水上国际运输业务收入按 4.025% 的综合税率征税；对国内运输公司负责的境内陆上运输业务收入，按税法规定征税。7 月，对拉链产品收入减按 8% 征税。

1992 年 8 月，对外商投资企业生产的若干电子产品减征工商统一税。减征后税率为：电子钟表 6%；电视机、显像管、电冰箱 5%；空调机 6%；电子计算机 5%；录像机 10%；吸尘器 5%。

1993 年 1 月，对外商投资企业生产的纺织品、日用机械、日用电器、电子产品税率实行减征。减征后税率为：化学纤维、毛条、其他纺织品 5%；毛针织品、毛复制品、人造皮毛 7%；其他毛纺织品 12%；录音机、放音机、收音机、扩音机、唱片、唱机 5%；照相机 7%；电风扇 8%；自行车 10%。3 月，又对生产糖、啤酒等产品减征工商统一税。减征后税率为：机制蔗糖 14%；甜菜糖 5%；味精 10%；罐头食品 5%；啤酒 25%；金笔 18%；铱金笔、圆珠笔 13%；护肤护发品 25%；香皂10%；肥皂、药皂 5%。12 月，全国人大常委会第八届第五次会议决定，对外商投资企业和外国企业自 1994 年 1 月起，适用增值税等条例，取消工商统一税。

1989—1993 年，福建征收工商统一税 28.676 亿元。

二、产品税

1989 年，继续执行 1984 年国务院颁布的《中华人民共和国产品税条例（草案）》。

1989—1993 年，全省征收产品税 67.667 亿元。

1994 年，停征产品税，改征增值税。

（一）征税范围和税目、税率

1990 年 9 月，省税务局规定，企业用未税原木加工板、段、条，按实际销售收入依 10% 税率征收产品税；用已税原木加工板、段、条，继续减按 3% 税率征收产品税。11 月，省税务局规定，从 1991 年 1 月 1 日起至 12 月 31 日止，对染料和全胶鞋产品分别减按 18% 和 8% 的税率征收产品税。

1992 年 2 月 17 日和 4 月 20 日，省税务局分别作出规定，在 1992 年内对乳胶制品减按 10% 的税率征收产品税；对涂料、颜料减按 12% 的税率征收产品税；对染料产品减按 16% 的税率征收产品税。

至 1993 年底，调整后的产品税有 11 类 93 个税目 347 种，设 25 档和一个单位税额。

表 2-1　　　　　　　**1993 年福建产品税的税目税率表**

类别	税目	征收范围	税率（%）
工业品部分： 一、烟类	1. 卷烟		
	甲级卷烟		60
	乙级卷烟		60
	丙级卷烟		56
	丁级卷烟		50
	戊级卷烟		32
	2. 雪茄烟		47
	3. 烟丝	包括：斗烟、莫合烟	35
二、酒类	4. 白酒		
	粮食酒		50
	薯类酒		40
	糖麸酒		28
	其他原料酒	包括：代用品酒	15
	5. 黄酒		50
	6. 土甜酒		38
	7. 啤酒		40
	8. 复制酒	包括：泡制酒、配制酒、滋补酒	30
	9. 果木酒		15
	10. 汽酒		15
	12. 酒精		10

续表 2－1

类别	税目	征收范围	税率(%)
五、皮革、皮毛、毛制品类	61. 马鬃、马尾、猪鬃		5
	62. 羽毛		5
	132. 鞭炮、焰火		30
	133. 焚化品		55
十三、药类	151. 农药		3
十五、橡胶制品类	160. 轮胎		
	汽车轮胎、垫带	包括：越野车、各种专业车、载重车、客车、货车、挂车及各种机动车的内胎、外胎和垫带	18
	农用收割机、拖拉机、手扶拖拉机轮胎、垫带		10
	其他轮胎、垫带		12
	161. 三角带、运输带、传动带、风扇带		12
	162. 橡胶制品	指以橡胶和塑料为原料合成的各种制品	10
	163. 全胶鞋	包括：雨鞋、雨靴、水田鞋(袜)等	18
	164. 乳胶制品		18
	165. 其他橡胶制品	包括：胶板、胶辊、胶布、胶管、橡皮船、充气垫、热水带、救生圈、雨衣、橡胶零件、各种容器及其他橡胶制品	20
十八、矿产品类	178. 煤	包括：原煤、洗煤、选煤	3
	179. 焦炭		5
	180. 原油	包括：凝析油	12
	181. 人造原油	包括：油母页岩原油、煤炼原油及其他人造原油	5
	182. 黑色金属矿采选产品	包括：铁、锰、铬矿石	3
十九、电力、热力类	186. 大型电力		
	发电		10元/千瓦时
	供电		10
	187. 小型电力	指县级及县级以下和工矿自备电厂	5
	188. 孤立电厂	指行署以上不与电网联网的产销兼营的电厂	25
	189. 热力	包括：热水、热气	3

续表 2 - 1

类别	税目	征收范围	税率(%)
二十、气体类	190. 天然气	包括:气田、油田、煤矿及其他天然气	5
	191. 煤气		
	焦炉煤气		3
	发生炉煤气		3
	液化煤气		3
	192. 石油气		
	液化石油气		3
	其他石油气		10
	193. 工业气体		10
	氢、氧、氮气		
	其他工业气	包括:氖、氦、氩、氪、氯、氙、一氧化碳等	
二十一、成品油类	194. 汽油		40
	195. 柴油		10
	196. 煤油		25
	197. 重油		3
	198. 溶剂油		35
	199. 润滑油		35
	200. 焦油	包括:石油焦油、煤焦油	10
	201. 化工轻油		20
	202. 石脑油		35
	203. 其他原料油		5
	204. 其他炼制油		20
二十二、化工类	205. 润滑脂		13
	206. 固体石蜡		25
	207. 液体石蜡		13
	208. 沥青		13
	209. 石油焦		20
	210. 酸		
	无机酸		10
	有机酸		10
	211. 无机盐		10
	212. 碱		
	纯碱		12
	烧碱		15
	其他碱		10
	213. 氮肥		
	系统设备能力年产合成氨在 30 万吨以上的油制氮肥厂(含 30 万吨)		5

续表 2-1

类别	税目	征收范围	税率（%）
二十二、化工类	系统设备能力年产合成氨在 30 万吨以上的气制氮肥厂（含 30 万吨）		20
	年产合成氨 4.5 万吨至 30 万吨的氮肥厂（含 4.5 万吨）		5
	年产合成氨不足 4.5 万吨的氮肥厂		3
	214. 其他化肥	包括：磷肥、钾肥、复合肥、微量元素肥及其他肥	3
	215. 电石		10
	216. 醇类		
	甲醇		15
	乙二醇		20
	其他醇		15
	217. 苯类		
	石油苯	包括：纯苯、二甲苯、甲苯等	15
	焦油苯	包括：纯苯、二甲苯、甲苯等	10
	其他苯	包括：氯化苯、硝基苯、对硝基氯化苯、二硝基氯化苯	10
	218. 烯类		
	乙烯		10
	丙烯		10
	其他烯		10
	219. 其他无机化工原料		10
	220. 其他有机化工原料		10
	221. 染料		22
	222. 颜料		18
	223. 涂料		18
	224. 化学试剂		13
	225. 化学溶剂		10
	226. 助剂、催化剂		10
	227. 黏合剂	包括：化学胶等	10
	228. 磁带	包括：录音磁带、录像磁带、计算机磁带、软磁带等	10

续表 2－1

类别	税目	征收范围	税率(%)
二十二、化工类	229. 合成橡胶	包括：氟、氯丁、聚硫硅橡胶及其他合成橡胶	
	丁苯、顺丁、丁腈橡胶		25
	其他合成橡胶		10
	230. 有机玻璃		10
	231. 聚乙烯醇		10
	232. 涤纶树脂		15
	233. 聚氯乙烯		10
	234. 聚苯乙烯		15
	235. 聚乙烯		25
	236. 聚丙烯		20
	237. 尼龙66		20
	238. 其他合成纤维单体		10
	239. 炭黑		15
	240. 炸药类	包括：雷管、导火线、硝化棉、TNT	10
	241. 胶卷、胶片		
	水溶性彩色胶卷、胶片		25
	油溶性彩色胶卷、胶片、印刷片		12
	其他胶卷、胶片		15
农林水木产品部分：	242. 茶叶		
	毛茶		25
	精制茶		15
	边销茶		10
	262. 烟叶		
	晒烟叶		38
	烤烟叶		38
	263. 贵重食品：海参、燕窝、鱼翅、鲍鱼、鱼唇、干贝		35
	264. 银耳、黑木耳		5
	265. 水产品		
	鱼、虾、蟹		5
	其他海产食品		5
	266. 毛绒	包括：羊毛、羊绒、驼毛、驼绒、兔毛	10
	267. 原木		10
	268. 原竹		5
	269. 生漆、天然树脂		15
	270. 食品生猪、菜牛、菜羊		3

注：本表是经过重新整理后截至1993年的税目税率表。缺项部分已改征增值税。

（二）计税依据

产品税的计税依据主要是应税产品的销售收入。1990年1月，省税务局发出通知，从1月1日起，对企业采取"以物易物"方式销售的应税产品，凡是企业以低于正常价格作价计销售的，税务机关按以下两个原则核定其产品税的计税依据：属于国家规定统一价格或规定具体作价标准的产品，不得低于国家所定价或价格标准；属于国家允许企业自行定价的产品，不得低于企业销售同类产品的平均销售价格。对企业采取"以旧换新"方式销售的应税产品，按照新商品的销售价格（即不剔除旧商品的收购价）计算征收产品税。对企业采取"还本销售"方式销售的应税产品，一律于产品销售时按实际销售收入征收产品税；企业"还本"的支出，不得冲减产品销售收入。对企业采取"价格折让"方式销售的应税产品，如果价格折让额在同一张发票上单独注明的，对这部分折让额不征收产品税；如果企业将这部分折让额另开一张发票的，无论其在财务上如何处理，均应将折让额并入销售收入，按照规定征收产品税。

（三）优惠政策

1989年，各地执行省税务局的有关减免税规定。从2月起，对工业企业在1989年3月15日至1989年底生产销售的小化肥（包括碳酸氢铵、普通过磷酸钙、五氧化二磷、钙镁磷肥）继续免征产品税。同时根据省政府办公厅政发〔05〕号明传电报的紧急通知精神，对工业企业在1989年3月15日前生产的小化肥，也免征产品税。从4月起，各地暂缓征收天然橡胶的产品税。从5月起，各地对国家计委下达的进口计划中所列举的粮食、化肥、农药，一律免征进口环节产品税。6月，省税务局作出调整以税还贷政策的通知：①对财政部、国家税务局列举可以用产品税归还贷款的产品，按税收管理权限规定层报批准后，继续给予减税还贷。②对工业企业1989年7月1日以前实际使用的银行技改、技措贷款，符合福建省以税还贷规定的，可以按原规定执行到还贷期满为止。③对1989年7月1日以后审批的技术改造项目（含引进技改项目），除生产能源、交通基础原材料等产品确需扶持的，层报省税务局审批酌情照顾外，其他产品不再减免产品税归还贷款。从7月起，为了扶持全胶鞋产品的生产，保证市场供应，对按照规定税率纳税发生亏损或只有微利的全胶鞋产品，酌情给予适当减征产品税。8月，省税务局发出清理整顿和严格控制减免税的通知：企业生产销售的31种产品改为33种，一律不得减免产品税。享受税收优惠政策的贫困县（乡）的学校、供销社、部队新办的供应企业比照新办乡镇企业规定办理。民政福利工厂生产的33种产品，除化妆品、护肤护发品因亏损、微利或其他特殊情况按规定纳税确有困难的，按税收管理权限报批后，可酌情给予减免税照顾外，其他产品一律不再给予减免税照顾。

1990年，省税务局作出以下减免税规定。对工业企业在年内生产的小化肥、敌百虫原粉、敌敌畏乳油、乐果乳油、"1605"乳油、甲胺磷、异稻瘟净、辛硫磷、杀虫双、杀螟松、马拉松、磷化铝、杀螟脒、乙酰甲胺磷、除草醚、农用薄膜等农业产品，继续免征产品税；对停工待工企业与停工待工人员经批准从事个体经营，在年内，缴纳税金确实有困难的，除国家统一规定不能减免税的33种产品和规定不得减免税的小企业外，可由企业或经营者向税务机关提出申请，按税收管理权限规定报批，给予定期减征免征产品税；对被列入省经委、科委试制计划的新产品，同时被列入省税务局编制的新产品减免税名单，经鉴定、确认后可以享受新产品减免税优惠；对省内企业生产的八类涂料（天然树脂漆类、酚醛树脂漆类、醇酸树脂漆类、氨基树脂漆类、过氯乙烯漆类、环氧树脂漆类、聚氨酯漆类、油脂漆类），如按规定纳税确有困难的，可逐级上报省税务局审批后给予适当减免税照顾；对监狱（包括少年犯管教所）、劳改队（包括劳改工厂、劳改农场）、劳教所（包括劳教工厂、劳教农场），以及按照规定纳税有困难的单位（积聚亏损或微利的），可以按照税收管理体制上报审批后，给予适当的减免产品税的照顾。

1991年1月，省税务局对化肥产品恢复征税，同时要求各地按照税收管理体制的规定，对纳税确有困难的，经报批后，酌情予以减征产品税照顾。2月，省税务局发出关于对涂料、颜料、部分化肥产品、农药产品和农用塑料薄膜减免产品税的通知：在1991年省内企业生产的颜料及原八类涂料，按规定税率纳税发生亏损或微利的，可按税收管理体制的规定，报批后给予适当减税照顾；对化肥生产企业生产销售的碳酸氢铵、普通过磷酸钙、钙镁磷肥三种产品及原生产前述三种产品改产销售小尿素、小磷铵和硫磷铵产品的免征产品税；生产销售的小氯化铵、小复混肥和氨水产品以及原生产销售小尿素、小磷铵和硫磷铵产品的企业，仍按原规定纳税，对按规定纳税有困难的，按照税收管理体制规定，经审查批准，予以定期减免产品税的照顾；对农药生产企业生产销售的敌百虫、敌敌畏、乐果、硫磷、辛硫磷、甲胺磷、乙酰甲胺磷、异稻瘟净、杀虫双、杀螟松、马拉松、磷化铝、除草醚、丁草胺和氧化乐果等农药产品免征产品税；对农用塑料薄膜免征产品税；对国营农场新办的企业（指设在农村乡镇），除国家和省规定不能减免税的产品外，从投产之日起，免征产品税1年；对福建省确定贫困县、乡（含民族乡）的国营农场新办企业，除国家和省规定不能免税的产品外，从投产之日起，免征产品税3年；对农垦企业生产的农渔机具、专用零配件及小化肥、农药等直接提供给农业生产单位和个人的，可免征产品税；对农场所属企业以不含税价格供应农场范围内用于公益事业的砖瓦、石灰、水泥制品等建筑材料免征产品税；国营农场自办的小水电站，从投产之日起免征产品税5年。

1993年2月，省税务局作出关于支持校办企业有关税收政策的几项规定：对校办企业生产的产品、提供的劳务以及学生勤工俭学生产的产品，除国家和省规定不得减免税的产品外，凡用于科学、科研方面的免征产品税；对省重点扶持的贫困县、乡（含民族乡）中小学新办工厂生产的产品，除国家和省统一规定不能减免税的产品和企业外，免征产品税3年；高等学校兴办的被确定为高新技术产业的，凡符合新产品减免税条件的，给予一定时期免征产品税照顾；各级学校自办的工厂、农场及第三产业企业，除国家和省规定不得减税免税的产品和企业外，按规定纳税有困难的，可按税收管理体制报批，予以减免产品税。

三、增值税

1989年，福建省继续执行国务院颁布的《中华人民共和国增值税条例（草案）》和1987年财政部的《关于完善增值税征税办法的若干规定》。同时，对纺织品、自行车、铝制品、搪瓷制品、有色金属等生产企业实行"价税分流购进扣税法"试点，即增值税计算以企业会计核算为基础，企业对产品生产耗用的原材料等扣除项目，以不含税的成本进行成本核算。

1990年1月，对建材、医药、保温瓶、地毯、手表、洗衣机、电风扇、肥皂等生产企业试行"价税分流购进扣税法"征收增值税。

1993年底，除烟、酒、石化、化工、电子等产品仍实行产品税外，所有工业产品的生产环节都实行增值税。

1994年1月，全国税制改革，产品税与增值税合并，设置增值税。福建省贯彻实施《中华人民共和国增值税暂行条例》。

1989—2005年，共征收增值税1846.489亿元。

（一）纳税人

1989年，增值税纳税义务人为在境内销售货物或者提供加工、修理修配劳务以及进口货物的单位和个人。

1994年4月，省税务局发出通知，个体经营者申请增值税一般纳税人的认定可由地（市）税务局掌握，报省税务局备案。11月，对年销售额在180万元以下，已认定为一般纳税人的商业零售企业一律取消其一般纳税人资格。对年销售额在180万元以下的商业批发（含批零兼营）企业，以及年销售额在100万元以下的生产企业，如不能向税务机关准确提供增值税进项、销项税额等税务资料，按增值税有关规定，取消其一般纳税人资格。取消一般纳税人资格之日起改按小规模纳税人进行管理。

从1996年1月1日起，执行省国税局制定的《增值税一般纳税人资格年审制度》。

（二）税目、税率

从1991年1月1日起，省税务局对散装水泥暂减按12%的税率征收增值税。

1992年8月，省税务局发出《关于增值税采用定期定率征收方法若干规定的通知》，规定增值税"定期定率"征收的适用范围，仅限于财务核算不健全和年增值税应税收入额在200万元（含200万元）以下的纳税人，增值税"定期定率"征收率应根据该类产品或项目的增值税规定税负按税目或产品核定，原则上"一年一定"。

表 2 - 2　　　　　　**1992 年福建省增值税产品征收率表**

单位：%

序号	税目	适用税率	核定征收率	序号	税目	适用税率	核定征收率
1	毛针织品、毛复制品、人造毛皮	20	5	30	液体饮料	18	10
2	其他毛纺织品	23	12	31	固体饮料	14	6
3	其他纺织品	14	5	32	罐头食品	14	5
4	毛料服装	20	8	33	其他食品	14	5
5	其他服装	14	5		（1）清水笋	—	3.5
6	药品	14	6		（2）速冻蔬菜、脱水蔬菜	—	3
7	日用机械零部件	14	5		（3）盐水蘑菇	—	3
8	电热器具	14	5	34	皮革制品	14	5
9	日用电器零部件	14	5.5	35	植物油	18	9
10	其他电子产品	14	6	36	家具	14	6
11	电子产品零部件	14	5	37	泡沫塑料制品	14	6
12	农业机具	12	3	38	其他塑料制品	14	5
13	其他机器机械	14	5	39	其他工业品	14	5
14	机器机械零部件	14	5		（1）小农具	—	4
15	鞋帽	14	5		（2）纸箱、包装箱	—	4
16	复制纸	18	9		（3）纤维板、胶合板	—	4
17	卫生纸	14	5		（4）木制品	—	6
18	土纸	14	6.5		（5）竹制品	—	6
19	包装纸板	18	9		（6）制冰（机制冰）	—	7
20	其他纸	18	9.5		（7）桂元干、荔枝干	—	5
21	印刷品	14	5		（8）脱水香菇	—	5
22	儿童玩具	12	5	40	其他非金属矿采选产品	12	7
23	蚊香、卫生香	14	5		其中：沙、石料	—	3
24	香料、香精	20	9	41	水泥	16	9
25	日用陶瓷	12	5	42	水泥制品	14	5.5
26	其他陶瓷	20	12	43	建筑用加工石	12	4
27	土制蔗糖	23	14	44	其他建筑材料	14	5
28	淀粉糖	20	5	45	工业性作业	14	7
29	糖果、糕点	14	5.5				

1994年，增值税基本税率（一般纳税人适用）为17%。部分销售或者进口货物税率，为13%，包括：①粮食、食用植物油；②自来水、暖气、冷气、热水、煤气、石油液化气、天然气、沼气、居民用煤炭制品；③图书、报纸、杂志；④饲料、化肥、农药、农机、农膜；⑤农业产品；⑥金属矿产品和非金属矿产品；⑦国务院规定的其他货物。出口货物税率为0%。小规模纳税人适用6%征收率（从1998年7月1日起，商业小规模纳税人征收率由6%调减为4%）。

1994年1月，省税务局对增值税的起征点作出规定：销售货物的起征点为月销售额1200元以上（含1200元）；销售应税劳务的起征点为月销售额500元以上（含500元）；按次纳税的起征点为每次（日）营业收入额50元以上（含50元）。2月，省税务局对增值税小规模纳税人管理的有关问题作了明确规定：小规模纳税人销售货物或者应税劳务的增值税征收率为6%；增值税纳税个人月销售货物达不到1200元，销售应税劳务达不到500元，按次纳税人的每次（日）营业收入额达不到50元的免征增值税。

从1995年10月1日起，各地对"锯材"按17%税率征收增值税。

从2004年1月1日起，对县电力公司销售的电力产品统一按17%税率征收增值税。

2005年12月，省国税局暂定油品销售增值税预征率：中石化福建分公司系统：福州0.93%、厦门0.44%、泉州0.86%、漳州0.91%、三明1.08%、南平1.21%、龙岩0.85%、莆田1.01%、宁德0.88%；中石油福建分公司系统：福州0.87%、厦门1.41%、泉州1.43%、漳州1.34%、三明1.78%、南平1.74%、龙岩1.72%、莆田0.91%、宁德1.44%。

（三）计算征收

从1989年1月1日起，全省各地对已实行增值税的工业企业销售外购的原材料，由征收营业税改为征收增值税，属于《增值税税目税率表》所列范围的，按照该表所规定的税目税率征收增值税，其余一律按照14%的税率征收增值税。实行"实耗扣税法"的纳税人转让、销售外购的原材料，按以上规定执行；实行"购进扣税法"的纳税人转让、销售已计入扣除税额的外购原材料，按实际让售价格依规定的税率计算补缴增值税。同时规定：对水泥生产企业收取的水泥纸袋押金，按规定并入产品销售收入征收增值税，对外购已装袋允许计入扣除项目金额计算和扣除税款。对工业企业生产的小农（渔）具，销售给商业部门的免征增值税；直接销售给使用者的，仍按规定征收增值税。对采用"定期定率"征收增值税的企业，转让、销售外购原材料，如无法提供让售的实际财务结算情况，应依实际让售收入按3%征收率征收增值税。对乡镇企业生产销售给农资（机）公司，农机制造厂等单位的农渔、机具及其专用零部件、小化肥、农药、兽药等应按规定征收增值税；直接为农业生产服务，即供应给农业生产单位和农民个人的，免征增值税。国营商业和供销社收购桂圆干、荔枝干（以下简称"两干"），仍按原核定的计税价格每百公斤 800 元征收增值税；其他单位和个人收购"两干"的计税价格每百公斤调整为 1200 元，实际收购价高于核定计税价格的，应按实际收购价计征增值税，低于核定计税价格的，按核定计税价格计征增值税；"两干"统一按 5% 征收率计征增值税。对建筑安装企业生产的各种预制物件和基本建设单位附设工厂生产的建筑材料，供承包和本单位基本建设工程施工用的，均按规定征收增值税。7 月，省税务局发出《关于开展"价税分流购进扣税法"试点工作的通知》，要求试点企业的账户处理办法按照武汉市试点企业的会计核算办法办理。8 月，省税务局与省轻工业厅、第二轻工业厅、冶金工业总公司联合发出通知：对生产纺织品、自行车、铝制品、搪瓷制品和有色金属工业企业，不论原来是实行"实耗法"还是"购进法"，从 1989 年 10 月 1 日起，均改按"价税分流购进扣税法"计算增值税。12 月，省税务局发出通知：从 1990 年 1 月 1 日起，对建材、医药行业进行"价税分流购进扣税法"计算增值税的试点。是月，省税务局对各地反映的增值税若干政策业务问题作了明确规定：对不破坏耕地、森林资源，不造成水土流失，不破坏风景区及道路建设，利用山上黄土烧制生产砖瓦的企业，纳税有困难的，可按税收管理体制申请报批，酌情给予临时减税照顾。对破坏资源的砖瓦厂（窑），一律不得减免税。经过高温加工的清水笋和经过挑选、整理、消毒速冻的蔬菜以及脱水蔬菜，均按"其他食品"征收增值税。收购后加盐保鲜的鲜蘑菇不征增值税。商业、粮食企业和供销社实行工商统一核算的前店后场（坊），按工业企业自销产品征收增值税。饮食业、宾馆和饭店生产销售糕饼等应征增值税的产品，以及供销社门市部销售本社非独立核算的工厂（场）生产的产品，不分销售对象，均征收增值税。工业企业委托县（市）范围内的企业单位代销产品按实际销售征收增值税。工业企业设在外县的经营部（不论是否独立核算）销售产品，或派员外销以及委托外县（市）企业、单位代销的，均在销售地按实际销售收入征税，对工厂按调拨价或同类产品同期平均出厂价征收增值税。工业企业以自产增值税产品用于连续生产非增值税产品，按规定缴纳中间产品增值税有困难的，可由企业提出申请报批，酌情减税免税。

从 1990 年 1 月 1 日起，省税务局明确对企业采取"以物易物"方式销售的应税产品，属于国家规定统一价格或规定具体作价标准的产品，不得低于国家所定价格或价格标准，属于国家允许企业自行定价的产品，不得低于企业销售同类产品的平均销售价格；对企业采取"以旧换新"方式销售的应税产品，按照新商品的销售价格（即不剔除旧商品的收购价）计算征收增值税；对企业将收回的旧商品作为材料继续用于生产增值税产品的，视同外购材料，可以按照增值税的有关规定计算扣除；对企业收回的旧商品作报废处理的，不得计入增值税的扣除项目。2 月，对实行"价税分流购进扣税法"的企业作出规定：税法统一规定降低税率的减税产品，一律按降低税率后的增值税率结转销售产品的整体税额；税法规定按应纳税额减征或免征增值税的产品，以及临时性困难减免，以税还贷和新产品等减免税，一律按《增值税税目税率表》中规定的税率结转销售产品的整体税额，减免增值税时，减少应缴税金；企业同时生产减免税产品和不减免税产品，应扣税金单独核算，如共同耗用的扣除项目难以按产品分别核算的，可按生产减免税产品和不减免税产品的比例分摊应扣税金，计算减免税款；除生产钢坯、钢材的企业外，其他试点企业销售的下脚废料，一律按实际销售收入依14％的税率计算征收增值税。3月，省税务局对三明钢铁厂征收增值税作了明确批复：对钢坯切头坯的销售收入应按8％税率征收增值税；三明钢铁厂将生产过程中出现的废钢对外销售的，可暂减按3％的税率征收增值税；三明钢铁厂以钢材串换副食品及其他物品的，以"以物易物"销售产品方式计算征收增值税。4月，福州、漳州、泉州市税务局执行省税务局关于糖蔗税收通知，1984年12月8日以后销售的压库糖，即糖厂生产销售的白砂糖不分等级，一律按每吨1700元计算税金；对糖厂收购的甘蔗由各地根据蔗粮比价，每吨统一按130～135元计算扣除税额。实际收购价低于130元的，按130元计算；高于135元的按135元计算。9月，省税务局批复漳州市税务局：企业收购旧玻璃瓶，作为应税产品包装物的，旧玻璃瓶可按23％的税率计算扣除税款，以白条收购的旧玻璃瓶，在外征临时经营税后，作为外购项目计算扣除；糖厂销售加工进口原糖溢余的超产糖，按实际销售收入，依"加工糖"14％税率征收增值税；糖厂以自产废糖蜜用于本企业连续生产酒精的，应视同对外销售纳税，按规定纳税有困难的，企业提出申请可按照税收管理体制，酌情给予减免；委托加工电镀，受托方按规定代收代缴增值税。

1991年3月，省税务局对各地反映的一些政策问题作出规定：钢坯、钢材生产企业让售外购废钢铁取回收入，在钢坯、钢材扣除项目规范化之前，暂按计算扣除时所适用扣除税率征税；增值税生产企业收购应税农、林、牧、水产品，其收购环节已缴纳的产品税，企业在计算增值税时，可作扣除项目金额组成部分计算扣除税额；企业、单位和个人委托本企业、单位的职工和城镇居民、农民个人加工生产支付的各种加工费用，不得计入加工费扣除项目金额；企业的车间、厂部等管理部门外购办公用品，直接在"车间经费"、"企业管理费"科目核算的，对这部分外购项目可作增值税扣除项目按规定计算扣除税额；对印刷企业按出版单位提供的稿样印刷，并返回出版单位发行的属免税范围出版物，可比照出版单位发行出版物享受免征增值税照顾；对实行"价税分流购进扣税法"企业征收增值税，企业已经征收入库但月终尚未付款或尚未开出承兑商业汇票的外购材料，当月不计提"本期应扣税金"，待企业付款再承兑计算应扣税金。

1992年6月，省税务局对各地反映的有关政策问题作出明确答复：内资企业与外商合资，库存产品应纳的增值税由原内资企业在产品转移时缴纳；如被内资企业兼并，在对外销售环节缴纳；散装水泥节包费由水泥生产企业统一在销售时代收，不作销售收入，免征增值税。

1993年1月，省税务局发出通知：对糖厂以自产的废糖蜜生产酒精、橡胶厂以自产的帘子布生产轮胎等，其中间产品废糖蜜、帘子布等免征增值税；对自产的用于包装本厂产品税产品（不包括可扣除包装物征税的产品）的包装物，暂免征增值税，其中间产品和包装物应分摊的扣除项目金额不得计算扣除税金；对属于代收代缴税款的委托加工的增值税产品，应按受托方同类产品的销售价格计算纳税，没有同类产品销售价格的，按组成计税价格计算纳税，对计算组成计税价格有困难的，可按加工费依产品适用税率计算缴纳增值税；对实行增值税企业发生扣除项目税金大于整体销售税金的，不足抵扣部分，允许在全厂其他增值税产品税金中抵扣。

1994年4月，省税务局关于增值税问题批复省商业厅：国有企业、集体商业企业零售肉、禽、蛋、水产品和蔬菜，宜先按规定缴纳增值税，可按财政部和国家税务总局的有关规定以该业务征收增值税后所增加的税款，由财政部门返还给企业。10月，各地执行省国税局通知：增值税一般纳税人外购货物或应税劳务用于固定资产（除建筑物外）修理，并且财务制度规定在生产费用列支的，其进项税额可以从当期销项税额中抵扣；增值税一般纳税人销售应税货物（外贸出口货物除外）支付的运输费用，依10%的扣除率计算进项税额；对直接以天然资源为原料生产陶瓷、石板材、石雕的增值税一般纳税人的乡镇企业，采用简易办法征收增值税。11月，省国税局针对经营木材存在擅自放宽政策或变通执行的现象发出通知：单位或个人销售应税木材代当地政府或有关部门向购货方收取的各项经费等，都应并入销售额计算销项税额；经营木材的一般纳税人，购进免税木材准予计算抵扣的进项项目，包括其收购价及按规定代收代缴和由经营单位缴纳收购环节的农业特产税；单位或个人不论以何种形式购进活立木（包青山、买青山）后砍伐销售的，应当缴纳增值税。12月，省国税局对各地反映的有关增值税政策管理问题作了明确规定：①县及县以下水电发电企业除销售自产电力外，还向其他电力单位购进电力一并供电的，如其年外购电量小于自产电量的，该企业销售的全部电力可选择简易办法征收增值税。②"农业产品"征税范围为：原木包括"段"；茶叶包括毛茶、精茶和边销茶；其他农业产品包括猪肉、菜牛肉、菜羊肉；牲畜产品不包括经加工鞣制的猪皮革、牛皮革、羊皮革及其他动物皮革；园艺产品中的中草药材指用做中药原药的各种植物的根、茎、皮、叶、花果等，利用上述植物直接粗加工成的片、丝、块、段、粉并作为中药原药的。③企业将自有的车辆租赁（承包）给他人经营，承租（承包）人又为出租（出包）企业销售提供运输劳务，若承租（承包）人不构成增值税的纳税人，其运输收入为混合销售行为应与货物一并征收增值税。④一般纳税人专用发票抵扣联丢失的，对这部分进项税额一律不准抵扣，以往如有采取变通办法允许抵扣的，要一律予以纠正。

1996年7月，省国税局对各地反映的一些增值税政策不明确问题作出规定：以金属罐、玻璃瓶和其他材料包装经排气密封的清水笋、木屑、木片、木炭、木粉、木坯、竹屑、竹片、竹坯、竹篾、活性炭、麦芽、液氨、添加剂，均按17%税率征税；固定业户的总分支机构不在同一县（市），但在同一地（市）范围内的，其分支机构应纳的增值税是否可由总机构汇总缴纳，由地（市）国家税务局确定，并报省国税局备案；增值税一般纳税人收购农产品发生的运费，可按规定扣除率10%计算进项税额；企业直接进口的货物，其进项税额按海关完税凭证上注明的税款予以抵扣，销售该货物按适用税率计算销项税额；随同货物收取的价外费用，如单独开具专用发票，可以给予抵扣；被兼并企业将其库存货物投资给兼并企业的，应视同销售货物的规定征收增值税，同时允许按实际动用数抵扣其期初存货已征税款；增值税一般纳税人以动植物为原料生产的手工艺品，可采用简易办法依照6%征收率计算缴纳增值税；供水、供气、供电部门（或委托其他部门）在用户申请用水、用电、用气时，向用户一次性收取的初装费、增容费等，暂不征收增值税；采用简易办法征收增值税的一般纳税人销售给出口企业和市县外贸企业用于出口的货物，可比照小规模纳税人按6%征收率开具"专用税票"。

1997年7月，省国税局对电力企业有关征收增值税问题批复泉州市国税局：电力企业用户延期缴纳电费而向用户收取的滞纳金，属于价外费用，应并入销售收入征收增值税；电力企业在向用户补收所偷电费的前提下再进行处罚所取得的罚款收入，可不并入销售收入征收增值税；没有向用户补收所偷电费，而经以处罚方式取得的收入，应全额作为电力的销售收入征收增值税。

1998年4月，各地执行省国税局通知：企业兼并过程中，被兼并企业应按"视同销售"的规定进行税款清算，"视同销售"的货物按重估价格计算征收增值税，同时允许按实际动用数抵扣其期初存货已征税款。7月，宁德地区国税局执行省国税局批复，对邮电部门以自有资金储备各种报刊、图书，通过附设非独立核算门点或营业柜台向读者销售的自营零售报刊、图书，按规定征收增值税。11月，南平市国税局执行省国税局批复，对供电局收取的电费保证金转入电费收入的，按规定征收增值税。是月，省国税局批复泉州市国税局：对民政福利企业从一般纳税人购进货物，有意不向销售方取得增值税专用发票的，依规定的税率按不含税金额计算不予返还的增值税税款；已经退还的增值税税款应追回补缴入库。对民政福利企业从小规模纳税人购进未按规定取得发票的，可按有关规定予以处罚，并通知售货方所在税务机关查补增值税。

1999年9月，省国税局同意对福州雕刻工艺品生产的寿山石雕产品按6%简易办法征收增值税。10月，省国税局批复宁德地区国税局：对霞浦县第一自来水厂为用户提供水管安装业务取得收入，应按混合销售行为征收增值税。

2001年9月，各地执行省国税局通知，对符合享受综合利用产品增值税优惠政策企业，必须按照有关规定进行认定，经认定后，由省资源综合利用认定委员会颁发证书。未经认定的企业不得享受增值税即征即退优惠政策。同时企业应单独核算享受"即征即退"产品的销售收入和"三剩物"或"次小薪材"购销情况，对未单独核算或无法分清的，不得享受"即征即退"待遇，对其已退的税款应追补入库。

2003年5月，省国税局发出通知：拍卖行受托拍卖增值税应税货物，无论委托方如何缴纳增值税，一律以向购买方收取的不含本身应纳税额的全部价款和价外费用（拍卖手续费等），按照4%的征收率征收增值税。委托方以不含本身应纳税额的全部拍卖价款为应税销售额按规定征收增值税；拍卖行受托拍卖符合免税条件的、自己使用过的其他属于货物的固定资产，及纳税人未超过原值销售自己使用过、属于应征消费税的机动车、摩托车、游艇，属免税货物范围，经拍卖行所在地县级主管税务机关批准，可以免征增值税；纳税人销售自己使用过的应征消费税的机动车、摩托车和游艇，售价超过原值的部分按照4%征收率减半征收增值税，未超过原值以及销售自己使用过的其他属于货物的固定资产，暂免征增值税。纳税人销售自己使用过的其他属于货物的固定资产，不符国家税务总局规定的，一律按4%征收率减半征收增值税，不得抵扣进项税额；古玩字画、旧珠宝玉石，按普通货物征收增值税。是年，省国税局通知，从2003年起，提高对增值税的起征点，销售货物的起征点提高到月销售额3000元；销售应税劳务的起征点提高到月销售额2300元；按次纳税的起征点提高到每次（日）150元。

（四）优惠政策

1989年2月，省税务局作出决定：对工业企业生产销售的农用塑料薄膜在1989年内继续给予免征增值税；糖厂收购甘蔗返销给蔗农的自留糖，除吨蔗返销2公斤糖继续免征增值税外，其余的自留糖均按实际销售收入征收增值税。从3月起，各地对企业生产的线面、粉干（包括兴化粉）、面条（包括切面、挂面）、白果、馄饨皮（面粉制品）等五种粮食复制品，内销的继续免征增值税；对钻石加工企业用国产和进口原钻加工的钻石直接出口或销售给外贸（包括工贸）企业出口的，一律免征加工环节增值税，出口时不再退税。5月，省税务局根据国家税务局规定，对工业性加工、工业性的修理修配改征增值税问题发出通知，并补充6条有关政策：①国营集体企业（包括个人承包、承租的国营企业和集体企业）承接来料加工、装配业务的工缴费收入，免征增值税。②大、中、小学校办工业企业，其工业性加工、修理修配业务收入从投产之日起免征增值税一年，免税期满后，凡为本校教学、科研服务的可继续免征增值税。③国营企业组织富余人员新办集体企业，安置人数占职工总人数50%以上的，从事工业性加工、修理修配业务的，从经营之日起免征增值税一年。④民政部门举办的福利生产单位，凡安置残废人员占生产人员总数35%以上的，其从事工业性加工、修理修配业务收入，免征增值税。⑤乡镇集体企业从事工业性修理修配和为农民加工粮、油、棉（包括棉胎）取得的收入免征增值税。⑥城镇为安置待业青年举办的集体企业，从事工业性加工、修理修配业务的收入在1989年底前继续予以免征增值税。从1989年7月1日起，对已实行增值税的乡镇集体企业接受扩散加工属于增值税征收范围的产品的加工费收入按规定征收增值税，对属于产品税征收范围的产品的加工收入免征增值税。饲料产品在1989年12月31日前继续免征增值税。9月，省税务局通知，对增值税未列入工程成本的企业，按规定纳税确有困难的，可按税收管理体制报批，给予减征或免征增值税。

1991年2月，省税务局通知对工业企业生产的小农（渔）具，销售给商业部门的，免征增值税；直接销售给使用单位和个人的，按增值税应纳税额减征30%。

1992年2月，省税务局决定：对国营农场新办的企业（指设在农村乡镇），除国家和省规定不能减免税的产品外，从投产之日起，免征增值税1年。对省定贫困县、乡、民族乡的国营农场新办企业，除国家和省规定的不能免税的产品外，从投产之日起，免征增值税3年。农垦企业生产的农机具、专用零配件及小化肥、农药等直接供给农业生产单位和个人的，免征增值税3年；农场所属企业以不含税价格供应农场范围内用于公益企业的砖瓦、石灰、水泥制品等建筑材料，免征增值税。国营农场自办的小水电站，从投产之日起免征增值税5年，免税期满后，按规定纳税确有困难的，依税收管理体制报批，可给予适当减免税照顾。

从1993年1月1日起，校办企业及学生勤工俭学生产的产品，凡用于教学、科研方面的免征增值税；对贫困县、乡（含民族乡）中小学新办工厂生产的产品，可比照当地乡镇新办企业，免征增值税3年。中小学新办属于征收增值税的工业企业的加工劳务收入、修理修配收入，从投产之日起，免征增值税1年；高等学校兴办的被确定为高新技术产业，凡符合新产品减免税条件的，给予一定时期免征增值税照顾；各级学校举办的工厂、农场及第三产业企业，除国家和省规定不得减免税的产品和企业外，按规定纳税有困难的，可按税收管理体制报批，予以减免增值税；上述规定只限于教育部门办的学校所兴办的校办企业，不包括私人办职工学校和各类成人学校（电大、夜大、业大、企业举办的职工学校等）所办的校办企业。对校办企业转移给外单位经营或个人承包、租赁经营的，不享受上述优惠。

1994年4月，省税务局决定，对农业生产资料、粮油暂缓征收增值税。其范围为：国有粮食企业批发调拨的军队用粮油，城市居民用粮油和农村返销粮油，以及零售的城市居民用粮油；批发和零售农业生产资料商品（饲料、化肥、农药、农膜、农机），生产销售小化肥、农药、农膜和饲料。

1995 年 3 月，省国税局决定，对批发、零售的农用水泵、农用柴油机，在 1995 年底以前免征增值税。

1997 年 6 月，为鼓励资源综合利用，省国税局决定对下列项目或产品，免征增值税：工矿企业对本企业产生的"三废"（废水、废渣、废气）直接进行综合利用及对伴生矿等资源利用；对企业生产的原料掺有不少于 30% 煤矸石、石煤、粉煤炭、烧煤锅炉炉底渣（不包括高炉水渣）及其他废渣的建材产品；对从事废旧物资经营的增值税一般纳税人，按现行规定实行增值税先征后返 70% 的办法；对国有森工企业以及林区三剩物和次小薪材为原料生产加工的综合利用产品，按现行规定实行增值税即征即退办法。10 月，省国税局规定：发电厂在生产电力过程中，磨煤机、引风机、排粉风机、灰渣泵、闸门启闭机、空压机等辅机自身消耗的电量（不包括基本建设和生活等非直接用于生产的电量），即为厂用电量，由于它自产自用于应税项目，为此不属于"厂供电量"计税范围，不征增值税。

表 2 - 3　　　　　1992—2003 年福建省享受增值税优惠政策企业名表

年份	享受优惠政策类型	享受增值税优惠政策企业名单	批准公布部门
1992	福建省重点扶持企业从 1992 年 7 月 1 日起享受的有关税收优惠待遇	福州第一化工厂、福州第二化工厂、福州氮肥厂、福州医疗化工厂、福州抗菌素厂、福州造纸厂、福州保温瓶厂、福州啤酒厂、福州棉纺织印染厂、省盐业公司、福州味精厂、福州搪瓷厂、福州第二塑料厂、福建省家具工贸(集团)公司、福建拖拉机厂、闽东电机(集团)公司、福州变压器厂、福州电线厂、福州第一开关厂、福州发电设备厂、福州动力机厂、闽清电瓷厂、福建省汽车工业(集团)公司、福建省船舶工业公司、福建电子计算机公司、福建省电子精密光学设备工业公司、福日家用电器(集团)公司、福建省通讯广播工业公司、福州人造板厂、福州华侨塑料厂、福州港务局、福建省汽车运输总公司、福建省轮船总公司、福建省电力工业局、华能福州电厂、福建省煤炭工业总公司、厦门钨品厂、厦门电化厂、厦门橡胶厂、厦门中药厂、厦门福达感光材料有限公司、厦门罐头厂、厦门糖厂、厦门纺织厂、厦门工程机械厂、厦门华夏电子(集团)公司、厦门新华玻璃厂、厦门卷烟厂、厦门港务局、三明钢铁厂、三明化工总厂、三明农药厂、永安智胜化工联合公司、三明制药厂、青州造纸厂、三明纺织厂、三明印染厂、福建化纤化工厂、三明塑料厂、三明化工机械厂、福建水泥厂、三明水泥厂、南平铝厂、邵武轮胎厂、顺昌富文化工厂、顺昌合成氨厂、福建星光造纸集团公司、南平纺织厂、建阳造纸厂、福建华盛针织工贸集团公司、南平化纤厂、南平电缆厂、南平电机厂、顺昌水泥厂、南平水泥厂、漳州化学品厂、漳州制药厂、漳州糖厂、漳州罐头食品总厂、红旗机器厂、尤溪机器厂、尤溪轴承厂、龙岩钢铁厂、潘洛铁矿、连城锰矿、华龙机械厂、龙岩拖拉机厂、龙岩粉末冶金厂、龙岩水泥厂、龙岩卷烟厂、仙游糖厂、莆田糖厂、莆田县罐头厂、莆田鞋革厂	省税务局

续表 2 - 3

年份	享受优惠政策类型	享受增值税优惠政策企业名单	批准公布部门
1995	新办校办企业享受"先征后退"税收优惠	福清市融教彩印厂、三明市三师电子配件教学器材厂、三明市师范学校印刷厂、三明市恒丰印刷厂、三明市红星服装厂、三明市梅列教育服装厂、宁化县蓓蕾针织服装厂、明溪县第一中学印刷厂、沙县环亚雕塑厂、沙县胜前纸袋厂、沙县文昌服装厂、沙县石坑造纸厂、三元教育服装厂、三元华利工艺厂、三元区教育印刷厂、清流县教育进修学校服装厂、周宁县闽科电子有限公司、周宁一中印刷厂、周宁县职业中学校办工厂、仙游县枫园纸品印刷厂、莆田市扬帆外贸鞋业有限公司、龙岩市白沙中心小学木制品加工厂、上杭荣园学校皮革厂	省国税局、省教育委员会
	新办民政社会福利企业的优惠政策	福州市仓山民政草编特艺厂、福州闽冠皮革有限公司、福清市融兴鞋料有限公司、福清市冠宝装饰材料有限公司、福清市玉融齿轮厂、福清市西亭福利聚酯造粒厂、福州市仓山民政特艺厂、福州市仓山金属钢窗厂、福州市仓山振兴工艺美术厂、福州市亚福工艺美术厂、福州市郊区樟林皮塑鞋材厂、福州鼓山高达稀土材料厂、福州美术印刷厂、福州市郊区潘墩石料厂、福州郊区斗顶群星五金电器厂、福州市摆线针轮减速机厂、福州市郊区金盛羽毛球厂、福州市义序福利橡胶厂、福清市瑞祥橡胶厂、福清市金林福利纸品厂、福清市意达塑料纸品有限公司、福清市冠新纸品仓装有限公司、福清市冠新涂料有限公司、福清市明龙鞋业有限公司、福清市金清福利塑料制品厂、福清市凌峰福利塑料制品厂、长乐市圣畅皮塑制品厂、长乐市标勇社会福利废金属提炼厂、长乐市金盾电焊条厂、平潭县福利电脑印刷厂、福州市兴健建筑机械厂、云霄县包装材料公司、云霄县艺新文印中心、漳浦县赤湖凤山米粉厂、漳浦县石古腐殖酸肥料厂、云霄县明宝来实业公司、南靖县南讯石制品有限公司、南靖县金山民政酱油食品厂、长泰县盛达彩印厂、莆田市盛兴福利贴合厂、莆田金川有色金属线材厂、莆田市林产化工公司、莆田市城厢区城南福利包装厂、莆田市城厢区德发福利彩印厂、莆田市城厢区城南福利闽辉厨具厂、莆田县江夏福利有色金属压铸厂、莆田市辉煌印染有限公司、福建省仙游县顺亿福利焊管厂、仙游县度尾振兴化工厂、福建省莆田新度彩印包装厂、莆田县恒发福利化工厂、莆田湄洲湾福利陶瓷厂、莆田县佳兴福利综合厂、涵江区三江口镇福利鞋材厂、涵江区华兴福利染织厂、莆田市涵江柏兴工艺厂、莆田市涵江区福利耐磨钢厂、莆田市社会福利化工厂、莆田市华兴福利彩印包装厂、莆田市益发福利鞋用品厂、莆田市福利日用品总厂、三明闽发服务中心、三明市三元塑料工艺厂、永安市特种铸钢厂、宁化县民政福利水泥厂、三明纺织厂综合服务站、三明市梅列神力弹簧厂、三明市梅列更达环形链条厂、天津手表厂宁化手表装配分厂、大田县均溪建筑材料厂、大田县龙山福利纸巾厂、大田县吴山化工厂、永安市塑棉厂、沙县恒昌纸品有限公司、沙县明盛	省国税局、省民政厅

续表 2－3

年份	享受优惠政策类型	享受增值税优惠政策企业名单	批准公布部门
		竹器工艺厂、沙县高桥胶合板制造有限公司、明溪县福利电子器材厂、福建省邵武精细化工厂、武夷山市化工厂、连城县庙前福利荣福锰粉厂、武平县顺发竹木制品工艺厂、龙岩地区闽丰造纸厂、龙岩地区龙泉水泥厂、龙岩地区福昌汽车修配厂、福建龙岩三达水泥厂、龙岩地区福利化工厂、龙岩地区闽福卫生香厂、龙岩地区丰华食品厂、龙岩地区延城水玻璃厂、龙岩地区新大地福利丝印厂、闽西鑫龙机械厂、龙岩适中大力发电厂、龙岩建安水泥厂、福建省永丰康复用品工贸公司、龙岩市陶程建材厂、龙岩市东城水泥厂、龙岩市岩山福利水泥厂、龙岩市适中洋东福利水泥厂、龙岩市贝氏体耐磨材料厂、龙岩市金明钨制品厂、龙岩市福利塑料制品厂、龙岩市利达化工厂、龙岩市适中福利熟料厂、龙岩市鸿运香纸业有限公司、龙岩市东方香纸业有限公司、龙岩市富宝水泥厂、龙岩市康达轮胎翻新厂、龙岩市铁山高合金冶炼厂、龙岩市顺发食品有限公司、龙岩市紫金家私装潢有限公司、龙岩市兴闽五金配件厂、龙岩市天运轻质碳酸钙厂、龙岩市太宝林水泥厂、龙岩市大洋福利印刷厂、龙岩市马坑第一水泥厂、龙岩市闽辉福利水泥厂、漳平市赤水民政福利木制品工艺厂、漳平市鸿兴粮油加工福利厂、漳平市菁福利煜鑫冷饮厂、漳平市磊辉石材福利厂、长汀县泰山水泥厂、连城县莒溪镇民政福利丰田纸箱厂、武平县新丰水电有限责任公司、霞浦县广宇工艺厂、霞浦县永盛铸造厂	
1997	国有森工企业资源综合利用"即征即退"的优惠政策	邵武林业总公司活性炭总厂、建瓯人造板厂、武夷山市鑫森人造板有限公司、浦城林产化工总厂、光泽中密度纤维厂、松溪县林产化工厂、长汀县国有中磺林业采育场、连城县木材加工厂、长汀楼子场国有林场、龙岩市木材公司综合货场、清流人造板股份有限公司、尤溪林产化工活性炭分厂、粉溪县杉溪转运站、建瓯林业活性炭总厂、来舟林业试验场等企业	省国税局
	新办民政社会福利企业的优惠政策	福州榕光电器有限公司、福州杭升塑料包装厂、福州市奇超皮革厂、福州晋安瑞发海绵制品厂、福州市奥芬娜化工有限公司、福州三瑞电机厂、连江县苔录福利塑料厂、罗源县吉祥福利日用品厂、福清市康利轻工制品有限公司、漳州市昌灵汽车配件厂、长泰县泰龙粉磨加工厂、仙游县富民塑胶厂、仙游县度尾化工厂、仙游县盖尾福利造纸厂、莆田县天马福利彩印包装有限公司、莆田县埭头镇福利硬质合金厂、莆田市民政福利特种制品总厂、莆田市城厢区梅山福利电脑绣花厂、莆田市城厢区福利琼脂厂、城厢区福利塑胶厂、沙县华洁环卫机械设备厂、沙县自强棉制品厂、宁化县华龙包装材料厂、尤溪县科达福利印刷厂、尤溪县东村社会福利电站、尤溪县福利包装纸厂、明溪县火星化工有限公司、建宁县里新纸箱厂、三明市朝鑫精细化工厂、三明市三元区永兴印刷厂、三明市三元胶合板制胶厂、沙县宏光化工厂、	省国税局、省民政厅

续表 2 - 3

年份	享受优惠政策类型	享受增值税优惠政策企业名单	批准公布部门
		将乐县光明体育用品厂、大田县兴发纸品有限公司、上京矿务局劳动服务公司、大田县文江大文石英砂厂、福建省岩城集团自动塑料复合袋有限公司、龙岩方正纸箱厂、上杭县官庄畲族福荣福利水泥厂、上杭县畲山福利水泥厂、连城县莒溪胶合板厂、闽西电池锰粉厂、武平县城厢云礤东兴水电站、漳平市自强塑料厂、漳平市民政福利藤木家具厂、漳平市赤税民政福利竹木制品工艺厂、漳平市民政福利塑料厂、漳平市和平工艺根雕福利厂、闽西龙圆铸造厂、龙岩市第二印刷厂、漳平市象湖兴建杭水泥厂、福安市白马调味品厂、霞浦县海玉渔需品制造厂、福鼎市秦屿镇福利石材厂、福鼎市宏丰电子元件厂、泉州科美石油设备有限公司	
1998	新办民政社会福利企业的优惠政策	福州市鼓楼宏顺鞋材厂、台江区新利冷气设备厂、福州市天福钉丝厂、福州兴顺剪裁有限公司、福州市仓山恒通综合厂、福州市仓山丰达吸塑厂、福州市仓山民政塑料吸塑厂、福州市仓山民政汽车修理厂、福州市仓山三福鞋材厂、福州市仓山恒威塑料鞋材工艺厂、福州市仓山榕港纸箱厂、福州晋安汇宝福利总厂、福州琅岐光明福利劳保用品厂其锋分厂、惠安县友达包装用品有限公司、三明市互利木制品厂、三明市麒麟机械厂、三明市梅列三菲铝箔厂、三明市梅列正飞塑料制品厂、永安市安砂福利厂、永安市鑫辉精细化工厂、永安市福星剪裁有限公司、沙县绿叶食品有限公司、沙县森宝实业有限公司、大田县直机关汽车修理厂、大田县民族铁矿、尤溪县盛发（福利）胶合板厂、上杭县畲山化工有限公司、南平市盛达福利装潢印刷厂、南平市嘉华化工有限公司、南平市双龙浆料厂、浦城县三元民政基地新型多孔砖厂、武夷山市南灵水泥预制品厂、福安市凯辉轴承五金配件有限公司、福安市镇联离心开关厂、闽东赛岐经济开发区民政福利正华茶厂、宁德市新干线印刷厂	省国税局、省民政厅
1999	国有森工企业资源综合利用"即征即退"的优惠政策	莆田市木材公司、建宁县永盛人造板有限公司、三明永安林业（集团）股份公司下属三明人造板厂及林产综合加工厂、三明永安森工有限责任公司下属人造板厂及制材厂、顺昌纤维板厂	省国税局
2000	饲料生产企业生产的饲料产品的免征增值税照顾	莆田市城厢区华江饲料有限公司、城厢区达利饲料厂、仙游县南方饲料有限公司、莆田市东大饲料有限公司、福建省莆田海天生物开发有限公司、莆田县华东饲料有限公司、莆田县和达饲料实业有限公司、福建省莆田华兴饲料有限公司、莆田县新度镇星洲饲料厂、福建省莆田县华港饲料厂、莆田县新江西饲料有限公司、福建省莆田县海兴饲料有限公司、福建省莆田市华利饲料实业有限公司、莆港饲料有限公司、莆田市太白星饲料有限公司	省国税局

续表 2 - 3

年份	享受优惠政策类型	享受增值税优惠政策企业名单	批准公布部门
2002	新办民政社会福利企业的优惠政策	福州三辰化工有限公司、福建省冬雨矿泉水有限公司、福清市福联光电仪器有限公司、福清市友谊胶粘带制品有限公司、福清市忠勇机构有限公司、南安市伟兴接写配件有限公司、福建省莆田市福利综合厂、仙游县邑盛福利造纸厂、福建省南平市荣欣炉法炭黑有限公司、建瓯市顺建水泥制品厂、三明市梅列区东印刷厂、三明市梅列区森达林化厂、永安市福兴粮油有限公司、福州汇鑫金属制品厂	省国税局、省民政厅
	软件企业的税收优惠	福州知信科技有限公司、福建阿尔卡特通讯技术有限公司、福建电信科学技术研究院有限公司、福建新东网科技有限公司、福建亿友信息技术有限公司、福州瑞芯微电子有限公司、福建必特软件有限公司、福建商通科技有限公司、福州彼岸信息工程有限公司、福州鑫诺软件开发有限公司	省国税局、省信息产业厅、省地税局
2003	新办民政社会福利企业的优惠政策	福州恒固达五金标准制品厂、福州泉旺纸品有限公司、福州永腾制革有限公司、福清市洪裕福利塑胶制品厂、福清市翔辉福利塑料制品有限公司、福清市久兴羽绒制品有限公司、福州华悦印务有限公司、福州日昌包装材料有限公司、闽侯县福利棉胎厂、漳州市华峰泡塑厂、漳州市龙文瑞健包装制品有限公司、长泰县瑞明塑胶有限公司、龙海市信达纸业有限公司、长泰县振泰塑胶有限公司、漳州市闽亚水泥有限公司、福建三明福荣车桥有限公司、永安市三福机械有限公司、尤溪县闽盛纸业有限公司、尤溪县明兴人造板有限公司、福建岩城股份有限公司石碑粉磨厂、将乐县玉华塑料复合袋有限公司、尤溪县利盈林竹制品有限公司、尤溪县丰源矿业有限公司、大田县鹭峰矿业有限公司、南平旌鼎科技有限公司、南平市森茂精细化工助剂有限公司、福建省邵武化肥厂天泉化工分厂、南平金弘钢缆有限公司、光泽县锋凯福利萤石干粉厂、龙岩市南方化学试剂厂、漳平市鹭明林产化工有限公司、福安市龙丰机电厂	省国税局、省地税局、省民政厅
	软件企业的税收优惠	宏智科技股份有限公司、福建华融科技股份有限公司、福建新意科技有限公司、福建实达系统集成有限公司、福建富士通通信软件有限公司、福建顶点软件股份有限公司、福建创识科技股份有限公司、福州五星应用软件有限公司、福州万德软件有限公司、福州慧舟信息科技有限公司、福州思创电子有限公司、福州弘扬信息软件开发有限公司、福建华兴科技有限责任公司、福建北佳信息技术有限公司、涟浙梆球荆系统工程(福建)有限公司、福州翔达科技有限公司、福州国通信息科技有限公司、福州郎立信息技术有限公司、福州馨基电子有限公司、福州正元数字科技有限公司、福州莱茵科技有限公司、福建华通电脑测绘有限公司、福州凯特软件工程公司、福州实达创电脑系统有限公司、福州新纪元信息工程有限公司、福州开发区瑞迪软件工程有限公司、福建榕基软件开发有限公司、福建省天合科技有限公司、福州天创电子新技术有限公司、福潮新计算机软件股份有限公司、	省国税局、信息产业厅、地税局

续表 2 - 3

年份	享受优惠政策类型	享受增值税优惠政策企业名单	批准公布部门
		福建绿融技术开发有限公司、福州华景视频技术有限公司、福州捷奥软件有限公司、福建海宏科技发展有限公司、福州吉艾斯信息科技开发有限公司、福州联智计算机网络系统工程有限公司、福州开发区瑞迪信息安全技术有限公司、福州商友信息技术有限公司、福州网龙计算机网络信息技术有限公司、福州晨曦软件有限公司、福州宏创科技开发有限公司、福州开发区创识软件开发有限公司、福建中望方远科技发展有限公司、福州群星电子有限公司、福建世通信息产业发展有限公司、福建福富软件技术股份有限公司、福州知音科技有限公司、福建阿尔卡特通信技术有限公司、福建电信科学技术研究院有限公司、福建新东网科技有限公司、福建亿友信息技术有限公司、福州特力惠电子有限公司、福州顶点数码科技有限公司、福州闽邮吉星数码科技有限公司、福州豪翔电子有限公司、福建馨基软件有限公司、福州创华电气自动化系统有限公司、福州瑞芯微电子有限公司、福建必特软件有限公司、福建商通科技有限公司、福州彼岸信息工程有限公司、福州鑫诺软件开发有限公司	
	国有森工企业资源综合利用"即征即退"的优惠政策	永定友源水泥有限公司、龙岩富贵水泥有限公司、龙岩金成水泥有限公司、龙岩新罗区小池水泥厂、龙岩玉鹭水泥厂、龙岩市天字第一水泥厂、三明市清岩建材有限公司、三明闽新集团沙溪水泥有限公司、清流帅风建材有限公司、清流县建明水泥厂、宁化腾龙水泥有限公司、大胜窑业建设开发（厦门）有限公司同安砖厂、邵武市华英粉煤炭有限公司、三明鸿伟木业有限公司、尤溪县百和木业有限公司、尤溪县营绿森林经营有限公司、永安市鸿业工贸有限公司、尤溪县瑞丰木竹加工厂、明溪长行炭素化工有限公司、大田县紫杉林业有限公司、福建省沙县青纸生活有限公司、长汀县绿海林业有限公司、长汀县中磺林业采育场、龙岩市绿源人造板有限公司、明溪县瀚仙水泥有限公司、福建纺织化纤集团永安双轮水泥有限公司、将乐县鹜厦水泥有限公司和泰宁芦峰化工集团有限公司水泥厂、福建福人木业有限公司、三明市金松木业有限公司、三明市立特机械有限公司、三明市梅列区国营陈大林业采育场木材加工厂、福建省明溪青珩林场有限责任公司、明溪县木材加工厂、尤溪县汤川恒源木制品厂、尤溪县三车木业有限公司、沙县兴盛化工厂、福建省沙县恒源炭素有限公司、将乐县细木工板有限责任公司、三明市珊慧竹木建材有限公司、清流县宏煜林产品经营有限责任公司、永安市森旭工贸有限公司、尤溪县元成木业有限公司、福建省将乐县宇华木业有限公司、三明市青杉活性炭有限公司、福建省顺昌诺得生物制品厂、福建省顺昌县南方活性炭厂、福建省邵武市绿源人造板有限公司、福建省光泽沪千人造板制造有限公司、浦城县莲糖木片加工厂、福建省松溪县刨花板厂、建瓯市水源化工厂、福建省建瓯林业活性炭总厂、福建省建瓯市芝星活性炭	省国税局、经济贸易委员会

续表 2 - 3

年份	享受优惠政策类型	享受增值税优惠政策企业名单	批准公布部门
		有限公司、福建省建瓯市昌业人造板有限公司、福建省邵武林业总公司营林投资公司、建瓯市东游盛达木器厂、建瓯市川石德胜木器厂、福建省南平森工活性炭有限公司、南平市延平区双胜活性炭厂、福建省南平沪千人造板制造有限公司、邵武市耀鑫竹木综合厂、浦城县林业委员会综合林场、浦城县康贝特炭业有限公司、建瓯市广恒竹木制品厂、建瓯市宏森竹木制品厂、武夷山市恒欣机制竹炭厂、建瓯市寿春林业有限公司、浦城县仙阳木屑炭化厂、武夷山市鑫森人造板有限公司、福建漳平市丽菁人造板有限责任公司、漳平林云木业有限公司、福建省漳平青菁贸易有限公司、福建省龙岩贮木场、龙岩市新罗区木材公司综合货场、福建省连城邱家山国有林场、莆田市木材公司劳服中心、仙游县隆冠木业有限公司、仙游县榜头镇协盛木材加工场、宁德市鑫森化工有限公司、莆田市益民经贸发展有限公司南安木制品分公司、福建泉州市万兴林业有限公司	

1992—2003 年，福建省税务部门同相关部门先后公布享受重点扶持企业、新办校办企业"先征后退"、新办民政社会福利企业、国有森工企业资源综合利用"即征即退"、饲料生产企业生产的饲料产品给予免征、软件企业等税收优惠政策的数百家企业名单。

（五）以税还贷

1989 年 6 月，省税务局调整以税还贷政策：对财政部、国家税务局列举可以用增值税归还贷款的产品，按税收管理权限层报批准后，继续给予减税还贷；对工业企业 1989 年 7 月 1 日以前实际使用的银行技改、技措还贷，符合省内以税还贷规定的，可按原规定执行到还贷期满为止；对 1989 年 7 月 1 日以后审批的技术改造项目（含引进技术项目），除生产能源、交通基础原材料等产品确需要扶持的层报省税务局审批酌情照顾外，其余产品不再减免增值税归还贷款。11 月，省税务局作出规定：属于国家规定允许以税还贷的产品和交通、能源、基础原材料、人民生活必需品的技改项目或引进项目，可以继续给予减免新增增值税还贷，但必须层报省税务局审批。

1992 年 4 月，省税务局发出两项通知：①为调动企业技改积极性，继续实行税前还贷办法，或实行所得税率降至 33%，税后还贷。对于产品符合国家产业政策、发展前景好的技改项目，企业除新增折旧、税后利润用于还贷外，不足部分可用减征新增增值税的办法解决，但技改项目能否享受以税还贷，在审批项目时，由同级税务机关审查，减征新增增值税幅度，应逐级上报省税务局审批。②被列入省经委、省科委年度新产品开发（试制）计划，同时被列入省税务局减免税目录的新产品，经鉴定并经省经委、省科委确认后，从鉴定之日起，免征增值税1—2年。

1994年实行新的增值税后，不再实行以税还贷政策。

四、营业税

1989—2005年，福建省先后执行《中华人民共和国营业税条例（草案）》和《中华人民共和国营业税暂行条例》两个营业税税制，征收营业税844.832亿元。

（一）起征点

1989年营业税起征点：经营商品零售业务和饮食业的，月销售收入额350元；经营其他业务的，月营业收入额120元；从事临时经营的，每次（日）营业收入额15元。

从1994年起，福建省规定按期纳税的起征点为月营业额400元，按次纳税的起征点为每次（日）营业额50元。

2002年12月，将按期纳税的起征点提高到1000～5000元，按次纳税的起征点提高到每次（日）营业额100元，优惠政策执行期限为2003年1月1日至2005年12月31日。

2003年2月，提高营业税起征点的规定适用于所有个人，执行期限不受截止日期的限制。7月，将营业税起征点调整为：县级以上（含县级）按期纳税的起征点提高到月营业额1500元，乡镇以下（含乡镇）按期纳税的起征点提高到月营业额1000元，房屋租赁不分区域统一提高到月营业额1000元；按次纳税的起征点提高到每次（日）营业额100元，营业税起征点的规定适用于所有个人。从2003年1月1日起执行。

2005年12月，调整营业税起征点，按期纳税起征点不分区域统一提高到月营业额5000元，房屋租赁仍维持为月营业额1000元。

（二）优惠政策

1989—1993年，福建省对国营商业企业和供销社调拨、批发小百货商品，减半征收批发环节营业税。国营粮食企业调拨、批发议价粮食、食油业务收入，暂缓征收批发环节营业税。国营企业经营化肥、农药、农牧渔业用盐、种子种苗、农用塑料薄膜、农机产品及其零配件、饲料等商品批发业务，为照顾企业经营困难，暂免征批发环节营业税。对航站服务费收入中的国内飞机服务费收入和手续费收入，暂免征营业税。对于散装水泥专用车队的运输营业收入，从经营月份起给予免征营业税一年的照顾。对客运单位为筹集资金，加快本省基础设施建设，按规定向旅客加收的交通建设基金，其中缴交给养路费征收站的部分，免征营业税。机关、团体和企事业单位及其主管部门的运输队（或汽车队），凡收取运费收入的，不论是否实行独立核算，也不再区分对内、对外服务，都应当按规定征收营业税。但有的单位车辆对外临时支援的收入，经县、市税务局批准，可给予免税照顾。对煤矿矿区内部运输（含井口到发运站煤台）免征营业税。机关、团体、企事业单位所属宾馆、招待所、旅行社、华侨大厦的营业收入，符合以下三种情况暂予免征：①各单位办的小型招待所，按年计算每月收入平均不满 250 元的；②少数民族招待所，收入不敷支出的；③宾馆、招待所、旅行社、华侨大厦的食堂，专为住宿旅客就餐的收入。乡镇企业和农民个人从事下列业务的收入免征营业税：①从事加工、修理、修配的业务收入，包括接受扩散加工的零部件、半成品和装配业务的加工费收入；②乡镇建筑安装企业，从事修缮的业务收入和按国家规定的预算价格承包的建筑安装工程的业务收入；③乡镇企业除经营商业、饮食、旅社、照相的业务收入和机动车船（包括拖拉机）的运输收入外的劳务、服务收入；④乡镇企业为国营商业、供销社代购代销的手续费收入。省财政厅还规定：乡镇企业自产自销的工业、手工业品，免纳批发环节营业税，乡镇办冷藏库（如兼制冰等）、仓库免征营业税。

　　从 1994 年起，福建省对 1993 年 12 月 31 日前已批准设立的外商投资企业，由于改征增值税、消费税、营业税而增加税负的，经企业申请，税务机关批准，在已批准的经营期限内，最长不超过 5 年，退还其因税负增加而多缴纳的税款；没有经营期限的，经企业申请，税务机关批准，在最长不超过 5 年的期限内，退还其因税负增加而多缴纳的税款。对安置的"四残"（盲、聋、哑、肢体残疾）人员占企业生产人员 35%（含 35%）以上的民政福利企业，其经营属于营业税"服务业"税目范围内（广告业除外）的业务，免征营业税。对科研单位取得的技术转让收入，免征营业税。对医院、诊所、其他医疗机构提供的医疗服务免征营业税。对学校和其他教育机构提供的教育劳务，学生勤工俭学提供的劳务免征营业税。校办企业凡为本校教学、科研服务提供的应税劳务（"服务业"税目中的旅店业、饮食业和"娱乐业"税目除外），可免征营业税。享受税收优惠为教育部门所属的普教性学校举办的校办企业，不包括私人办职工学校和各类成人学校（电大、夜大、业大、企业举办的职工学校等）举办的校办企业。纪念馆、博物馆、文化馆、美术馆、展览馆、书画院、图书馆、文物保护单位举办文化活动的门票收入，免征营业税。免税是指这些单位在自己的场所举办的属于文化体育业税目征税范围的文化活动。其售票收入是指销售第一道门票的收入。

　　从 1995 年 1 月 1 日起，党校办企业享受校办企业免征营业税优惠。

　　1996 年，省政府研究决定有关外商投资企业营业税退还审批权限为"逐级上报省地税局审批"。至 1998 年底，外商投资企业超税负五年返还政策到期，全省地税系统审核超税负返还企业 896 户次，审批应退营业税款 1.686 亿元。1996 年起，对新办的农村合作基金会和省定贫困乡镇办的农村合作基金会，可暂缓征收营业税

3年。1996年11月补充规定，"免征营业税的博物馆"是指经各级文物、文化主管部门批准并实行财政预算管理的博物馆。

1997年，明确享受税收优惠的对象是指符合国务院规定的残疾标准，并持有全国统一颁发的"残疾人证"的视力残疾、听力残疾、语言残疾、肢体残疾、智力残疾、精神残疾、综合残疾的残疾人。

1998年，对下岗职工从事保险代理营销业务取得的佣金收入在2000年底前减半征收营业税。对地方商业银行转贷用于清偿农村合作基金会债务的专项贷款利息收入免征营业税。

从1999年5月1日起，对高等学校的技术转让收入，免征营业税。从1999年10月1日起，对单位和个人（包括外商投资企业、外商投资设立的研究开发中心、外国企业和外籍个人）从事技术转让、技术开发业务和与之相关的技术咨询、技术服务业务取得的收入，免征营业税。

2000年，对非营利性医疗机构按照国家规定的价格取得的医疗服务收入，免征各项税收。对营利性医疗机构取得的收入，按规定征收各项税收。但对营利性医疗机构取得的收入，直接用于改善医疗卫生条件的，自其取得执业登记之日起，3年内免征医疗服务收入营业税。对从原高校后勤管理部门剥离出来而成立的进行独立核算并有法人资格的高校后勤经济实体（以下简称高校后勤实体），经营学生公寓和教师公寓及为高校教学提供后勤服务而获得的租金和服务性收入，免征营业税；对社会性投资建立的为高校学生提供住宿服务并按高教系统统一收费标准收取租金的学生公寓，其取得的租金收入，免征营业税；设置在校园内的实行社会化管理和独立核算的食堂，向师生提供餐饮服务获得的收入，免征营业税。

2001年4月，明确享受税收优惠的文化活动场所是指被纳入各级文化主管部门管理范围的省、市、县（区）乡镇文化馆、图书馆、博物馆、纪念馆、美术馆、展览馆、书画院、文物保护单位，以及总工会系统所属的工人文化宫、工人俱乐部等公益性文化事业单位。文化活动场所如果在进门时不收取门票，而在场馆内举办的各种展览、文学讲座、艺术讲座、科技讲座、演讲、报告会，图书和资料借阅业务活动分别收取费用的，视同第一道门票收入给予免征营业税。

2002年5月，对省科技主管部门所属的财政全额拨款的科技馆举办的科普知识展览所取得的第一道门票收入，免征营业税。

从2003年6月1日起，对科技馆、自然博物馆、对公众开放的天文馆（站、台）和气象台（站）、地震台（站）、高校和科研机构对公众开放的科普基地的门票收入以及县及县以上（包括县级市、区、旗等）党政部门和科协开展的科普活动的门票收入免征营业税。2003年5月1日至12月31日，对民航的旅客运输业务和旅游业免征营业税。2003年5月1日至2003年6月30日，对纳税人从事饮食业取得的餐饮收入、从事旅店业取得的客房收入和餐饮收入、城市公共交通运输公司和出租汽车公司取得的运输收入减半征收营业税。

2003 年 1 月 1 日至 2005 年 12 月 31 日，对新办服务型企业（除广告业、桑拿、按摩、网吧、氧吧外）当年新招用下岗失业人员达到职工总数 30% 以上（含 30%），并与其签订 3 年以上期限劳动合同的，经劳动保障部门认定，税务机关审核，3 年内免征营业税。对下岗失业人员从事个体经营（除建筑业、娱乐业以及广告业、桑拿、按摩、网吧、氧吧外）的，自领取税务登记证之日起，3 年内免征营业税。

从 2004 年 1 月 1 日起，对从事学历教育的学校提供教育劳务取得的收入，免征营业税；对政府举办的高等、中等和初等学校（不含下属单位）举办进修班、培训班取得的收入，收入全部归学校所有的，免征营业税；对政府举办的职业学校设立的主要为在校学生提供实习场所、并由学校出资自办、由学校负责经营管理、经营收入归学校所有的企业，对其从事营业税暂行条例"服务业"税目规定的服务项目（广告业、桑拿、按摩、氧吧等除外）取得的收入，免征营业税。从 2004 年 4 月 1 日起，捐资举办的民办学校和出资人不要求取得回报的民办学校，依法享受与公办学校同等的税收优惠。

从 2005 年 1 月 1 日起，下岗失业人员从事个体经营活动免征营业税明确是指其雇工 7 人（含 7 人）以下的个体经营行为。下岗失业人员从事经营活动雇工 8 人（含 8 人）以上，无论其领取的营业执照是否注明为个体工商业户，均按照新办服务型企业有关营业税优惠政策执行。2005 年底以前，对科技馆、自然博物馆以及对公众开放的天文馆（站、台）和气象台（站）、地震台（站）、高校和科研机构对公众开放的科普基地，从境外购买自用科普影视作品播映权而进口的拷贝、工作带，免征对境外单位转让上述播映权等无形资产应扣（缴）的营业税。

五、消费税

1994 年 1 月 1 日，福建省根据国务院 1993 年 12 月颁发的《中华人民共和国消费税暂行条例》和国家财政部颁布的《中华人民共和国消费税暂行条例实施细则》，开征消费税。福建省消费税的征税范围有烟、酒及酒精、化妆品、护肤护发品、贵重首饰及珠宝玉石、鞭炮焰火、汽油、柴油、汽车轮胎、摩托车、小汽车 11 种商品。税源主要集中在卷烟、啤酒、汽柴油、汽车等行业，约占全省总税源的 98%，地域主要集中在龙岩、泉州、福州、莆田等地市。

1995 年 1 月 1 日，省国税局执行国家税务总局关于对金银首饰消费税纳税人认定的规定。

2002 年 1 月 1 日起，福建省对钻石及钻石饰品消费税的纳税环节由生产环节、进口环节移到零售环节。从 2003 年 5 月 1 日起，对铂金首饰消费税的征收环节由生产环节和进口环节改为零售环节。

1994—2005 年，福建省实行政策性减免规定，鼓励出口创汇，根据国际通行做法，对纳税人出口的应税消费品免征消费税，同时还实行临时性减免，除了已在《消费税税目税率（税额）表》列举外，2002 年 12 月 12 日至 2003 年 12 月 31 日，对东南（福建）汽车工业有限公司生产销售的东南牌 DN7161P 和 DN7161H2 型号低污染排放小汽车减征消费税；2003 年 2 月 13 日至 2003 年 12 月 31 日，对东南（福建）汽车工业有限公司生产的尾气排放标准达到欧标 Ⅱ 的东南牌轻型客车及系列专用车，准予按应纳消费税税额减征 30%；2004 年 7 月 1 日至 2004 年 9 月 13 日，对企业生产销售达到相当于欧洲 Ⅲ 号排放标准的小汽车减征 30% 的消费税。

2004 年 6 月，省国税局贯彻国家税务总局《关于取消金银首饰消费税纳税人认定行政审批后有关问题的通知》，停止执行《金银首饰消费税征收管理办法》的第五条"金银首饰消费税纳税人的认定"。对金银首饰消费税纳税人的认定程序取消后，福建省各级税务机关将金银首饰经营单位申报纳税情况列入经常性的专项检查。

1994—2005 年，全省征收消费税 313.210 亿元。

六、资源税

1989 年 4 月，根据 1984 年 9 月国务院颁布的《中华人民共和国资源税条例（草案）》和 1986 年财政部发布的《关于对煤炭实行从量定额征收资源税的通知》开征资源税。福建省征收范围仅限于原煤。

1993 年 1 月，征收范围扩大到铁矿石。

从 1994 年 1 月 1 日起，执行《中华人民共和国资源税暂行条例》，征收范围涵盖原油、天然气、煤炭、其他非金属矿原矿、有色金属矿原矿、黑色金属矿原矿和盐。

1989—2005 年，福建省资源税实行从量定额征收的办法。纳税人开采或者生产应税产品销售的，以销售数量为课税数量；纳税人开采或者生产应税产品自用的，以自用数量为课税数量。资源税实行差别税额标准，在应税品种之间和主要品种开采者之间税额进行级差调节，资源条件好的，税额高些，条件差的，税额低些。

1994 年 4 月，省政府规定，对《资源税暂行条例实施细则》（以下简称《细则》）中未列举名称的其他非金属矿原矿，暂定先对叶腊石、玻璃砂、型砂和明矾石等五种矿产品实行从量定额征收资源税。对《细则》中未列举名称的其他有色金属矿原矿，资源税的征收视矿种资源的变化分步到位。对已列入《细则》中《资源税税目税额明细表》的征税范围，但未划分等级的应税矿产品，根据有关矿种的资源状况，确定适用税额。从 1994 年 1 月 1 日起，对独立矿山应纳的铁矿石资源税减征 40%，按规定税额标准的 60% 征收。

1995 年 5 月，省地税局执行省政府规定：增列石英石（岩）（1 元/吨）、玄武岩、辉绿岩（3 元/立方米）等 3 种矿产品实行从量定额征收资源税。

从 1996 年 7 月 1 日起，对冶金独立矿山应缴纳的铁矿石资源税按规定税额标准的 40% 征收，对有色金属矿的资源税按规定税额标准的 70% 征收。

从 1998 年 1 月 1 日起，石英石（岩）按石英砂税目征收资源税，税额 3 元/吨，矿泉水税额按 3 元/吨征收。

从 2000 年 7 月 1 日起，各地执行省地税局与省财政厅联合规定：凡在省内开采未列举征收资源税名称的"其他非金属矿原矿"和"其他有色金属矿原矿"，均征收资源税。其单位适用税额为：其他非金属矿原矿：建筑用砂（含江砂、河砂、海砂、山砂）、水泥用砂，1 元/立方米；砖瓦、铸型、水泥配料、陶粒等用黏土，0.5 元/立方米；凝灰岩、方解石，1 元/立方米；其他未列举石（岩），1 元/立方米；其他有色金属矿原矿：钽铌矿、稀土矿 2 元/吨，其他为 1 元/吨。同时，对纳税人开采建筑用砂和其他未列举石（岩）用于国家和省重点工程建设的，经主管税务机关逐级上报省地税局审核并送省财政厅审批后，可减半征收资源税；对采掘非耕地砖瓦用黏土，并将采掘现场及时跟进整理为可供耕种的人造田地，经主管税务机关核准免征资源税。

2001 年 4 月，省地税局执行省政府规定：对龙岩马坑铁矿及全省其他未列举名称的入选地下铁矿（非重点矿山）单位税额按 8 元/吨确定，独立矿山仍按原规定执行。

2002 年 4 月，省地税局执行财政部、国家税务总局规定，对冶金联合企业矿山（含 1993 年 12 月 31 日后从联合企业矿山中独立出来的铁矿山企业）铁矿石资源税，减按规定税额标准的 40% 征收，由此造成地方财政减少的收入，中央财政予以适当补助。

2004 年 6 月，省地税局作出解释规定：温泉属于"其他非金属矿原矿未列举名称的其他金属矿原矿"，按其他非金属矿原矿适用资源税单位税额标准 0.5 元/立方米征收资源税。

从 2005 年 1 月 1 日起，玻璃砂、型砂、标准砂全省统一执行国家税务总局规定，即按石英砂 3 元/吨的税额标准征收资源税。从 5 月 1 日起，执行国家财政部、国家税务总局规定，煤炭资源税适用税额统一提高至每吨 2.5 元。

1989—2005 年，福建省征收资源税 11.039 亿元。

表 2－4 　　　　　**1989—2005 年福建省主要矿产品资源税税目税额表**

税　目	税　额	税　目	税　额
金矿	1.3 元/吨	矿泉水	3 元/吨
煤炭	0.5 元/吨	膨润土	5 元/吨
铁矿	8～10 元/吨	温泉	0.5 元/立方米
石灰石	2 元/吨	建筑用砂石	1 元/立方米
铅锌矿	3 元/吨	铜矿	1.6 元/吨
锰矿	2 元/吨	海盐	12 元/吨
高岭土	3 元/吨	液体盐	3 元/吨
稀土	2 元/吨		

七、盐　税

1989 年，继续执行 1984 年 9 月 18 日国务院颁布的《中华人民共和国盐税条例（草案）》和 9 月 28 日财政部发布的《中华人民共和国盐税条例（草案）实施细则》。盐税实行从量定额征收，福建省按每吨 142 元税额征收。1 月，省税务局对动用战备盐有关问题作出规定：①动用战备盐时，须经轻工业部批准。同时应由省盐业主管部门向省税务局提出具体存放地点和原存数量，下达给当地税务部门监督。②发生超额损耗，经当地税务部门核实、证明，报省税务局批准后，酌情核减盐税。③未经批准，将未税战备盐改做经营盐周转销售的，除由战备盐储存地的经管单位立即补缴盐税外，并按税法规定处以罚金。④经管单位动用的战备盐，按原产区税额向存放地税务机关缴纳盐税。4 月，省税务局决定，对省内生产烧碱的国营企业投资新建、扩建的盐田生产的新增原盐，用于本企业连续生产烧碱的部分，暂予免征盐税。从 11 月 25 日起，盐税每吨税额减按 100 元征收；但对调销省内外的计划外用盐（不分盐种）和未经批准的用盐，每吨一律按 142 元征收盐税；对牧业用盐减征盐税的规定停止执行。12 月，省税务局对减税办法作以下改进：征税时，仍按《盐税条例（草案）》中盐税税额表所规定的税额稽征。税款入库后，再由当地税务机关根据税务局确定的减税额分配方案，将应减税额退给盐业生产企业。

1990 年 1 月，省税务局规定：对省内非定点供应的其他减税工业用盐，在出场（厂）、分配调拨时，分别按供应对象和用途确定减征税额，据以征收盐税；对省外非定点供应（除国家税务局批准外）的其他减税工业用盐，在出场（厂）、分配调拨时，一律按照肥皂、饲料工业用盐减征税额征收盐税。11 月，省税务局明确对盐税违章的特殊处罚，仍按照《盐税稽征管理试行办法》执行。

1991 年 4 月，国家对福建省食盐税征收额进行调整，调整后的海盐税征收额为 90 元/吨。食盐税征收额调整后，食盐征税直接按照调整后的征收额征收入库，不再执行国家税务局规定的"先征税，后退税"的办法。由于调往省外的食盐盐税征收额不同，在产区无法确定、就地征收食盐税时，一律暂按每吨 90 元计征，应退税额由盐业运销中转港站在改变盐种应补缴盐税中抵缴。8 月，省税务局规定：惠安县山腰盐场、莆田盐场按 1989 年 11 月 25 日至 1990 年 12 月 31 日的实际销售食盐量以每吨 42 元计算退税；其他盐场按 1990 年 4 月 1 日至 12 月 31 日销售的原盐每吨给予退税 21 元。上述单位所退税款必须用于解决盐业生产中存在的困难，不得挪作他用；盐业部门（指缴纳盐税单位，不包括莆田盐场、山腰盐场）1989 年 11 月 25 日至 1990 年 3 月 31 日销售的食盐每吨退税 42 元；1990 年 4 月 1 日至 12 月 31 日销售的食盐每吨退税 5.70 元；盐税部门及莆田盐场、山腰盐场 1991 年 1 月销售的食盐每吨退税 42 元，应退税款在本年度其他月份应纳的盐税中抵缴；各盐税纳税单位自 1989 年 11 月 25 日至 1991 年 1 月 31 日销售的食盐均应按 142 元/吨征收盐税，征收不足的，应及时全部补征。

从 1992 年 3 月 1 日起，对福建省生产的天然日晒优质细白盐，每吨暂按 75 元征收盐税。

1989—1993 年，福建省征收盐税 1.848 亿元。

1994 年税制改革时，将盐税并入资源税，作为其中的一个税目，简化征税规定。

八、城市维护建设税

1989 年，继续执行 1985 年国务院颁发《中华人民共和国城市维护建设税暂行条例》和省政府发布的《福建省城市维护建设税实施细则》。凡缴纳产品税、增值税、营业税的单位或个人，都是城市建设维护税的纳税义务人。以实际缴纳产品税、增值税、营业税税额为计税依据，同时缴纳。纳税人所在地在市区的，税率为 7%；在县城、镇的，税率为 5%；不在市区、县城、镇的，税率为 1%。对中外合资企业和外资企业不征收城市建设维护税。纳税人在被查补产品税、增值税、营业税和被处以罚款时，应同时对其偷漏的城市建设维护税进行补税和罚款；海关对进口产品代征的产品税、增值税，不征收城市建设维护税。

从 1994 年 1 月 1 日起，进行税制改革，城市维护建设税按原税率和新颁布实施的增值税、消费税、营业税 3 税的实际缴纳税款为依据计算征收。同时，对外商投资企业和外国企业暂不征收城市维护建设税。

1985—2005 年，福建省征收城市维护建设税 131.032 亿元。

第二节 所得税类

一、中外合资经营企业所得税

1989 年，继续执行 1980 年全国人大常委会发布的《中华人民共和国中外合资经营企业所得税法》。

1991 年 7 月，中外合资经营企业所得税并入外商投资企业和外国企业所得税。中外合资经营企业所得税停止征收。

1989—1991 年，福建省中外合资经营企业所得税收入 7957 万元。

1992 年，清理欠税 70 万元。

二、外国企业所得税

1989 年，继续执行 1981 年 12 月全国人大常委会公布的《中华人民共和国外国企业所得税法》。

1991 年 7 月，外国企业所得税并入外商投资企业和外国企业所得税。外国企业所得税停止征收。

1989—1991 年，福建省外国企业所得税收入 4281 万元。

1992 年，清理欠税 67 万元。

三、外商投资企业和外国企业所得税

1991 年 4 月，国家将《中华人民共和国中外合资经营企业所得税法》和《中华人民共和国外国企业所得税法》合并为《中华人民共和国外商投资企业和外国企业所得税法》。从同年 7 月 1 日起，福建省实施《中华人民共和国外商投资企业和外国企业所得税法》和《中华人民共和国外商投资企业和外国企业所得税法实施细则》。

1991 年，福州市科技园区经国家科委审定为 21 个国家高新技术产业开发区之一。在国务院批准设立的高新技术产业开发区内被认定为高新技术企业的外商投资企业，可自被认定为高新技术企业之日所属的纳税年度起，减按 15% 税率征收企业所得税。

1992 年，《国务院关于设立福清融侨经济技术开发区的通知》决定，设立福清融侨经济技术开发区，实行沿海开放区城市经济技术开发区关于生产性外商投资企业所得税减按 15% 的税率征收政策，但不得援例沿海开放城市经济技术开发区的其他政策。

1994 年 1 月 1 日，省税务局下发《关于涉外税收若干政策问题的通知》，对沿海开放地区原已按华侨投资享受"免三减四"优惠的企业，按原规定进入减半征税期后合资企业应按 30% 的税率减半征收，合作、独资企业按《外商投资企业和外国企业所得税法》规定的税率减半征收。新所得税法实施后，沿海经济开放区生产性企业的所得税税率均为 24%。根据新老税法衔接"从新从优"的原则，对沿海开放地区享受所得税"免三减四"优惠的生产性外商投资企业，进入减半期后，按 24% 的企业所得税税率减半征收。

从 1999 年 1 月 1 日起，对关于从事能源、交通基础设施项目的生产性外商投资企业，在报经国家税务总局批准后，可减按 5% 的税率征收企业所得税。4 月，省国税局对外商投资企业被认定为高新技术企业之日的所属纳税年度在企业获利年度之后，可就其适用的减免税期的剩余年限享受减免优惠待遇；在减免税期限结束之后才被认定为高新技术企业的，不追补享受有关减免企业所得税的优惠政策。

从 2000 年 1 月 1 日起，对在境内没有设立机构、场所的外国企业，其从中国取得的利息、租金、特许权使用费和其他所得，或虽有机构、场所，但上述各项所得与其机构场所没有实际联系，减按 10% 税率征收企业所得税。

1991—2005 年，福建省外商投资企业和外国企业所得税收入 207.099 亿元。

四、国营企业所得税

1989 年，福建省除了执行《中华人民共和国国营企业所得税条例（草案）》和财政部关于《中华人民共和国国营企业所得税条例（草案）实施细则》统一规定外，还对以下诸单位给予减免税照顾。

（一）文化事业单位

1990 年，省税务局对省广播电视厅系统预算外全民所有制企业收入免征国营企业所得税；对福建省划为文化事业单位的 72 家剧场、影剧院，1990—1991 年，继续免征国营企业所得税；对省档案馆有偿服务收入，1992—1993 年，免征国营企业所得税。

（二）军工企业

省税务局对福建省军区所属的 3 户企业、军供站、军人接待站开展的对外营业所得，免征 1990 年度国营企业所得税，对军供站、军人接待站免征 1991 年度国营企业所得税。

（三）科技企业

对省、地（市）、县科协直属的事业性质的科技咨询机构，其非技术转让过程中的技术咨询、技术服务、技术培训收入，暂免征收国营企业所得税。

（四）医药企业

省税务局对福州中药饮片厂、德化饮片厂、莆田市中药饮片厂、龙海县中药饮片厂、龙岩市中药饮片厂、泰宁县中药饮片厂、顺昌县药材加工厂、霞浦县中药饮片厂等8家中药饮片重点企业减半征收1991年度国营企业所得税。

（五）租赁经营的国营小型企业

从1989年起，对租赁经营的国营小型企业，其租赁前一年的亏损，用租赁后的盈利抵补，一年不够抵补的，结转次年抵补，连续抵补不超过3年。

（六）地质勘探

1992年7月，对国家核拨事业费改为承担任务收费的勘察设计单位，减征所得税期满后，其勘察设计所得及其他所得，在1993年底前，继续享受减按15%的税率征收国营企业所得税。年人均盈余不足1200元的，在1993年底前，继续给予免征国营企业所得税照顾。

（七）生产饲料添加剂企业

对专门生产饲料添加剂的工业企业，在1990年内，已享受免征国营企业所得税3年照顾的，按规定税率减半征收所得税，免征所得税尚未到3年的，继续免征国营企业所得税1年。

1994年税制改革时，不再按企业所有制形式设置所得税的办法，取消国营企业所得税。

1989—1993年，福建省国营企业所得税收入34.769亿元。

五、国营企业工资调节税

1989年，福建省继续执行国务院和财政部1985年7月分别颁发的《国营企业工资调节税暂行规定》和《国营企业工资调节税暂行规定施行细则》。

1989年1月24日，省税务局规定：凡是按福建省邮电管理局关于《福建省邮电通信企业工资总额同业务总量、通信总量挂钩试行办法》实行挂钩的邮电通信单位，以及按《关于非通信企业工资总额同经济效益挂钩问题的通知》挂钩的非通信企业，从1988年起，改为征收工资调节税。同时按福建省邮电管理局"工资总额基数"统一计征工资调节税的，实行半年预缴、年终汇算清缴的办法。12月15日，省税务局转发国家税务局《关于对企业、事业单位"小金库"资金发放的奖金、实物、补贴、津贴征收奖金税、工资调节税的问题的通知》，决定对实行工效挂钩、缴纳工资调节税的企事业单位计入单位当年的计税工资总额，按规定缴纳工资调节税。

1989年11月25日至1990年9月30日，福建省对企业推销超储地产工业品和商业、供销社库存积压商品的全额销售承包、销售费用及奖励包干、单项计奖、推销津贴补助等项的奖励费用不计征工资调节税。对企事业单位调增的工资，均免征工资调节税。对企业将职工奖励基金结余、效益工资结余或其他资金转化为个人入股资金、职工个人风险抵押金或代为职工购买国库券和各种债券的，从其转化或购买之日起，计入企业当年应纳税工资总额，征收工资调节税。

1992年1月，省政府发放给福建省专家、学者、技术人员的政府特殊津贴，免征工资调节税。是年4月3日起，对国合商业企业免征工资调节税。

1993年1月8日起，对福建省企事业单位的奖金税和工资调节税暂缓征收。

1989—1993年，福建省国营企业工资调节税收入1883万元。

1994年工商税制改革以后，取消国营企业工资调节税。

六、集体企业所得税

1989年，继续执行1985年国务院颁布的《中华人民共和国集体企业所得税暂行条例》和同年7月22日财政部颁布的《中华人民共和国集体企业所得税实施细则》。除了落实《中华人民共和国集体企业所得税暂行条例》中规定的减免税外，福建省还制定以下减免税规定。

（一）服务业

福建省对国家机关、团体、军队、行政事业单位所属宾馆、饭店、招待所减按15%税率计征所得税。对集体保安公司开办初期有困难的，经县级税务机关批准，在1991年底前免征所得税。对福建省水利工程管理单位开办的集体性质的经营单位，在“八五”期间，从事宾馆、饭店、招待所及其他综合经营所得，纳税有困难的，可报批减免所得税。

（二）文化、体育事业

1990年，对全省文化事业单位的72家剧场、影剧院免征所得税。1991年6月，对体育事业单位利用所属的体育运动场开展多种经营的门票收入，在1993年底前免征所得税。对各级体委所属的体育服务公司安置运动员人数达公司总人数50%以上的，在1993年底前免征所得税。

（三）高新技术企业

1990年3月，省税务局转发执行《省政府关于福州、厦门科技园区的暂行规定》，科技园区内举办的高新技术企业（包括：全民所有制或集体所有制企业，中外合资合作企业和外商独资企业），企业所得税税率为15%。从获利年度起，2年内免征所得税，第3—5年减半征收所得税。企业当年出口产品产值达到当年企业产品产值的70%以上，减按10%的税率缴纳企业所得税。

1992年12月，省政府颁布《福建省推进高新技术产业发展的若干政策规定》。集体所有制企业经福建省科委认定的高新技术企业可以享受高新技术产业优惠政策，高新技术企业从获利年度起，2 年内免征所得税，第 3—5 年按 15% 税率减半征收所得税。减免期满后，出口产品的产值达到当年总产值 40% 以上的企业，可申请，经省税务部门批准后，适当减收所得税。企业用于高新技术研究、开发、生产的仪器、设备的折旧年限可比国家规定的年限缩短 30%～50%。在上交任务、不亏损的前提下，可提取销售收入的 3% 作为高新技术产品开发费，对集成电路、程控交换机、软件、电子计算机行业计提比例最高可到 10%。

（四）再生资源回收、加工企业

从 1990 年起，对独立核算的供销社、物资系统废旧物资回收、加工企业，按八级超额累进税率计征所得税，企业实际税负超过 20% 的部分，减半征收所得税。

1992 年，对专门从事回收、加工利用再生资源的企业（除批准实行税利分流的省属物资企业外），按八级超额累进税率征收所得税；在 1995 年底前企业实际税负超 15% 的，减按 15% 税率征收所得税。

（五）"老、少、贫"地区乡镇集体企业

1989 年，福建省定点"老、少、贫"地区新办的乡镇集体企业，符合国家产业发展政策的免征所得税。1991 年，对外省到福建省定点的贫困地区和其他边界县新办独资、合资企业（14 类小厂，33 种产品除外）继续免征所得税。

（六）农业、粮食、副食品

为发展高产优质高效农业，扶持农产品加工、储存、保鲜、运销等延伸环节的发展，对新办的从事这类经营活动的集体企业，报经税务机构批准，给予 1 年以内的减征或免征所得税照顾。1990 年，对国营粮食部门举办的、实行独立核算、自负盈亏的集体企业免征集体企业所得税。1991 年 2 月，福建省对新办的专门生产酱油、醋、豆制品、腌腊制品、酱、酱菜糖制小食品、儿童食品、小糕点、果脯蜜饯、果汁果脯、干菜调料的商办工业，继续按照省政府 1984 年有关规定，免征所得税 1 年。固定资产在 300 万元以下、年利润在 30 万元以下的糕饼厂，继续按照省政府 1984 年有关规定，到 1995 年底前减半征收所得税。

对福建省水利工程管理单位举办的集体性质的经营单位，在"八五"期间，从事种植业、养殖业、农产品初加工、服务于水利工程的建筑业所得，免征集体企业所得税。

（七）安置社会待业人员企业

对各级退管会组织新办的以退休职工为主体的独立核算经济实体，除生产国家限制的 31 种产品和 14 类小企业外，自盈利年度起免征所得税 1 年。1991 年，继续对医疗卫生事业单位组织富余人员、各级体委所属体育服务公司安置运动员、学校为教职员工和学生生活服务而举办的第三产业免征所得税。同年，省税务局开始执行安置城镇待业青年的集体企业税收政策：新办城、乡集体企业当年安置城镇待业青年超过职工总人数的 60%，免征 2—3 年所得税；劳动服务企业中以安置待业青年为目的的集体企业，从盈利之月起计算期限，享受免征所得税；当年安置城镇待业青年达不到规定比例、纳税确有困难的，经报批予以 1 年内减免所得税照顾。1992 年，为鼓励企业多安置社会待业人员，对集体企业安置待业人员比例在 30% 以下的，当年安置比例每增加 1%，给予 1 年减免计税所得额 1.66% 照顾，但人均扣减计税所得额最多不超过 2000 元。

省政府为加快乡镇社会福利企业发展，对安置残疾人达到规定比例，均享受福利企业的优惠政策。社会福利企业可享受国家和福建省有关减免税政策：安置残疾人员占生产人员总数的比例超过 10% 未达到 30% 的，减半缴纳所得税；安置残疾人员占生产人员总数的比例达 30% 以上的，免缴所得税。

（八）福利企业

1989 年，省税务局对 1989 年 1 月 1 日前开办的属于"十四小"（国务院列举八类小厂和福建省增列的六类小厂）范围的福利企业，仍按现行规定给予减免所得税照顾，但其他"十四小"企业不予减免所得税。

（九）供销社

1991 年，水口库区搬迁的供销社企业继续免征所得税。1991 年 1 月 1 日至 1993 年 12 月 31 日，对供销社系统专业车队更新车辆的贷款总额在 1020 万元以内给予税前还贷照顾。1993 年，供销社系统独立核算的农资科技开发服务站、庄稼医院的有偿技术服务，直接为农业生产提供产前、产中、产后服务的第三产业，享受所得税"五免三减半"的优惠规定。

1989—1993 年，福建省集体企业所得税收入 13.539 亿元。

1994 年税制改革，集体企业所得税并入企业所得税征收。

七、私营企业所得税

1989 年，继续执行 1988 年国务院发布的《中华人民共和国私营企业所得税暂行条例》和财政部公布的《私营企业所得税暂行条例施行细则》。

1989—1993 年，共征收私营企业所得税 1318 万元。

从 1994 年 1 月 1 日起，停征私营企业所得税，改征企业所得税。

八、企业所得税

1993 年 12 月，国务院颁布《中华人民共和国企业所得税暂行条例》，把国营企业所得税、集体企业所得税、私营企业所得税进行合并，设立企业所得税。福建省从 1994 年 1 月起执行。

从 1994 年 1 月 1 日起，福建省实行以下优惠政策：①国务院批准的高新技术产业开发区内的高新技术企业，减按 15% 的税率征收所得税；新办的高新技术企业自投产年度起免征所得税 2 年。②第三产业企业，按产业政策在一定期限内减征或者免征所得税。③企业利用废水、废气、废渣等废弃物为主要原料进行生产的，5年内减征或者免征所得税。④国家确定的"老、少、边、穷"地区新办的企业，3年内减征或者免征所得税。⑤企业、事业单位进行技术转让，以及在此过程中与之有关的技术咨询、技术服务、技术培训所得，年净收入在 30 万元以下的，暂免征收所得税。⑥企业遇有风、火、水、震等严重自然灾害，可在一定期限内减征或者免征所得税。⑦新办的劳动就业服务企业，当年安置城镇待业人员达到规定比例的，3 年内减征或者免征所得税。⑧高等学校和中小学校办工厂，减征或者免征所得税。⑨民政部门开办的福利生产企业减征或者免征所得税。⑩乡镇企业按应缴税款减征 10%，用于补助社会性开支。⑪水利工程管理单位取得的收入在"八五"期间（1991—1995 年）免征所得税。⑫对地质矿产部所属的地质勘探单位的所得，在 1994 年底以前减半征收所得税。⑬新成立的对外承包公司的境外收入免征 5 年所得税的政策，执行到 1995 年。⑭生产副食品的企业在"八五"期间减征或免征所得税。⑮对新办的饲料工业企业，在 1995 年底以前免征所得税。此外，还规定，凡安置"四残"人员（包括盲、聋、哑和肢体残疾）占生产人员总数 35% 以上的，暂免征收所得税；凡安置"四残"人员占生产人员总数的比例超过 10% 未达到35% 的，减半征收所得税；乡镇企业可按应缴税款减征 10%，用于补助社会性开支；国务院 1993 年批准第一批到香港发行股票的股份制企业，暂减按 15% 的税率征收企业所得税；对被纳入财政预算管理的养路费、铁路建设基金、民航基础设施建设基金、电力基金等 13 项政府性的基金和收费，免征所得税；国有农口企业、事业单位从事种植业、养殖业和农林产品初加工业取得的所得，暂免征收所得税；获得农业部颁发的"远洋渔业企业资格证书"的远洋渔业企业从事远洋捕捞业务取得的所得，获得各级渔业主管部门核发的"渔业捕捞许可证"的渔业企业从事外海、远洋捕捞业务取得的所得，暂免征收所得税；国家确定的贫困县的农村信用社，可以定期免征企业所得税；对事业单位、社会团体的一部分收入项目免征企业所得税；在中国境内投资符合国家产业政策的技术改造项目的企业，其项目所需国产设备投资的 40% 可以抵免企业投资当年及以后年度新增的所得税。

1999 年，对科研机构、高等学校服务于各业的技术成果转让、技术培训、技术咨询、技术服务、技术承包所取得的技术性服务收入暂免征收企业所得税。社会力量，包括企业单位（不含外商投资企业和外国企业）、事业单位、社会团体，个人和个体工商户，资助非关联的科研机构和高等学校研究开发新产品、新技术、新工艺所发生的研究开发经费支出全额在当年度应纳税所得额中扣除。当年不足抵扣的，不结转抵扣。对转制后的中央直属科研机构以及省、地（市）所属的科研机构,从 1999 年 10 月 1 日起至 2003 年底止,免征企业所得税。

2001 年起,对非营利性科研机构从事技术开发、技术转让业务和与之相关的技术咨询、技术服务所得的收入,免征企业所得税。从事软件开发、集成电路制造及其他业务的高新技术企业,互联网站,从事高新技术创业投资的风险投资企业,5 年内广告支出据实扣除。

2002 年,全面停止执行福建省各级政府及有关部门自行制定的相关文件中涉及企业所得税优惠的政策,对企业所得税按国家统一政策进行征收管理。

2003 年,省国税局对国家确定的 8 个贫困县、10 个中央苏区县、18 个少数民族乡新办的企业,继续执行《关于企业所得税若干优惠政策的通知》的规定,给予享受三年减征或免征企业所得税的优惠。享受优惠的有贫困县:寿宁县、屏南县、柘荣县、周宁县、连城县、武平县、长汀县、上杭县;中央苏区县:龙岩(今新罗区)、永定、上杭、长汀、连城、建宁、泰宁、宁化、归化(今明溪)、清流县;少数民族乡:罗源县霍口乡、福安市康晋乡、福安市穆云乡、福安市坂中乡、霞浦县崇儒乡、霞浦县盐田乡、霞浦县水门乡、漳浦县湖西乡、漳浦县赤岭乡、永安市清水乡、宁德市金涵乡、惠安县百崎乡、连江县小沧乡、龙海市隆教乡、上杭县官庄乡、上杭县庐丰乡、福鼎县硖门乡、宁化县治平乡。

2003 年 1 月 1 日至 2005 年 12 月 31 日,对下列企业给予 3 年企业所得税减免优惠:①新办的服务型企业(国家限定的行业除外)和新办的商贸企业(非零售企业除外),当年新招用下岗失业人员达到职工总数 30% 以上,并与其签订 3 年以上期限劳动合同的,经劳动保障部门认定,税务机关审核,3 年内免征企业所得税。②现有的服务型企业和商贸企业新增加的岗位,当年新招用下岗失业人员达到职工总数 30% 以上,并与其签订 3 年以上期限劳动合同的,经劳动保障部门认定,税务机关审核,3 年内对年度应缴纳的企业所得税额减征 30%。③对国有大中型企业通过主辅分离和辅业改制分流安置本企业富余人员兴办的经济实体,符合吸纳原企业富余人员达到本企业职工总数 30% 以上,与安置的职工变更或签订新的劳动合同等条件的,经有关部门认定,税务机关审核,3 年内免征企业所得税。④对从事商品零售兼营批发业务的商业零售企业,采用定额税收优惠办法,按安置下岗失业人员数量,以每人每年 2000 元的扣减额度,计算扣减数额,从企业应缴纳的企业所得税税额中扣减,当年不足扣减的结转至下一年继续扣减,扣减年限截至 2005 年底。

2004 年,对纳税人吸纳安置下岗失业人员再就业,按《财政部劳动保障部关于促进下岗失业人员再就业资金管理有关问题的通知》中规定的范围、项目和标准取得的社会保险补贴和岗位补贴收入,免征企业所得税。同年,取消《关于企业所得税若干优惠政策的通知》有关校办企业从事生产经营的所得免征所得税条款的税收优惠政策,修改为:①在政府开办的高等、中等和初等学校,举办进修班、培训班取得的收入全部归该学校所有的，免征企业所得税；②在政府开办的职业学校，设立的主要为在校学生提供实习场所，经营收入归学校所有的企业，免征企业所得税；③特殊教育学校开办的企业比照福利企业标准，享受国家对福利企业实行的企业所得税优惠政策；④纳税人通过中国境内非营利的社会团体、国家机关向教育事业的捐赠，准予在企业所得税前全额扣除；⑤高等学校、各类职业学校服务于各业的技术转让、技术培训、技术咨询、技术服务、技术承包所取得的技术性服务收入，暂免征企业所得税；⑥对学校经批准收取并纳入财政预算管理的或财政预算外资金专户管理的收费不征收企业所得税；⑦对学校取得的财政拨款，从主管部门和上级单位取得的用于事业发展的专项补助收入，不征收企业所得税。

为降低"禽流感"疫情所造成的损失，对家禽养殖业（包括种禽养殖）、加工和冷藏冷冻企业进行家禽养殖（包括种禽养殖）、加工和冷藏冷冻所取得的所得免征 2004 年度企业所得税。企业扑杀禽类所取得的财政专项补助，免征企业所得税；企业扑杀禽类所造成的损失，在所得税前全额列支。为应对高致病性禽流感疫情，在 2005 年后继续执行 1 年。

1994—2005 年，全省企业所得税收入 500.662 亿元。

九、城乡个体工商业户所得税

1989 年，继续执行 1986 年国务院发布的《中华人民共和国城乡个体工商业户所得税暂行条例》和省政府颁布的《〈中华人民共和国城乡个体工商业户所得税暂行条例〉施行细则》。1989—1993 年，省税务局执行省政府颁布的《关于城乡个体工商业户所得税的若干政策规定》，对下列纳税人减征、免征城乡个体工商户所得税：①对私人诊所、个体医生、牙医、镶牙所有所得收入，免于征收城乡个体工商业户所得税；对于收费超过当地政府规定标准，以及镶牙所兼营其他营业或专以制造和贩卖假牙、假眼为主业的，不予免税；对以医疗为主附带为就诊病人开方售药的收入，可不予征税，但对以售药为主所得的收入应当征收城乡个体工商业户所得税。②个体户从事工商业，同时又经营种养业的，只就经营工业、商业、服务业、建筑安装业、交通运输业等项所得征收城乡个体工商业户所得税，其所从事的种养业单独核算，不征城乡个体工商业户所得税。③个体户从事水上运输，按规定纳税有困难，需要给予减征城乡个体工商业户所得税的，可由市、县税务局在应纳税额30%的幅度内酌情予以减征照顾。④对个体兽医取得的收入，可免征城乡个体工商业户所得税，但对个别利润较大的，也可征收城乡个体工商业户所得税。⑤为支持归侨、难侨安排好生活，对国内华侨农（林）场的归侨、难侨在本场范围内自办的个体企业从事的生产经营所得，从取得收入的月份起，3 年内免征城乡个体工商业户所得税。⑥对个体工商业户不再征收城乡个体工商业户所得税附加。

1989—1993 年，福建省城乡个体工商业户所得税收入 2.610 亿元。

1994 年税制改革，将城乡个体工商业户所得税并入新的个人所得税中。新的个人所得税法自 1994 年 1 月 1 日起施行，城乡个体工商业户所得税废止。

十、个人所得税

1989 年，继续执行 1980 年全国人大通过的《中华人民共和国个人所得税法》。1994 年 1 月起，执行 1993 年 10 月 31 日修改的《中华人民共和国个人所得税法》。1999 年 8 月 30 日起，执行 1999 年 8 月 30 日修改的《中华人民共和国个人所得税法》。2005 年 10 月 27 日再次修改。

1989—2005 年，福建省征收个人所得税 382.803 亿元。

十一、个人收入调节税

1989 年，继续执行 1986 年国务院发布的《中华人民共和国个人收入调节税暂行条例》。6 月，省税务局要求各地税务机关和省税务局直征所设立个人收入调节税专线举报电话和举报信箱，专门负责，并公告于众。对举报的案件要尽快组织力量，认真查处，为举报人保密并按规定给予奖励。9 月，省税务局对个人从中外合作经营企业、外资企业取得的午餐津贴，并入月综合收入计征个人收入调节税。对公民个人购买 1989 年保值公债的利息收入免征个人收入调节税。10 月，对个人取得的财产转租收入，由财产转租人缴纳个人收入调节税。

1990 年 3 月，规定"劳务报酬收入"，均依照劳务报酬收入项目的适用税率，征收个人收入调节税。对专职从事翻译工作的人员取得收入，视为工资、薪金收入征收个人收入调节税。10 月，省税务局批复漳州市税务局，凡按规定征收私营企业所得税的投资者从盈利取得的收入，应按私营企业投资者个人收入计征个人收入调节税；凡征收集体企业所得税的，个人从盈利中取得的收入按红利收入征收个人收入调节税。

1991 年 1 月，省税务局对按国家规定发给举报人的奖金收入免征个人收入调节税。9 月，对文物管理机关发给交出文物人员奖励性报酬，暂免征个人收入调节税。11 月，对福建省内河、沿海运输公司按统一规定支付给船员的津贴、补贴，暂比照远洋公司船员规定免征个人收入调节税。

1992 年 1 月，对省政府发放给福建省专家、学者、技术人员的政府特殊津贴，免征（每月 100 元）个人收入调节税。2 月，明确享有著作权的中国公民因他人以图书、报刊出版方式使用其作品而取得的收入，按照《中华人民共和国个人收入调节税暂行条例》中的"投稿、翻译收入"项目征税。享有著作权的中国公民因他人以《中华人民共和国著作权法》有关规定的各种方式（不含图书、报刊出版方式）使用其作品而取得的收入，按照《中华人民共和国个人收入调节税暂行条例》中的"专利权转让收入"项目征税。支付著作权使用收入的单位，必须在支付的同时，按上述规定代扣代缴个人收入调节税。

1993年1月，省税务局对个人取得财产租赁收入和劳务报酬收入，允许先扣除实际缴纳的税款后，再按规定计征个人收入调节税。8月，对个人参加"选美"比赛取得的奖金收入可按"其他收入"项目征税，适用税率为20%，税款由主办单位代扣代缴。

1989—1993年，全省个人收入调节税收入为4.179亿元。

1994年，工商税制改革以后，个人收入调节税并入个人所得税。

十二、农业税

1989年，继续执行1958年6月3日第一届全国人大常委会第九十六次会议通过的《中华人民共和国农业税条例》。

1990年1月，省财政厅下发《关于开垦荒地免征农业税年限问题的函》，取消"复垦的耕地5年，新开发耕地10年免征农业税和粮食定购任务"的规定，按《福建省农业税征收实施办法》第二十条"纳税人依法开垦荒地，自有收益之年起，生荒地免征农业税三年，熟荒地免征农业税两年。但弃熟垦新荒芜的土地，均不予免税"的规定执行。9月，省财政厅《关于贯彻执行闽委〔1990〕15号文件有关农业税问题的通知》，对于农户、联户、乡村集体经济组织和国营农场依法开垦荒地用于种粮的，5年内免征农业税。

从1993年1月1日起，省财政厅下发《关于农业税征收工作有关问题的通知》，农业税继续实行征收粮食实物为主，各级粮食部门为征收农业税实物（公粮）的代收代缴义务人。经济作物区和缺粮区缴纳粮食实物确有困难的，由当地乡镇政府（财政所）审核，报经市（县、区）政府（财政局）批准后可缴纳代金。

1994年，省财政厅下发《关于1994年农业税征收工作有关问题的通知》，公粮征收采取"实物征收，货币结算"的办法，实行公粮的数量与金额双控制。即在保质保量征收粮食实物的前提下，把征收公粮的数量按规定的计税价格折算为金额，在交粮时按"按质论价，多退少补"的原则进行货币结算。凡所交粮食折价款超过农业税金额任务的部分，如数退还给农民；所交粮食折价款加上粮食"三挂钩"（粮食合同定购同供应平价化肥、柴油及发放预购定金挂钩）补贴后仍未达到农业税金额任务的，则由农民补足。

从2000年开始，在东山、松溪、福鼎等14个县（市、区）进行农村税费改革试点模拟运作。2001年，确定武平、松溪、福鼎等3个县（市）为全省农村税费改革试点单位，农业税按全国统一政策重新核定常年产量。

2003 年，省财政厅、粮食局联合下发《关于下达 2003 年早中晚籼稻农业税结算价格的通知》，对 2003 年早、中、晚籼稻农业税及其附加（以下简称农业税）继续实行征收实物和折征代金双轨制。具体征收形式由当地政府根据粮食种植情况和粮食储备、轮换需求、军供粮源等综合研究确定。实行征收实物的，由财政部门委托当地粮食购销企业征收。粮食实物农业税结算价格由县政府根据当地粮食市场价格确定。

2004 年初，省政府制定政策，对种粮耕地减免农业税。

1990—2004 年，全省农业税收入 23.907 亿元。

2005 年 2 月，省政府发出《关于全面免征农业税和取消除烟叶外的农业特产税的通知》，在全省免征农业税及其附加。

十三、农林特产税

1989 年，继续执行 1982 年省政府修订颁布的《福建省农林特产税征收规定》和 1986 年国务院发布的《关于对农林特产收入征收农业税的若干规定》。

1990 年，对在新开发的荒地、荒山、荒水、荒滩从事水产养殖和茶果种植业的，从投产起 5 年内免征农林特产税。同时调减水产、水果类产品特产税负担，按生产者实际销售收入减半征收。

1993 年 1 月，降低农林特产税税率：原木为 8%；水果为 10%，其中柑橘、香蕉、荔枝、龙眼为 15%；果用瓜为 10%；水产养殖为 10%，其中水珍品珠蚌、珍珠、海参、鲍鱼为 15%；其他品种税率统一降为 5%。调整后的税率不含地方附加，地方附加按应纳税额的 10% 与应纳税额一并征收。5 月，对大宗农林特产税收入执行全国统一税率，海淡水养殖由 10% 降为 8%，水果为 10%（其中柑橘、香蕉、荔枝、龙眼由 15% 降为 12%，果用瓜由 10% 降为 8%），原木由 8% 降为 7%，水珍品由 15% 降为 8%。果用瓜按应征税额减征 1/3，原减半征收停止执行。

从 1994 年 1 月 1 日起，根据中央税制改革精神，原征收产品税的农、林、牧、水产品改为征收农林特产税。4 月 30 日，省政府制定《福建省农业特产农业税实施办法》：凡生产应税农业特产品的单位和个人（不含生产烟叶、牲畜产品的单位和个人），应缴纳生产环节的农业特产税；收购烟叶、毛茶、银耳、黑木耳、贵重食品、水产品、原木、原竹、生漆、天然树脂（不含天然橡胶）、牲畜产品的收购单位和个人（指生产经营者）缴纳收购环节的农业特产税。

2003 年 1 月，省财政厅下发《关于调整部分农业特产税和停征屠宰税的通知》，除保留烟叶和原木收购环节两个品目的农业特产税外，其余品目的农业特产税全部暂缓征收。

2005 年 2 月，省政府下发《关于全面免征农业税和取消除烟叶外的农业特产税的通知》，从 2005 年起，除保留烟叶外，其余品目的农业特产税全部取消。

1990—2005 年，全省农业特产税收入为 87.393 亿元。

十四、土地增值税

从 1994 年 1 月 1 日起，根据《中华人民共和国土地增值税暂行条例》开征土地增值税。

从 1995 年 1 月起，执行财政部颁布的《中华人民共和国土地增值税暂行条例实施细则》和《关于对 1994 年 1 月 1 日前签订开发及转让合同的房地产征免土地增值税的通知》。

2002 年 11 月，省地税局下调土地增值税平均预征率，从 2% ~ 5% 下调为 0.5% ~ 3%。

2004 年 9 月，省地税局转发国家税务总局《关于进一步加强城镇土地使用税与土地增值税管理工作的通知》，对已竣工并办理结算的房地产项目，其未销售面积占可销售面积 5% 以内的房地产，即可进行土地增值税全面清算。

1995—2005 年，福建省土地增值税收入为 8.809 亿元。

第三节 财产税类

一、房产税（城市房地产税）

1989 年，继续执行 1986 年 9 月国务院发布的《中华人民共和国房产税暂行条例》和 1986 年 12 月 4 日省政府颁布的《福建省房产税实施细则》。中外合资经营企业、外资企业，外籍人员、华侨、港澳台同胞的房屋仍然执行 1951 年政务院颁布的《城市房地产税暂行条例》。

福建省房产税依照房产原值一次扣除 25% 后的余值按 1.2% 的税率计算缴纳；房产出租的，以房产租金收入按 12% 的税率计算应纳税款。房产税实行按年征收，按月或者按季缴纳，由县、市税务机关确定。企业的房产税采取一年一次性缴纳或者按季（月）缴纳方式，个体户（承租人）的房产税采取按月缴纳方式，对私有居住性房屋出租的房产税，根据不同的情况确定不同的纳税方式和纳税期限。

1998 年 9 月，省地税局执行国家税务总局规定：对 1998 年福州、南平、三明、宁德四地市遭受洪涝灾害企业的房产税，由省地税局根据企业受灾情况给予适当的减免税照顾，并在审批工作结束后将减免税情况汇总上报国家税务总局备案。12 月，加强对出租房屋房产税的征收管理，对找不到出租人的，承租人为房产税的代扣代缴义务人；对不能提供租赁合同或不能据实提供租金收入情况的，税务机关根据当地情况核定不同区域房屋出租的租金标准，据以征收房产税；对代征单位和个人，各地依照有关规定，结合当地情况确定并支付代征手续费。

1999年7月，省地税局作出规定：对未经国家有关部门批准设立的典当机构办理典当手续而自行出典房屋的，按同一地段同一档次的租金标准核定租金收入，由产权人按租金缴纳房产税；对房屋抵债的，产权明确的由产权所有人缴纳，产权不明确的由使用人缴纳；对房产属于自营或者出租的界定：对居民个人用私有房屋从事生产经营活动的，凡其营业执照、房屋产权证、身份证姓名一致的，或经营者属于房屋产权人直系亲属的，可视为自有自营房产，按房产余值计征房产税，否则按租金计征房产税。8月，省地税局对房产原值的认定作了补充规定：对企业或个人房屋装修投资额中，属于房屋不可分割的吊顶、高档灯具、墙饰、地砖、铝合金窗、扶梯等投资，不论其账务如何处理，征收房产税时均并入房产原值。可以自由移动的办公设备、电器设备等投资，以及娱乐业的保龄球设备、桑拿设备、卡拉OK设备等投资可暂不计入房产原值计征房产税。11月，省地税局执行省政府规定，就"三资"企业房产税的征收范围作出新规定：福建省外商投资企业、外国企业、华侨及侨眷自有房产，按《城市房地产税暂行条例》的规定，征收房产税；房产税的征税范围为全省的城市、县城、建制镇和工矿区。其中工矿区具体范围由县（市）政府确认后，报地（市）政府批准。县城、建制镇建成区的具体范围，由县政府确认。12月，省地税局作出规定：房产税纳税人不论以承包、租赁经营或以其他名义有偿提供房产使用权的，均按租金收入缴纳房产税；房产税从租计征的，仅对房产租金收入部分征税。因此，计征房产税时，纳税人取得的"承包费"、"租赁费"或其他名义的收入中，若含有非房产租金因素的，纳税人应提供合法有效的凭证，经当地主管税务机关核实后予以扣除；纳税人必须如实申报房产租金收入，对不申报或申报不实，以及不能提供合法有效的扣除凭证的，税务部门可参照同地段、同房屋结构租金核定其租金收入计征房产税；国有企业采取承包、租赁方式经营的，房产税暂按原省税务局1991年通知执行。

2000年3月，对外商投资企业利用人防工程中的房屋进行经营活动的，暂不征收房产税；外商投资企业将房屋内的柜台出租给其他经营者并收取租金的，按租金计征城市房地产税。凡按租金计征的房产税额超过按房产原值计征的，按租金收入计征城市房地产税；未超过的，按房产原值计征。对外商投资企业在商品房开发过程中搭建临时铺面出租经营的，企业"固定资产"账上也不反映的，暂不征收城市房地产税。建造的商品房交付使用后依旧保留的出租经营用的临时铺面，照章征收城市房地产税；外籍个人，华侨，港、澳、台胞购置的非营业用房产，比照《中华人民共和国房产税暂行条例》第五条的有关规定，暂免征城市房地产税。9月，对社会投资兴建的为高校学生提供住宿服务、并按高校系统统一收费标准收取租金的学生公寓，在 2002 年底前，免征土地使用税和房产税；对利用学生公寓向非高校学生提供住宿服务的，按规定征收城镇土地使用税和房产税。

2001 年 8 月，省地税局开展强化和完善房屋租赁税收征管试点工作，对个人私有房屋出租，按财政部、国家税务总局《关于调整住房租赁市场税收政策的通知》中有关规定精神执行，应缴纳的营业税暂减按 3% 的税率征收，房产税暂减按 4% 的税率征收，个人所得税暂减按 10% 的税率征收。对纳税人申报的房屋租金收入明显偏低，又无正当理由的，或拒不提供纳税资料的，税务机关可按核定的计税租金标准计算核定其应纳税额。11 月，对行使国家行政管理职能的中国人民银行总行（含国家外汇管理局）所属分支机构自用的房产免征房产税。

2002 年 4 月，省地税局作出规定：对税法及有关税收政策未特别规定减免房产税的房产，不论是否使用，均依照规定征收房产税；对企业部分车间停产闲置的房产，依照规定征收房产税。

从 2003 年 1 月 1 日起，企业停产后，对其闲置不用的房产暂免征收房产税。但对企业在停产期间将厂房出租的，出租部分的房产按规定征收房产税。8 月，对房地产开发企业建造的商品房，在售出前，不征收房产税；但对售出前房地产开发企业已使用或出租、出借的商品房按规定征收房产税；房产税纳税义务时间：购置新建商品房，自房屋交付使用之次月起计征房产税；购置存量房，自办理房屋权属转移、变更登记手续、房地产权属登记机关签发房屋权属证书之次月起计征房产税；出租、出借房产，自交付出租、出借房产之次月起计征房产税；房地产开发企业自用、出租、出借本企业建造的商品房，自房屋使用或交付之次月起计征房产税。

从 2004 年 1 月 7 日起，对省储备粮管理公司及其直属库经营省储备粮业务自用的房产，免征房产税。此前已征收入库的税款不予退库。7 月，省地税局对房屋大修停用在半年以上的，免征房产税，但要在房屋大修前的 10 个工作日之前向主管税务机关报送相关的证明材料。主管地税机关应及时组织人员调查核实，并将有关情况在房产税税源管理台账中登记。

1989—2005 年，福建省征收房产税 110.282 亿元。

二、车船使用税（车船使用牌照税）

1989 年，继续执行 1986 年 9 月 15 日国务院颁布的《中华人民共和国车船使用税暂行条例》和 1986 年 12 月 20 日省政府公布的《福建省车船使用税实施细则》。对外商投资企业等涉外单位和个人继续按原车船使用牌照税的有关规定征收车船使用牌照税。车船使用（牌照）税实行定额按年一次征收的办法，其计税依据和征收税额为：载货汽车 40 元/吨，乘人汽车 10 座以下 200 元/辆、11 座以上 300 元/辆；2 吨以下双排座位客货汽车载人部分按乘人汽车税额减半征税，载货部分按机动载货汽车税额征税；三轮汽车 60 元/辆，二轮摩托车 30 元/辆，三轮摩托车 40 元/辆，拖拉机按载重吨位 30 元/吨，人力驾驶的营业性非机动车 10 元/辆，自行车 4 元/辆（龙岩未开征）；机动船按净吨位 150 吨（含）以下的 1.20 元/吨，超过 150 吨的按不同的载重量为 1.6 ~ 5.0 元/吨；非机动船按载重吨位 10 吨以下的 0.6 元/吨，超过 10 吨的按不同的载重量为 0.80 ~ 1.40 元/吨。

1995 年 12 月，省地税局发文规定：摩托车、拖拉机、船舶和应税非机动车的车船使用税纳税标志，由各地市地税局自行设计、印制。

从 1996 年 7 月 1 日起，铁道部所属单位恢复征税。

2003 年 1 月，省地税局与财政厅、交警总队联合发文，对福建省机动车车船使用（牌照）税实行联合控管征收，从 2003 年起，地税与交警部门联合控管机动车辆车船使用（牌照）税，在机动车辆报牌、年检、转籍时，交警部门检核其纳（免）税凭证，对未按规定办理纳税或免税手续的车辆，及时交由地税部门按规定办理。

1989—2005 年，福建省征收车船使用税 9.240 亿元。

三、车辆购置税

2001 年，福建省按照《中华人民共和国车辆购置税暂行条例》开征车辆购置税，取代车辆购置附加费。同时取消福州市"两轮摩托车交通管理设施配套费"，并要求各地自查清理，凡在购车环节对机动车辆征收的各种费用一律停止征收或公布取消。车辆购置税收入归中央政府所有，专门用于交通事业建设。

5 月，省国税局制定下发《车辆购置税完税证明变更管理规定》，制定车辆购置税完税证明变更管理办法。从是年 12 月 1 日起，对车辆购置税免税管理实行车辆注册地属地申请，省级车辆购置税主管部门审批、制证的管理办法和实行省级与车辆落籍地两级车辆购置税征管机构建档制度。

从 2004 年 10 月 1 日起，福建省根据规定对农用三轮车（指柴油发动机，功率不大于 7.4 千瓦，载重量不大于 500 公斤，最高车速不大于 40 公里/小时的 3 个车轮的机动车）免征车辆购置税。

2001—2005 年，省国税局根据财政部、国家税务总局的通知，下发 6 批（31 辆）免征车辆购置税的防汛专用车名单、下发 6 批（51 辆）免征车辆购置税的森林消防专用指挥车名单、下发 1 批（14 辆）免征车辆购置税的生育流动服务车名单、下发 1 批（7 辆）免征车辆购置税的医院血站项目配置的采血车名单，并要求按名单给予办理免征车辆购置税手续。

车辆购置税的计税价格根据不同情况按照下列规定确定：纳税人购买自用的应

税车辆的计税价格，为纳税人购买应税车辆而支付给销售者的全部价款和价外费用，不包括增值税税款；纳税人进口自用的应税车辆的计税价格的计算公式为：计税价格＝关税完税价格＋关税＋消费税；纳税人自产、受赠、获奖或者以其他方式取得并自用的应税车辆的计税价格，由主管税务机关参照规定的最低计税价格核定。具体为：国家税务总局参照应税车辆市场平均交易价格，规定不同类型应税车辆的最低计税价格；纳税人购买自用或者进口自用应税车辆，申报的计税价格低于同类型应税车辆的最低计税价格，又无正当理由的，按照最低计税价格征收车辆购置税。

2005年4月，省国税局规定：申报车辆的价格高于省国税局公布最低计税价格的，按实计征；低于省国税局公布最低计税价格的，按省国税局公布的最低计税价格征税。对省国税局没有公布最低计税价格的汽车，仍由各设区市国家税务局车购办根据国家税务总局《关于车辆购置税税收政策及征收管理有关问题的通知》，进行核价征税。

2001—2005年，福建省征收车辆购置税67.246亿元。

四、契　税

1989年，继续执行1979年2月省财政局发出的《关于恢复征收契税的通知》。从1997年10月1日起，执行国务院发布的《中华人民共和国契税暂行条例》。11月8日，省政府修订《贯彻〈中华人民共和国契税暂行条例〉实施办法》，规定：征收对象为转移土地、房屋权属，具体包括：国有土地使用权出让、土地使用权转让（包括出售、赠与和交换，不包括农村集体土地承包经营权的转移）、房屋买卖、房屋赠与、房屋交换。契税税率为3%。1999年10月19日，省政府颁发《关于调整房地产市场发展若干税费政策的通知》，规定从是年8月1日起，个人在住房一级市场和住房二级市场购买自用普通住宅，暂减半征收契税。从2005年起，福建省各级财政农税征收机关一律取消契税委托代征，全面实行征收机关直接征收契税。

1990—2005年，福建省征收契税83.594亿元。

五、城镇土地使用税

1989年，继续依照1988年9月国务院发布的《中华人民共和国城镇土地使用税暂行条例》征收城镇土地使用税。

1994年，实施《福建省城镇土地使用税实施细则（修正）》，对土地使用税每平方米年税额为：大城市0.5~7.5元，中等城市0.4~6.0元，小城市0.3~4.5元，县城、建制镇、工矿区0.2~3.0元。

1995年7月，省地税局执行财政部、国家税务总局规定：对遭受自然灾害需要减免城镇土地使用税的企业，单位年减免土地使用税额在10万元以下的，经当地财政局、地方税务局核实，报省财政厅、地税局审批；年减免税额在 10 万元以上（含 10 万元）的，经省财政厅、地税局审核后，报财政部、国家税务总局审批；省财政、地方税务部门在办理受灾企业城镇土地使用税减免税审核或审批时，必须摸清情况，严格把关。对受灾情况重、确实无力缴纳城镇土地使用税的企业，在核实情况后，要尽快予以办理，以帮助企业进行自救和恢复生产；对受灾情况不太严重的企业，原则上不予减免城镇土地使用税；城镇土地使用税减免税审批权应集中在省财政厅、省地税局，不得层层下放。

从 1996 年 1 月 1 日起，调高城镇土地使用税税额征收标准，并按新的税额标准和纳税人实际占用的土地面积计算城镇土地使用税。提高税额标准后，各地可根据市政建设状况、经济繁荣程度等条件，提出本地区土地等级调整方案，报经当地政府批准后执行。5 月，按照省政府规定：在土地使用税税额标准调高后，对部分困难企业给予适当照顾。经测算，对年度出现亏损或加大亏损的企业，先按原税额标准征收，年终办理审批手续。属于"菜篮子"、"米袋子"照顾范围的企业，须提供财政拨补依据，由当地主管税务机关审定。

1999 年 10 月，省地税局执行省政府规定：对高校"筒子楼"（一条长走廊串连着许多个单间，状如筒子）改造工程免征土地使用税。11 月，对血站自用的土地免征城镇土地使用税。

2000 年 9 月，对社会投资兴建的为高校学生提供住宿服务并按高校系统统一收费标准收取租金的学生公寓，可在 2002 年年底前，免征城镇土地使用税；对利用学生公寓向非高校学生提供住宿服务的，按规定征收城镇土地使用税。

2001 年 11 月，对行使国家行政管理职能的中国人民银行总行（含国家外汇管理局）所属分支机构自用的土地，免征城镇土地使用税。

表 2－5 　　　　　**1996—2003 年福建省城镇土地使用**
税土地等级适用税额标准表

单位：元/平方米

地　　　区 \ 等　　　级		一等	二等	三等	四等	五等
福州市鼓楼区、台江区、仓山区、晋安区、马尾区		6.00	4.00	3.00	2.00	1.50
福清市、长乐市		2.00	1.50	1.00	—	
连江县、闽侯县		1.50	1.00	0.50	—	
闽清县、永泰县、罗源县		1.00	0.50	0.30	—	
平潭县		0.60	0.40	0.30	—	
宁德市	市区、郊区	1.50	1.00	0.50	—	
	建制镇	0.30	0.20	—		

续表 2-5

地区 ＼ 等级		一等	二等	三等	四等	五等
古田县	县城	1.00	0.60	0.30	—	—
	建制镇	0.30	0.20	—	—	—
福安市	市区、郊区	1.00	0.60	0.30	—	—
	赛岐镇	0.60	0.30	—	—	—
	其他建制镇	0.30	0.20	—	—	—
福鼎市	市区、郊区	10.00	0.60	0.30	—	—
	秦屿镇	0.60	0.30	—	—	—
	其他建制镇	0.30	0.20	—	—	—
寿宁县、屏南县	县城	0.60	0.30	—	—	—
	建制镇	0.30	0.20	—	—	—
周宁县、柘荣县	县城	0.60	0.30	—	—	—
霞浦县	县城	1.00	0.60	0.30	—	—
	三沙镇	0.60	0.30	—	—	—
	其他建制镇	0.30	0.20	—	—	—
莆田市区（含城厢区、涵江区）、郊区		4.00	3.00	2.00	1.00	—
莆田县	江口镇、黄石镇、笏石镇	3.00	2.00	—	—	—
	华亭镇、梧塘镇、西天尾镇、埭头镇	2.00	1.50	—	—	—
	灵川镇、忠门镇、白沙镇、秀屿镇	1.50	1.00	—	—	—
仙游县	县城	3.00	2.50	2.00	—	—
	枫亭镇、郊尾镇、榜头镇	2.00	1.50	—	—	—
	度尾镇、赖店镇、城东镇	1.50	1.00	—	—	—
	其他建制镇	1.00	0.50	—	—	—
泉州市鲤城区	市区	4.00	3.00	2.00	1.00	—
	郊区	2.00	1.50	1.00	—	—
石狮市	市区	3.00	2.00	1.50	1.00	—
	郊区	2.50	1.50	1.00	—	—
	建制镇	1.50	1.00	—	—	—
晋江市	市区	2.50	1.50	1.00	—	—
	郊区	2.50	1.50	1.00	0.80	—
	建制镇	2.00	1.50	0.80	0.50	—

续表2-5

地区 \ 等级		一等	二等	三等	四等	五等
南安市	市区	2.50	1.50	1.00	—	—
	郊区	2.00	1.50	0.80	0.50	—
	建制镇	2.00	1.50	0.80	0.50	—
惠安县	县城	2.00	1.50	0.80	—	—
	建制镇	1.50	1.00	0.60	0.30	—
安溪县、永春县	县城	1.50	1.00	0.60	—	—
	建制镇	1.00	0.50	0.20	—	—
德化县	县城	1.50	1.00	0.60	—	—
漳州市	市区、郊区	4.00	3.00	2.00	1.50	1.00
	建制镇	2.00	1.50	1.00	0.50	0.20
龙海市	市区、郊区	3.00	2.50	2.00	1.00	0.50
	角美镇、海澄镇、郭坑镇	2.00	1.50	1.00	0.50	0.20
	其他建制镇	1.00	0.50	0.30	0.20	—
南靖县、云霄县、长泰县、诏安县	县城	2.50	2.00	1.30	0.60	0.20
	建制镇	1.50	1.00	0.60	0.20	—
漳浦县	县城	2.50	2.00	1.30	0.60	0.20
	旧镇镇	2.00	1.50	1.00	0.60	0.20
	其他建制镇	1.50	1.00	0.60	0.20	—
平和县	县城	2.00	1.50	1.00	0.60	0.20
	建制镇	1.50	1.00	0.60	0.20	—
东山县	县城、建制镇	4.00	3.00	2.00	1.00	0.50
华安县	县城	2.00	1.50	1.00	0.50	0.20
龙岩市	市区、郊区	3.00	2.00	1.00	0.50	—
	建制镇	0.80	0.60	—	—	—
	工矿区	0.50	—	—	—	—
长汀县、上杭县、武平县、连城县	县城	1.00	0.80	0.50	—	—
	建制镇	0.60	0.50	—	—	—
永定县	县城	1.00	0.80	0.50	—	—
	建制镇	0.80	0.50	0.30	—	—
漳平市	市区、郊区	2.00	1.00	0.80	—	—
	建制镇	0.60	0.50	—	—	—
	工矿区	0.50	—	—	—	—

续表 2 - 5

地区 \ 等级		一等	二等	三等	四等	五等
三明市	市区、郊区	3.50	2.50	1.50	1.00	0.60
	建制镇	1.50	1.00	0.60	—	—
永安市	市区、郊区	3.50	2.50	1.00	0.60	—
	建制镇	1.50	1.00	0.60	—	—
沙县	县城	2.50	1.50	1.00	—	—
	建制镇	1.80	1.00	0.60	—	—
尤溪县	县城	2.50	1.50	1.00	0.60	—
	建制镇	1.50	1.00	0.60	—	—
明溪县、大田县、宁化县、将乐县、泰宁县	县城	2.00	1.40	0.80	—	—
	建制镇	1.00	0.60	0.30	—	—
清流县	县城	1.20	0.80	0.60	—	—
	建制镇	0.30	0.20	—	—	—
建宁县	县城	1.00	0.60	0.30	—	—
	建制镇	0.30	0.20	—	—	—
南平市	市区、郊区	3.50	2.50	1.50	0.80	—
	建制镇	0.80	0.40	—	—	—
邵武市	市区、郊区	2.50	2.00	1.40	0.80	—
	建制镇	0.80	0.40	—	—	—
顺昌县	县城	2.00	1.40	0.80	0.40	—
	建制镇	0.60	0.40	—	—	—
建阳市、建瓯市	市区	2.00	1.40	0.80	0.40	—
	建制镇	0.60	0.40	—	—	—
武夷山市	市区、郊区	2.00	1.40	0.80	0.40	—
	建制镇	0.60	0.40	—	—	—
浦城县	县城	1.50	1.00	0.60	—	—
	建制镇	0.50	0.30	—	—	—
松溪县、政和县	县城	1.20	0.80	0.50	0.30	—
	建制镇	0.60	0.30	—	—	—
光泽县	县城	1.20	0.80	0.50	0.30	—
	建制镇	0.50	0.30	—	—	—

2004 年 1 月，省地税局根据省政府办公厅通知精神，规定：在 2003 年底前，对省储备粮管理公司及其直属库经营省储备粮业务自用的土地，比照国家财政部门拨付事业经费的单位，免征城镇土地使用税。7 月 1 日，对搬迁后原场地不使用的和企业范围内荒山等尚未利用的土地，凡企业申报暂免征收城镇土地使用税的，应事先向土地所在地的主管税务机关报送有关部门的批准文件或认定书等相关证明材料，以备税务机关查验；企业按上述规定暂免征收城镇土地使用税的土地开始使用时，应从使用的次月起自行计算和申报缴纳城镇土地使用税。8 月，对国家限制发展的行业、占地不合理的企业以及因非客观原因发生纳税困难的企业，不得报批减免税。

2005 年 6 月，省地税局作出规定，房地产开发企业以出让方式取得土地使用权，其土地使用税从有权批准用地的政府批文中所确定的土地使用时间的次月起计算缴纳。

1989—2005 年，福建省征收城镇土地使用税 19.945 亿元。

六、耕地占用税

1989—2005 年，继续执行 1987 年 4 月国务院发布的《中华人民共和国耕地占用税暂行条例》（本条例不适用于外商投资企业）和 1987 年 9 月省政府发布的《福建省耕地占用税实施办法（试行）》。福建省耕地占用税税额规定为：①以县为单位（以下同），人均耕地在 0.5 亩以下（含 0.5 亩）的，水田每平方米为 10 元，其他耕地（指菜地、鱼塘、农地、围垦内滩涂地，以下同）为 8 元；②人均耕地 0.5 ~ 1.0 亩（含 1 亩）的，水田每平方米为 8 元，其他耕地为 6 元；③人均耕地 1.0 ~ 1.5 亩（含 1.5 亩）的，水田每平方米为 6 元，其他耕地为 4 元；④人均耕地在 1.5 亩以上的，水田每平方米为 4 元，其他耕地为 2 元。

农村居民占用山坡耕地和围垦内滩涂地新建住宅按上述规定税额减半征收。经济特区、经济开发区适用税额可按上述规定提高 30% ~ 50%，由市政府具体确定。乡镇所在地和人均耕地特别少的地区，适用税额可适当提高，但最高不得超过上述规定税额的 30%，由县政府具体确定。国家、集体单位占用山坡耕地和垦区内滩涂地适用税额要适当降低，但降低税额不得超过上述规定的 30%，由县政府具体确定。

下列经批准征用或占用的耕地，免征耕地占用税：①军事设施用地。包括部队（包括武警部队，下同）省级以上（含省级）指挥防护工程，配置武器、装备的作战（情报）阵地，尖端武器作战试验基地，军用机场、港口（码头），设防工程，军事通信台站、线路、导航设施、军用仓库、输油管线、靶场、训练场、营区、师（含师级）以下军事机关办公用房、专用机修所，通往军事设施的铁路、公路支线。

部队非军事用途和从事非农业生产经营占用耕地，不予免税。②铁路线路。包括铁路线路以及按规定两侧留地和沿线的车站、装卸用货场仓库用地。铁路系统其他堆货场、仓库、招待所、职工宿舍等用地均不在免税之列。地方修建铁路的线路及规定两侧留地和沿线车站装卸用货场仓库，可以比照免缴耕地占用税，其他占用耕地，照章征收耕地占用税。厂矿企业专用铁路用地，不在免税之列。③民用机场飞机跑道、停机坪、机场内必要的空地以及候机楼、指挥塔、雷达设施用地。④炸药库。包括国家物资储备部门炸药专用库房以及为保证安全所必需的用地。⑤学校、幼儿园、托儿所。指全日制大、中、小学校（包括部门、企业办的学校）和幼儿园、托儿所的教学用房、实验室、操场、图书馆、办公室及师生员工食堂宿舍用地。学校从事非农业生产经营占用耕地，不予免税。职工夜校、学习班、培训中心、函授学校等不在免税之列。⑥医院。包括部队和部门、企业职工医院、卫生院、医疗站、诊所用地。疗养院等不在免税之列。⑦敬老院。指国家、集体单位为安置农村孤寡老人兴办的生活场所。⑧水库移民、灾民、难民建房用地。⑨殡仪馆、火葬场用地。上述免税用地，凡改变用途，不属于免税范围的，从改变之日起，补缴耕地占用税。

1990—2005年，福建省征收耕地占用税24.606亿元。

七、印花税

1989年，继续执行1988年8月国务院颁布的《中华人民共和国印花税暂行条例》。

1995年8月，省地税局对印花税征收工作发出通知，要求各地市对购销合同试行定额定率征收印花税的工作进行一次全面总结，扩大试行"双定"征收管理面，对那些账证不健全、不按期申报纳税及申报不实的企业，实行定额征收管理；健全代征网络，加强与有关部门联系，做好委托代征工作；各地市对印花税纳税情况每年应进行一次专项检查清理，对"双定"比例与实际相差较大的，要进行调整；对各种"偷、漏、欠"印花税的行为，应从严处罚。

1997年10月，对供需双方当事人（包括外商投资企业）在供需业务活动中由单方签署开具的只标有数量、规格、交货日期、结算方式等内容的订单、要货单据，征收印花税。外商投资企业与境外的母公司或子公司相互之间开出的订单、要货单、要货生产指令单等，均应按规定贴花。对在供需经济活动中使用电话、计算机联网订货，没有开具书面凭证的，暂不贴花。

1998年8月，省地税局制定《福建省印花税征收管理办法》。

1999年5月，省地税局作出规定：在印花税条例修订前，对工程建设监理合同暂不予征收印花税。7月，省地税局作出规定：对发电厂（站）与电力公司签订的售电合同，按购销合同征收印花税；对电力公司与用户签订的供用电合同，即供电人向用电人供电、用电人支付电费的合同，因不属于印花税条例列举的凭证，不征收印花税；对不在上海、深圳证券交易所交易或托管的企业发生的股权转让，由立据双方依据协议价格（即所载金额）的万分之五的税率计征印花税；集团内、系统内相对独立法人之间相互进行结算的合同，均属应税凭证；对在经济活动中通过计算机网络订货而不再开具书面凭证的资金，暂不征税。11月，省地税局执行国家税务总局关于国信寻呼有限责任公司及其子公司资金账簿征收印花税有关问题的规定：对该公司及其各子公司在分立前已贴花资金免征印花税，其他资金按有关规定贴花。

2000年4月，省地税局执行国家税务总局关于中国移动通信集团公司及其子公司在体制改革、资产重组中涉及印花税规定：对中国移动通信集团公司及福建省移动通信公司设立的资金账簿，凡属于从原中国邮电电信总局剥离资产前已贴花的资金免征印花税；对福建移动通信公司因重组上市而上划移动集团公司的资金免征印花税；对新成立的福建移动通信有限公司和"接收公司"即福建迅捷通信技术服务有限公司在设立资金账簿时记载的资金免征印花税；上述免税资金在重组改制过程中经评估发生的资产增值部分及今后新增加的资金按有关规定贴花。6月，省地税局委托中国工商银行福建省分行、中国银行福建省分行、中国建设银行福建省分行、中国农业银行福建省分行、福建兴业银行、福建省信用合作协会等代征借款合同印花税。

2001年1月，省地税局对印花税有关政策作出若干修订：个体运输户承运货物运输业务，到税务部门或个体运输户填列的发票，由托运人和个体运输户分别按"货物运输合同"贴花；林、茶不作为资金总额的一部分计算贴花；房管部门或其他部门的房屋出租后，由承租单位改建或加层并登记入账的，印花税按账面增加的固定资产数额计算贴花；乡镇企业、私营企业或个体工商业户账簿不健全的，应配合有关部门督促其建立健全账簿。经督促后仍不健全的，其资金可参照"营业执照"上的资金贴花。其他账簿的贴花，由各县（区、市）局根据实际情况确定；行政事业单位记载管理费收入的账簿不贴花；代购代销合同或仅为代购或代销的合同，不贴花；军需一厂和军办厂矿企业生产的产品，供军队使用的，所签订的合同免征印花税。销售给军队以外的，所签订的合同按规定贴花；记载资金的总分类账簿，按"实收资本"和"资本公积"两项的合计金额贴花。从2001年1月1日起，除对发电企业与电力公司签订的供电合同按"购销合同"征收印花税外，其他供用电环节所签订的供用电合同暂不征收印花税。4月，对新组建的铁道通信有限责任公司（以下简称铁通公司）成立时设立的资金账簿免征印花税。以后新增加的资金按规定贴花。对铁通公司在组建过程中签订的产权转移书据免征印花税。

2002年4月，省地税局作出规定：冷冻厂向客户收取冷冻储藏费开具的发货票按仓储保管合同贴花。

2003年6月，省地税局作出规定：县级石油公司地方税收集中市级公司统一申报、缴纳时采取贴花完税的，应税凭证在书立或领受时贴花；对采取汇总方式缴纳完税的，在核准其汇总缴纳所在地的地税部门申报、缴纳。

2004年，省地税局根据省政府办公厅通知精神，在2003年底前，对省储备粮管理公司及其直属库资金账簿和经营省储备粮业务过程中书立的购销合同免征印花税，对其他各方当事人应缴纳的印花税照章征收。对中国航空集团公司及其子公司、中国电信集团公司、中国网络通信集团公司及其子公司、中国人寿保险（集团）公司、中国人寿保险股份有限公司、中国人寿资产管理有限公司在重组过程中涉及的资金账簿、改变执行主体的各类应税合同及产权转移书据的印花税，根据《财政部、国家税务总局关于企业改制过程中有关印花税政策的通知》的有关规定办理免税事宜。对股份公司、资产管理公司、集团公司新设立的资金账簿记载的资金，凡重组前已贴花的、因重组而增加的资金、集团公司所属各辅业子公司新设立的资金账簿免征印花税。12月，省地税局下发《福建省印花税核定征收管理办法（试行）》，明确核定征收的应税凭证范围、核定依据、纳税期限、核定比例等，统一规范《印花税核定征收通知书》文本，并报总局备案。

2005年10月，在国家税务总局未作明确规定前，省地税局规定在全省实行核定征收的应税凭证所应缴的印花税，由企业所在地主管地税机关征收。企业外出经营时，应出具主管地税机关确认的《印花税核定通知书》；对不能出具《印花税核定通知书》或不属于核定征收的应税凭证，外出经营地地税机关可按规定征收印花税。

1989—2005年，福建省征收印花税26.521亿元。

第四节　行为税类

一、屠宰税

1989年，继续执行1951年《福建省屠宰税稽征办法》和1985年《财政部关于改进屠宰税征税办法的若干规定》，屠宰税的纳税人仅为农民和集体伙食单位。对国营、集体食品部门收购的生猪、菜牛、菜羊，采取从量定额征收：每头猪4元，菜牛6元，菜羊5角；对个人收购的生猪、菜牛、菜羊，也采取从量定额征收产品税：每头猪4元，菜牛6元，菜羊5角。省税务局规定，对革命老根据地农民自养、自宰、自食的生猪，从1989年1月至1990年12月底继续免征屠宰税。

1992年4月，《福建省生猪定点屠宰管理办法》规定，不到指定的屠宰场（点）屠宰，私自宰杀生猪的，每头处以50元以下的罚款，屡教不改的，每头处以50元以上100元以下的罚款。私设屠宰场（点）的，没收屠宰用具，取缔屠宰场所，并处以 200 元以上 300 元以下的罚款。屡教不改的，处以 300 元以上 500 元以下的罚款，并提请工商部门吊销其营业执照。

1994 年税制改革后，中央把屠宰税的开征停征权下放给各省市。8 月 1 日，实施《福建省屠宰税征收办法》。该办法明确屠宰税由地方税务机关负责征收，也可委托代征。屠宰税的纳税人为在福建省境内屠宰或收购猪、牛、羊的单位和个人，税率为猪每头 10 元、牛每头 15 元、羊每头 2 元。免税项目有：部队（武警）、机关、学校、企事业单位自养、自宰、自食的；科研单位用于解剖试验的；收购用于饲养的乳幼和耕作用的；从省外调入的猪、牛、羊等牲畜。

1994 年 10 月 31 日，省地税局规定，征收屠宰税时，采取按头发放"屠宰税已征税证明单"的控管办法。

2001 年 4 月，省地税局执行省委、省政府《关于在我省部分地区开展农村税费改革试点的通知》，规定：将福州市的福清市、罗源县，厦门市的杏林区，漳州市的东山县、平和县，泉州市的永春县，莆田市的涵江区，龙岩市的武平县，三明市的永安市、沙县，南平市的松溪县、建阳市，宁德市的福鼎市、古田县等 14 个作为农村税费改革首批试点地区的县（市、区），停止征收屠宰税。7 月，对福建省农村税费改革的试点范围进行调整，只保留武平县、福鼎市、松溪县 3 个县（市）作为试点地区，取消屠宰税，其余 11 个县（市、区）从收到通知之日起按规定征收屠宰税，原定作为试点地区起至暂不列入试点地区期间而停征的屠宰税不再补征。

1989—2002 年，福建省征收屠宰税 3.658 亿元。

从 2003 年 1 月 1 日起，停止征收屠宰税。

二、建筑税

1989 年，继续执行 1987 年 6 月国务院发布的《中华人民共和国建筑税暂行条例》规定。

1991 年，停止执行《中华人民共和国建筑税暂行条例》。

1989—1990 年，福建省征收建筑税 14951 万元。

1991—1992 年，清理建筑税欠税 6160 万元。

三、固定资产投资方向调节税

1991 年，根据国务院发布的《中华人民共和国投资方向调节税暂行条例》，征收固定资产投资方向调节税。原建筑税同时停止征收。

1995 年 4 月，省地税局与计划委员会、经济贸易委员会联合转发国家税务总局、国家计委《关于下发固定资产投资方向调节税部分税目注释的通知》，对测绘类、地震类、技术监督类、检察类、人防类、安全类、法院类、海洋类、公安类、广播电视类等税目进行注释。11月，省政府规定，对库区移民劳力安置的建设项目，固定资产投资方向调节税实行零税率。

从1996年8月起，对安置随军遗属新建住房投资，投资方向调节税实行零税率；对固定资产投资企业变更经济性质后固定资产投资方向调节税予以免征；对野外测绘工作人员生活基地住宅投资方向调节税实行零税率。1996—1997年，对国有统配煤矿职工住宅建设投资，免征固定资产投资方向调节税。

1998年1月1日起，恢复征收国有统配煤矿职工住宅建设投资的固定资产投资方向调节税。

1999年7—12月，固定资产投资方向调节税按现行税率减半征收。

从2000年1月1日起，暂停征收固定资产投资方向调节税。对纳税人在2000年1月1日前完成的投资额，依照规定的税率，进行应纳税款结算。

1991—1999年，福建省征收固定资产投资方向调节税13.005亿元。

2000—2005年，清理欠税款1.260亿元。

四、筵席税

1989年，继续执行1988年9月22日国务院发布的《中华人民共和国筵席税暂行条例》和1988年10月20日福建省发布的《福建省筵席税实施细则》。凡在福建省境内的饭店、酒店、宾馆、招待所以及其他饮食营业场所举办筵席的单位和个人为筵席税的纳税人，均应依照规定缴纳筵席税。筵席税按次从价计征，税率为15%。筵席税的起征点为500元。纳税人一次筵席支付金额（包括菜肴、酒、饭、面、点、饮料、水果、香烟等价款金额，上列项目中由举办筵席的单位和个人自备的部分，也应全部合并计算）达到或超过起征点的，按支付金额全额计算征收筵席税。

福建省对下列筵席予以免税：外商投资企业、外国常驻代表机构以及台湾同胞、港澳同胞、侨胞、外籍人员举办的筵席；侨属能够提供银行出具的侨汇证明，并在其侨汇额度内所举办的筵席；在经批准允许收取外汇或外汇兑换券的单位，直接以外汇或外汇兑换券支付所举办的筵席；因丧事所举办的筵席。

承办筵席的单位和个人，为筵席税的代征代缴义务人。代征代缴义务人必须承担以下义务：对纳税人一次筵席支付金额达到或者超过征税起点的，代征人须在收取筵席价款的同时，代征筵席税税款；代征人代征税款时，须填写税务机关印制的代征筵席税专用凭证，交给纳税人收执；代征的税款按当地税务机关规定的期限及时足额解缴入库；代征人须完整保存筵席税的有关凭证及代征代缴资料，并如实地向主管税务机关提供代征情况及纳税人纳税情况，主动地接受税务机关的监督检查；代征人如遇纳税人阻挠、刁难或者抗拒代征税款时，应及时报告税务机关，由税务机关依法处理，对依照规定履行代征代缴义务的代征人，可按其代征代缴税款金额的大小，付给一定的代征手续费。

1989—1992 年，福建省征收筵席税 70 万元（1993 年虽未停征，但无税款入库）。

从 1994 年 1 月 1 日起，福建省停止征收筵席税。

五、特别消费税

从 1989 年 2 月起，国务院决定对彩色电视机实行专营，对小轿车加强销售管理，同时开征特别消费税。

1989—1993 年，福建省征收特别消费税 3.091 亿元。

（一）彩色电视机征收特别消费税

1989 年 2 月 14 日，省税务局根据国家税务局下发的《关于对彩色电视机征收特别消费税有关问题的通知》和《关于对彩色电视机征收特别消费税的若干具体问题的通知》，开征特别消费税。

1989 年 3 月，省税务局经国家税务局同意，对"三资"企业生产出口的彩色电视机在免征工商统一税时一并免征特别消费税。对"三资"企业生产彩色电视机交由外贸部门或其他企业收购出口的，仍实行"先征后退"的办法。5 月，省税务局报经国家税务局批准，对 1989 年 1 月 31 日前已在香港开单、2 月 1 日以后在福建日立电视机有限公司提货的 60 台彩色电视机，特案批准免征特别消费税。6 月，省税务局接海关总署关税司《关于对来料加工业务中外商及派驻的工程技术人员进口自用彩电予以免征特别消费税的复函》抄送件称：可由企业出具保函，海关登记放行，免征特别消费税。7 月，执行国家税务局为落实国家对归侨、侨眷特需供应政策，福建中国友谊服务公司系统和福建中国华侨旅游侨汇服务总公司系统 1988 年 2 月 1 日以后进口的彩电，一律在进口环节减半计征特别消费税，即：14 吋以下（含 14 吋）每台 200 元，14 吋以上每台 300 元，已多征的税款准予抵退。福建中国友谊服务公司系统有 4624 台、福建中国华侨旅游侨汇服务总公司系统有 10559 台，享受进口环节减半计征特别消费税。8 月，国家税务局对福建省台胞购物公司进口的 1760 台 18 吋东芝彩电减半计征进口环节特别消费税。10 月，省税务局同意福建日立电视机有限公司在不增加新欠的前提下，于 11 月底前缴纳旧欠特别消费税 2000 万元；于 12 月 15 日前再缴 3000 万元；其余欠税应在 12 月 25 日前清缴入库。

1990 年 3 月，调整彩色电视机特别消费税税额，对于 14 吋以上（不含 14 吋、18 吋）18 吋以下的彩色电视机每台税额调整为 300 元。同年 10 月，国产 19 吋彩色电视机比照国产 20 吋彩色电视机每台税额为 400 元执行。

1991 年 3 月，对于国产 17 吋平面直角彩色电视机税额比照国产 18 吋电视机每台税额 300 元执行。

从 1994 年起，停止征收彩色电视机特别消费税。

（二）小轿车征收特别消费税

从1989年2月1日起，根据国家税务局下发的《关于对小轿车征收特别消费税有关问题的通知》和《关于对小轿车征收特别消费税的若干具体问题的通知》，征收特别消费税。

1989年7月，省税务局转发国家税务局《关于进口组装车与国产车划分等问题的通知》明确：在小轿车（包括吉普车、面包车）的组装中，凡发动机总成、驱动总成、驾驶室总成、前桥总成、变速箱总成、车架总成，其中有四部分以上为进口者，属进口组装车。不足四部分的属国产车。10月，对从苏联、罗马尼亚进口的拉达2121吉普车、阿罗244吉普车暂免征特别消费税。

1990年，对国产小轿车和苏联、东欧进口小轿车特别消费税作了调整：即上海桑塔纳、广东标致（505）、一汽奥迪（100）由税额每辆2万元调减为1.5万元；北京切诺基由原税额每辆1.5万元调减为每辆1万元；天津夏利由原税额每辆1万元调减为每辆0.2万元；伏尔加由原税额每辆1.5万元调减为每辆0.8万元；拉达（各种规格）由原税额每辆1万元调减为每辆0.5万元；波罗乃兹、菲亚特125P（含厢式）和达西亚由原税额每辆0.7万元调减为每辆0.2万元；菲亚特126P暂免征特别消费税。

1994年，改革工商税制时，将小轿车并入消费税，特别消费税同时停止征收。

六、奖金税

1989—1993年，继续对国营企业、集体企业、事业单位征收奖金税。

1989年，征收1988年度新华能系统事业单位奖金税时，在原核定免税限额基础上，另扣除一个月基本工资的奖金，不计入征税奖金总额，免征奖金税。对粮食系统除粮站外的其他部门经营议价粮的企业，从按规定标准提取的议购议销（不包含系统内调拨、批发和平转议部分）劳务费中发放给职工的奖金免予征收奖金税。

1989年11月25日至1990年9月30日，福建省对企业推销超储地产工业品和商业、供销社库存积压商品的全额销售承包、销售费用及奖励包干、单项计奖、推销津贴补助等项的奖励费用不计征奖金税。

对银行代理发行政府债券，按规定取得的推销费和兑付经费所发放的奖金，暂免征奖金税。对省政府规定的企事业单位调整的工资，不论在成本费用或效益工资、奖励基金中列支，均免征奖金税。

1991年，经省政府办公厅批准，对确有发放液化气补贴的企事业单位，同意每人每月10元以上的液化气补贴暂不计入应税奖金（或新增工资）总额，免征奖金税。

1992年，对省政府发放给作出突出贡献的专家、学者、技术人员按规定享受的政府特殊津贴（每月100元）免征奖金税。

1989—1993 年，征收国营企业奖金税 3969 万元，征收集体企业奖金税 1097 万元，征收事业单位奖金税 972 万元。

从 1994 年 1 月 1 日起，停止征收奖金税。

第五节　基金与规费

一、建设基金

（一）国家能源交通重点建设基金

1989 年，继续征收国家能源交通重点建设基金。1989—1995 年，全省征收国家能源交通重点建设基金 19.94 亿元。

从 1996 年 1 月 1 日起，福建省停止征收国家能源交通重点建设基金。

（二）国家预算调节基金

从 1989 年 1 月 1 日起，福建省开征国家预算调节基金。所有国营企业、事业单位、机关团体、部队和地方政府的各项预算外资金，所有集体企业、私营企业以及个体工商户缴纳所得税后的利润，采取按月、按季缴纳，年终汇算的办法，缴纳国家预算调节基金。

1989—1995 年，福建省征收国家预算调节基金 13.093 亿元。

从 1996 年 1 月 1 日起，停止征收国家预算调节基金。

（三）以工建农、以工补农资金

1989 年，继续按照 1988 年 4 月省政府颁发的《关于建立福建省粮食发展基金若干问题的规定》和省财政厅颁发的《福建省征收以工建农、以工补农资金实施办法》，征收以工建农、以工补农资金。

以工建农、以工补农资金以乡镇企业的销售收入或营业收入为计征依据，征收率为 0.5%。乡镇企业包括社（乡）队（村）举办的企业，部分个体联营的合作企业，其他形式的合作企业和个体企业。以工建农资金原则上不予减免，但对种植、养殖、捕捞业可免征以工建农资金。对省政府规定的贫困乡的乡镇企业，暂免征以工建农资金 3 年。生产销售农（渔）机具及专用零件、修理修配，生产化肥、农药、兽药、饲料，乡镇小水电、小火电、拖拉机站（不包括搞运输收入）、排灌站等直接为农业生产服务的乡镇企业，安排残疾人数占总生产人数 35% 以上的乡镇福利企业，乡镇"三来一补"（来料加工、来样加工、来件装配和补偿贸易）企业免征以工建农资金；乡镇商业批发企业减半征收以工建农资金。

1991 年，对省政府确定的贫困乡的乡镇企业在"八五"期间给予继续免征以工建农资金。

1994 年，以工建农资金由省政府委托地税机关征收。

从 2001 年 6 月 25 日起，福建省暂停征收以工建农资金。

1994 年至 2001 年 6 月，福建省征收以工建农、以工补农资金 2.009 亿元。

2002—2005 年，清理 2001 年 6 月前欠缴的以工建农、以工补农资金 79 万元。

二、社会保险费

根据国务院《社会保险费征缴暂行条例》第六条规定，2000 年 9 月 1 日，省政府作出征缴体制改革的决定："五险合一、两费起步、一票征收、逐步到位"，建立"地税征收、财政监督、社保发放"的社会保险基金征缴、运营、管理新型体制，实行社会保险基金收支两条线管理。11 月，省人大常委会修正公布《福建省城镇企业职工基本养老保险条例》和《福建省企业职工失业保险条例》。12 月，省政府发布《福建省社会保险费征缴办法》（省长令第 58 号）。自 2001 年 1 月 1 日起，先将城镇企业职工基本养老保险费和失业保险费授权地税机关征收。

泉州市政府于 2004 年第 64 次常务会议决定，自 2005 年 1 月 1 日起，将企业基本医疗、工伤和生育保险费委托地税机关代征。

厦门市社会保险体系单独运行。厦门市地税机关自 2001 年 7 月 1 日起代征社会保险费；2004 年 4 月，厦门市政府决定，将社会保险费的征收管理工作全责移交地税机关办理，并通过厦门市人大常委会对相关条例修正公布施行。

2001—2005 年，全省地税系统征收基本养老保险、失业保险、基本医疗保险、工伤保险、生育保险共计 300.613 亿元。

表 2-6　　2001—2005 年福建省社保费征缴情况表（含厦门单列市）

单位：万元，户

年份 \ 险种	基本养老保险		失业保险费		基本医疗保险	工伤保险	生育保险
	参保户数	收入额	参保户数	收入额	收入额	收入额	收入额
2001	53695	343135	50839	36127	16831	2926	—
2002	64711	401846	56603	48716	37103	6423	—
2003	90452	466002	87711	57612	44601	7603	1360
2004	95362	549017	90710	65966	79528	7194	3044
2005	109570	738467	104411	76035	119409	9663	4356

注：1. 基本养老、失业保险费，厦门 2001 年 7 月起代征，2004 年 4 月起征收；其他地市 2001 年 1 月起征收。

2. 基本医疗、工伤保险费，厦门 2001 年 7 月起代征，2004 年 4 月起征收；泉州 2005 年 1 月起代征。

3. 生育保险费，厦门 2003 年 1 月起代征，2004 年 4 月起征收；泉州 2005 年 1 月起代征。

三、其他规费

（一）教育费附加

1989 年，继续执行国务院 1986 年 4 月发布的《征收教育费附加的暂行规定》。

1990—2005 年，福建省征收教育费附加 45.817 亿元。

（二）文化事业建设费

从 1997 年 1 月 1 日起，福建省开征文化事业建设费。凡在境内依照《中华人民共和国营业税暂行条例》的规定缴纳娱乐业、广告业营业税的单位和个人（包括外商投资企业、外国企业和外籍个人），为文化事业建设费的缴费人。文化事业建设费按缴费人应当缴纳娱乐业、广告业营业税的营业额的 3% 计算应缴费额。由地方税务机关在征收娱乐业、广告业的营业税时一并征收。对中央直属单位及其所属企业事业单位征收的文化事业建设费，由地税机关征收后全额上缴中央金库；对地方单位和个人征收的文化事业建设费，全额缴入省级金库。文化事业建设费纳入财政预算管理，建立专项资金，用于文化事业建设。

1997—2005 年，福建省征收文化事业建设费 5.681 亿元。

（三）社会事业发展费

从 1994 年 7 月 1 日起，福建省开征社会事业发展费，由地税机关负责征收。社会事业发展费缴费人为：省内（不含厦门市和民政福利企业）从事生产、经营活动的各种所有制的生产、经营单位和个人。计费依据为：销售（营业）总额。费率为：商业批发企业按批发销售总额的 1‰，其他按销售（营业）总额的 2‰。外商投资企业和外国企业的费率，从 1996 年 2 月 1 日起，分别降为 0.85‰和 1.7‰。

从 2002 年 1 月 1 日起，福建省停止征收社会事业发展费。

1994—2001 年，全省征收社会事业发展费 3.365 亿元。

2002—2005 年，清理停征前的欠费额 1.141 亿元。

（四）基础设施建设附加费

1992 年 12 月，根据省政府的决定，省交通厅、财政厅、物价委员会联合颁发《福建省基础设施建设附加费征收管理规定》，从 1993 年 1 月 1 日起，开征基础设施建设附加费。基础设施建设附加费的征收对象为：凡缴纳产品税、增值税、营业税和工商统一税的单位和个人。基础设施建设附加费由税务机关和海关负责代征。其征收标准为：按各单位和个人实际缴纳产品税、增值税、营业税和工商统一税总税额的 5% 征收，与产品税、增值税、营业税、工商统一税同征。

1994 年税制改革后，将基础设施建设附加费委托由地税部门征收，并根据国家税制改革的情况，对基础设施建设附加费的征收管理规定进行修订、调整，将基础设施建设附加费的计费依据改为实际缴纳增值税、营业税、消费税的税额。将征收标准修改为：按各单位和个人实际缴纳增值税、营业税总税额的 5%，消费税总税额的 2.5% 征收基础设施建设附加费。从 1996 年 2 月 1 日起，对外商投资企业缴纳基础设施建设附加费的征收标准实行降低 30% 的办法计征。

1994 年至 2000 年 8 月，福建省征收基础设施建设附加费 15.991 亿元。

从 2000 年 9 月 1 日起，停止征收基础设施建设附加费。

2000—2005 年，清理停征后欠费额 2262 万元。

（五）预算外资金调节费

1996 年 12 月 23 日，省政府发布《福建省预算外资金调节费征收管理暂行规定》，从 1997 年 1 月 1 日起征收预算外资金调节费，规定福建省境内的所有行政事业单位为预算外资金调节费的缴费人。计费依据为：全额预算管理的行政事业单位取得的预算外收入、事业收入及未纳入预算管理的行政事业性收费，按全额计征；差额预算管理单位的业务收入和自收自支的事业单位取得的事业收入，按照当年提取的职工奖励基金和职工福利基金计征；社会团体取得的收入（不含政府拨款和社会捐赠），按照当年提取的职工奖励基金和职工福利基金计征；未纳入预算管理的各种基金、资金（不含捐赠部分）、附加及专项事业收费，按照全额计征。征收率为 20%。由各级地方税务机关负责代征，缴费人按月或按季向主管地税机关申报预缴，年终结算。

从 1999 年 12 月 1 日起，福建省停止征收预算外资金调节费。

1997—1999 年，福建省征收预算外资金调节费 1348 万元。

（六）地方教育附加

2002 年，福建省开征地方教育附加。省财政厅、地税局制定《福建省地方教育附加征收管理暂行办法》，规定在省内从事生产经营活动的地方企事业单位和个人（包括中央与地方合资企业、省内外合资企业和"三资"企业等，但中央独资企事业单位除外）为地方教育附加的缴费人。地方教育附加以各单位和个人实际缴纳的增值税、营业税、消费税的税额为计征依据。征收率为 1%。由地税机关负责征收。其征收管理按照《中华人民共和国税收征收管理法》和增值税、营业税、消费税的有关规定办理。对已缴纳农村教育附加的单位和个人不再征收地方教育附加。

2002—2005 年，福建省征收地方教育附加 9.676 亿元。

第三章　税收管理

第一节　征管模式

一、"一员进户，各税统管"模式

1989—1991 年，福建税务部门对工商业户推行专管员制，不论城镇、农村，采取"一员进户，各税统管"的模式。对纳税人的建立账户、纳税辅导、审核纳税申报表以及促产增收等工作，均由专管员负责。

二、"征、管、查分离"模式

从 1992 年起，省税务局实行"征、管、查"三分离的征管模式。按征收、管理、检查分别设置机构，配备专职人员，确定各自的职责范围，实行目标管理，有利于征管权力的分离和制约。是年，有的县市与此模式相配套，推行企业办税员制度，即纳税单位配备专职或兼职办税员，办税员经税务机关认可后，算办税单位（企业）的财务人员。其职责：按法定程序办理税务登记、纳税申报、填送报表、办理缴纳税款手续及发票管理、资料收集等。

三、"集中征收，重点稽查"模式

从 1994 年起，实行"以纳税申报和优化服务为基础，以计算机网络为依托，集中征收，重点稽查"的税收征管模式。与此配套，1995 年，省地税局提出在账证健全的大中型企业中取消专管员制度，对个体工商户、账证不全的小型企业以及零散税收单位保留专管员制度。1996 年，省国税系统在各地相继建成办税服务大厅，简化办税程序，将分散在各科室的各种职能融合为一体，分解到办税服务大厅各个窗口。办税厅开设"税务登记"、"纳税申报"、"发票核算"、"咨询服务"、"银行专柜"、"资料发售"、"受理待批文书"、"涉税举报"、"评税"等窗口，为纳税人提供"一条龙"服务。

第二节　征收管理

一、征收方式

省税务机关在征收方式上，对账簿、凭证、财务核算制度比较健全，能够据以如实核算，反映生产经营成果，正确计算应纳税款的纳税人采用"查账征收"（"查账计征"或"自报查账"）方式，即由纳税人在税法规定的纳税期限内，向税务机关申报应纳税收入或所得额及应纳税款，经税务机关审查核实后，填写纳税缴款书，纳税人据以缴税的一种征收方式。这种征收方式在福建省适用范围比较广泛，已成为大多数纳税人申报纳税的主要方式，同时还兼用定期定额征收、代征代扣代缴、检查站检查征收等方式。

（一）定期定额征收

1991年11月，省税务局制定《福建省个体工商业户税收定期定额征收管理办法》。各地执行该管理办法，对不能提供完整的收入、成本、费用凭证，难以正确计算收入额和所得额，无建账能力的个体工商业户、个人合伙、私营企业和个人承包、租赁企业（以下简称业户），适用定期定额征收方式。实行定期定额征税的业户，按月向税务机关申报收入额和所得额。完整保存进货、收入费用支出凭证，按照税务机关的规定建立简易单式账、凭证粘贴簿、购货登记簿、季（月）盘点制度等，按期报送有关纳税资料。定期定额征税实行评税制度。由主管税务机关负责人、税务专管员、群众评选的纳税组长或评税代表、个体劳动者协会、国营商业、供销社代表组成的"定期定额征税民主评定小组"，按季或半年评定应纳税额，分月征收。评税小组根据主管税务机关提交的典型调查材料和业户的纳税资料以及业户的经营地段、店面、资金、从业人员、生产设施、经营能力、行业毛利率、各项必要开支等评定其收入额、所得额和应纳税额。对业户实际应税收入额或所得额超过或低于原定额20%的，在所规定的期限内向主管税务机关申报调查定额，经主管税务机关核实后，予以调整。业户实际收入额超过原定额，而不如实申报的，按偷税论处。对临时停业不满一个月时间的，仍按税务机关核定的税额缴纳金额。停业期间，继续经营不申报的，按偷税论处。

1993年5月，省税务局本着"抓住大户、管好中户、稳定小户"的原则，对从事"商业零售"和"其他饮食业"的定额业户，一般只调高营业税税额。同时，结合税务登记证换证工作，对漏征漏管户进行清理。7月，省国税局下发《关于进一步加强个体税收征管工作的通知》，对无账或账证不全的私营企业，试行按核定利润率征所得税办法。可比照同行业、同规模的国营企业的利润率核定应税所得额，征收所得税。

1995年2月，省国税局对实行核定征收的纳税户，以纳税人生产经营规模、收入水平、行业盈利情况等为依据，每年调整定额定率指标，调整面达到90%、调增幅度达25%以上。3月，省国税局要求基层税务机关建立健全个体工商户的户管档案制度，建立征收底册。严格执行业户停歇业报告、审批制度，防止偷税、漏税的发生，减少税款的流失。各地采取分地区、分地段、分行业进行典型调查，掌握其营业额及盈利情况，供征收单位调整业户税收定额时参考。各基层税务机关规范定额调查程序，采取纳税人自行申报，税务部门评估、评定业户营业额，进行测算各行业业户的盈利状况，测算出毛利率，核定其个人所得税的纳带征率，并核定业户的纳税总额，最后张榜公布的办法。在核定个体工商户的纳税总额时，可邀请当地个协、工商、地税等部门参加，民主公开定税。

1997 年 4 月，省国税局执行《国家税务总局关于贯彻国务院批转的加强个体私营经济税收征管强化查账征收工作意见的通知》，首先在个体工商户大户和定期定额征收的私营、国有、集体、个体企业中先行建账和查账征收，并在有条件的专业市场中，结合建账，推行税控收款机；对固定经营场所的个体私营经济业户，按财务会计制度设置会计账簿。对建账户采用查账征收与定期定额征收相结合的征收方式。对经县以上税务机关批准暂不建账或不设置账簿的业户，税务机关重新核定和调整定额。7 月，省国税局制定《个体工商户建账管理暂行办法》规定，符合下列情形之一的个体工商户应设置复式账：2 人以上合伙经营且注册资金达 10 万元以上的；请帮工 5 人以上的；从事应税劳务月营业额在 1.5 万元以上或者月销售收入在 3 万元以上的；省级税务机关确定应设置复式账的其他情形。建立复式账的个体工商户应按《个体工商户会计制度（试行）》的规定设置总分类账、明细分类账、日记账等，进行财务会计核算，如实记载财务收支情况；成本、费用列支及其他财务核算规定按照《个体工商户个人所得税计税办法（试行）》执行。符合下列情形之一的个体工商户应设置简易账：请帮工在 2 人以上 5 人以下的；从事应税劳务月营业额在 0.5 万~1.5 万元或者月销售收入在 1 万~3 万元的；省级税务机关确定应设置简易账的其他情形。建立简易账的个体工商户应建立经营收入账、经营费用账、商品（材料）购进账、库存商品（材料）盘店表、利润表，以收支方式记录、反映生产经营情况并进行简易会计核算。同时，对依法经县级以上税务机关批准可以不设置账簿或暂不建账的个体工商户，应按照税务机关的规定，建立收支凭证粘贴簿、商品进销存登记簿等。对生产经营规模小又确无建账能力，经主管税务机关严格审核，报经县级以上（含县级）税务机关批准可以不设置账簿或暂缓建账的个体工商户，由税务机关组织核定定额征收。税务机关根据业户自报的生产经营情况和典型调查情况，参照同行业、同规模、同地域业户的生产经营情况及应纳税额，采用下列方法核定定期定额户的应纳税经营额及收益额，并填写"年（季度）应纳税经营额及收益额申报核定表"。

是年，省地税局实现纳税人自行申报纳税，税务机关采用现代化手段集中征收税款（即纳税人自行计算税款，填写纳税申报表，到纳税申报大厅集中申报缴纳税款）。省地税局系统管征的个体私营经济双定户 167268 户。查账户 949 户。

截至 1998 年 6 月，国税系统管征的全省个体户已建账 17566 户，占应建户的 47.9%。

1999 年 6 月，福建省各级国家税务机关对实行定期定额征收税款的 183629 户纳税户，重新核定户数 137219 户，调整定额户数 136190 户。调整后，增加月税款 1233.58 万元。

2001 年，省地税局针对个体私营税收核定中存在的核定不公、收人情税问题，在晋江市先行试点民主评税。

2002 年，省地税局对个体工商业户进行定额调整，截至 8 月 30 日，省所属 8 个地市（不含厦门单列市）共调整定额户数 21605 户，调整面达 45.58%，调增幅度为 15%，月增税款 381.38 万元。漳州市国税局"定额信息化管理系统"投入使用。随后，福州市国税局开发应用"小规模纳税人核定征收管理信息系统"，使小规模纳税人从申请核定征收开始，到征收入库结束，全部实现计算机处理。

2003 年 1 月，省地税局下发《福建省地方税收定期定额民主评税管理办法（试行）》，规范民主评税的组织形式、方法和程序。地税系统对个体私营税收核定采取民主评税的做法在全省铺开，民主评税 221160 户，参评面 91.64%，月增税款 928.36 万元，清理双漏户 20587 户。龙岩市和厦门市开元区还开展国税地税联合民主评税。计算机评税试点在漳州芗城区局、福州台江区局试点成功的基础上，推广到福州 13 个县（区）和三明的梅列区、沙县、永安市。5 月 30 日，省国税局下发《关于切实加强个体税收征管工作的若干意见》，推广应用个体税收定额管理软件，实现税收定额的计算机信息化管理。

2004 年，省国税局对实行定期定额缴纳税款的个体工商户采用简易申报。全省实行"银税（邮政储蓄、信用社）划缴"办法，即利用银行（邮政储蓄、信用社）计算机网络提供的通存通兑功能，在规定的纳税期限内，实现由银行（邮政储蓄、信用社）按照税务机关核定的应纳税额直接划缴入库而完成缴纳税款。截至 2004 年 4 月，全省已有 86% 的"双定户"实行"银税划缴"办法。10 月，省国税局发文在全省国税系统开展纳税人户籍清理及个体税收定额全面调查和调整工作。是年，地税系统（不含厦门单列市）有 28 个县区局的 53375 纳税户实行计算机核定定额，计算机核定定额户年缴纳税款 17879 万元。

2005 年，国税系统管征的全省个体税务登记户数 224466 户，已入库税款 17.43 亿元。除实行查账征收的户数外，个体工商户全部实行计算机核定定额的管理办法。地税系统管征的个私经济双定户 296567 户，查账户 19977 户。

（二）代征代扣代缴

省税务部门根据税法规定，确定代征代扣代缴税款的单位，向代征代扣代缴义务人发放代征代扣代缴证书，对应代征代扣代缴的税种、税目、税率、缴库方式和纳税期限等作出明确规定，并按规定付给手续费。

1. 批发环节代扣营业税

1989 年 5 月，省税务局执行《福建省人民政府办公厅印发国家税务局〈关于外商投资企业代扣代缴零售环节营业税问题的规定〉的通知》，凡国家没有规定零售价格的，一律以商品的实际批发价（销售价）加 10% 批零差价作为代扣营业税计税依据。当地税务机关按代扣代缴税款总额提取 5% 作为代扣代缴手续费，60% 发给代扣代缴单位。

从 1992 年 9 月 1 日起，省税务局停止执行批发环节代扣营业税的办法。

2. 代征代扣代缴个人收入调节税

1992 年，执行省政府发布的《福建省个人收入调节税综合收入征税改为单项收入征税的试行办法》规定，凡支付个人应税收入的企事业单位（含外商投资企业、外国驻华机构等）和机关、部队、团体等单位，都是个人收入调节税法定代扣代缴义务人，同时还规定对应扣未扣缴或少扣缴税款的单位，税务机关除限期追缴外，并处以未扣或少扣税款 2~3 倍的罚款。

1993 年，省税务局规定，对固定代扣代缴户试行"个人收入调节税代扣代缴登记表"制度，对演出市场和歌厅、舞厅、卡拉 OK 厅的个人收入调节税实行源头控制，加强代扣代缴工作。

1995 年 4 月，贯彻国家税务总局发布的《个人所得税代扣代缴暂行办法》，凡支付个人应纳税所得的企业（公司）、事业单位、机关、社团组织、军队、驻华机构、个体户等单位或者个人，为个人所得税的扣缴义务人。应代扣代缴的项目包括：扣缴义务人向个人支付工资、薪金所得；企事业单位的承包经营、承租经营所得；劳务报酬所得；稿酬所得；特许权使用费所得；利息、股息、红利所得；财产租赁所得；财产转让所得；偶然所得；经国务院财政部门确定征税的其他所得。扣缴义务人向个人支付应纳税所得（包括现金、实物和有价证券）时，不论纳税人是否属于本单位人员，均应代扣代缴其应纳的个人所得税税款。

1996 年，省地税局制定并由省政府办公厅转发《福建省地方税（费）委托代征管理暂行办法》，对代征人的确定、代征人权利、代征人义务、代征人法律责任等作出规定。

1997 年 7 月，省地税局报请省政府批转《关于支持税务机关加强税收征管工作的通知》，该《通知》强调税务机关可以委托土地、房地产管理部门，无形资产转让登记部门，街道办等代征有关地方税费。全省代征单位 2588 个，代征人员 4129 人，全年代征税费 5.3 亿元。

（三）检查站检查征收

1989 年 1 月，省税务局同意连江税务局配备税收检查艇进行海上税务检查。8 月，省税务局对《福建省税务检查站工作职责暂行规定》再次进行补充：稽查经营者在出运、中转、运输环节的应税农、林、牧、水产品及是否携带税收管理合法凭证，是否货证相符、货证同行。凡运销应税产（商）品的单位和个人，统一发票（客户联）或税单、税务机关印发的外销证明单或委托加工证明单，必须随货同行，否则，税务检查站有权按规定补税罚款。对所持税收合法凭证与运销产（商）品相符的，检查人员应在凭证背面加盖检查站查验章后放行。税务检查站对过境的（包括中转）货物不得中途征收营业税。在检查中发现纳税人在起运地申报不实、货证不符，可按规定对量差部分补税罚款。在稽查中发现出售方有偷漏营业税的，可将情况反馈给纳税人所在地的税务机关处理，对未取得进货发票的，可按《福建省发票管理实施办法》的规定处理。对临时业户确认为是在货物集散地销售的商品，税务检查站可对其征收临时经营营业税。对固定业户在货物集散地销售的商品，可以征收零售环节营业税。

1990年5月，对税务检查站进行整改：各地税务检查站执行省政府规定设点检查，不得到其他未经批准的检查站参加联检。凡查处的违章案件都要证据确凿、定性准确、处理得当，案卷资料完整。各稽查队、检查站从文到之日始，查处的案件都要进行一次复检复查，有错的应主动纠正。各税务检查站都要严格执行《福建省税务检查站工作职责暂行规定》，按规定范围进行检查，一般不接受其他部门的委托代检代征，已接受代检代征的，应将情况报告地（市）局，同时要具备代检代征的法律手续。如委托代征的"委托书"以及有关代征的政策规定、代征范围、代征计算依据、代征环节、代征处理权限等。各地对未办理报批手续的税务检查船应尽快补办报批手续。检查站人员按省税务局的要求配备，执行检查站人员轮换制度和不能用临时人员的规定。10月，省税务局同意，在福鼎县沙埕、霞浦县东冲、霞浦县海岛、宁德市三都设置税务检查船，负责税收管征和检查工作。

1991年9月，省税务局对税务检查站查处违章案件有关问题明确如下：①税务检查站检查产品范围：应税农、林、牧、水产品及土糖、土纸、土丝、土布和桂元干、荔枝干、脱水香菇、私盐、私烟、鞭炮、焚化品、走私进口物品等；检查的地域范围：经地市税务局批准，在县（市）范围内检查地产某些工业品、手工业品，经省税务局特批，可在全省范围内检查的地产工业品。②票证违章处理问题。省税务局批准的边境税务检查站及公路干线五大站（福州联合检查站、泉州涂岭公安税务联合检查站、厦门马巷检查站、仙游郊尾检查站、南平市西芹检查站），可以对运载省税务局特批的地产品的车辆，进行随货同行发票检查。③货证同行问题。运销检查范围内的应税产（商）品的单位和个人都必须随货同行统一发票（客户联）或税单、税务机关印发的外销证单或委托加工证明单。如发现发票和随货同行联重复使用进行偷漏税的，可按有关规定处罚。外省单位和个人运销货物途经福建省，且不在福建省发生营业行为的，如能提供起运地税务机关开具的证明，确属于已经纳税的可以放行。④一票多次运载货物问题。凡是国营、集体企业运载大批量产（商）品［指税务检查范围应税产（商）品］过境，各税务检查站应在发票或委托加工证明单上记载当日过境的数量，累计至与发票或委托加工证明单上的数量相符，超量部分按违章处理。⑤内部调拨、移库产（商）品的票证检查问题。对运载属于内部调拨、移库、送展的产（商）品的票证检查，可凭业户所在地税务机关出具的证明（应注明运载时间、地点、品种、数量等），给予放行。

1995 年 7 月后，省税务部门贯彻《国务院关于禁止在公路上乱设站、卡，乱罚款乱收费的通知》和《关于禁止在公路上设立税务检查站的通知》，要求各地税务机关，不得在公路上设立任何形式的检查站。在公路上撤销税务检查站后，各地税务机关对税收进行源头控制。并与公安、交通、林业等部门联系，掌握货流动向及税源动态，行使税务检查权。

二、税务登记

1989 年，继续执行 1986 年颁布的《中华人民共和国税收征收管理暂行条例》。1992 年和 2001 年国家对《中华人民共和国税收征收管理法》先后进行修订，税务登记工作也先后按照新发布的《中华人民共和国税收征收管理法》执行。

（一）实施登记

1994 年 8 月 25 日，国税、地税机构分设后，对税务登记管理权限作了以下划分：凡有缴纳增值税（包括既缴纳增值税又缴纳营业税）义务的纳税人，其税务登记管理一律由国税局负责；只有缴纳营业税及其他地方税义务的纳税人，其税务登记管理由地税局负责。税务登记的变更、注销，依照上述的权限划分，由办理登记的税务机关负责办理。国税、地税机构分设后，国税对本系统征管的纳税户，逐户、逐项清理。全省国税系统管征的纳税户 264978 户，其中，国有企业 14211 户，集体企业 56596 户，私营企业 6362 户，股份制企业 845 户，涉外企业 10465 户，个体工商户 174155 户，其他 2344 户。

从 1998 年 6 月起，省国税局执行国家税务总局发布的《税务登记管理办法》，凡有法律、法规规定的应税收入、应税财产或应税行为的各类纳税人，均依照本办法的规定办理税务登记。扣缴义务人应当在发生扣缴义务时，到税务机关申报登记，领取扣缴税款凭证。

2003 年 6 月，省国税局、省地税局就规范税务登记代码作出规定。在发放税务登记证件时，对同一个纳税人赋予同一个税务登记代码。根据属地原则，单位纳税人（含个体加油站）的税务登记代码由 15 位数组成，其中前 6 位数为行政区域码（经国务院批准的）或区域码，后 9 位数为质量技术监督部门赋予的组织机构统一代码。个体工商户以业主的居民身份证号码为税务登记代码。1 位业主拥有多个个体纳税主体的，可在其税务登记代码后添加"－1、－2、－3、－4、－5、－6、－7、－8、－9、－A、－B、－C、－D……"以示区别，并重新公布行政区划代码和临时代码。

表 3－1 　　　　　　　**2003 年福建省行政区划代码和临时代码表**

名称	代码	名称	代码
福建省	350000	安溪县	350524
福州市	350100	永春县	350525
鼓楼区	350102	德化县	350526
台江区	350103	金门县	350527
仓山区	350104	石狮市	350581
马尾区	350105	晋江市	350582
晋安区	350111	南安市	350583
闽侯县	350121	泉州市经济技术开发区	350598
连江县	350122	漳州市	350600
罗源县	350123	芗城区	350602
闽清县	350124	龙文区	350603
永泰县	350125	云霄县	350622
平潭县	350128	漳浦县	350623
福清市	350181	诏安县	350624
长乐市	350182	长泰县	350625
琅岐经济区	350198	东山县	350626
厦门市	350200	南靖县	350627
思明区	350203	平和县	350628
湖里区	350206	华安县	350629
集美区	350211	龙海市	350681
同安区	350212	招商局漳州开发区	350698
海沧区	按国家规定执行	常山华侨经济开发区	350699
翔安区	按国家规定执行	南平市	350700
莆田市	350300	延平区	350702
城厢区	350302	顺昌县	350721
涵江区	350303	浦城县	350722
荔城区	350304	光泽县	350723
秀屿区	350305	松溪县	350724
仙游县	350322	政和县	350725

续表 3 - 1

名称	代码	名称	代码
湄州岛国家旅游度假区	350398	邵武市	350781
三明市	350400	武夷山市	350782
梅列区	350402	建瓯市	350783
三元区	350403	建阳市	350784
明溪县	350421	龙岩市	350800
清流县	350423	新罗区	350802
宁化县	350424	漳平市	350881
大田县	350425	长汀县	350821
尤溪县	350426	永定县	350822
沙县	350427	上杭县	350823
将乐县	350428	蕉城区	350902
泰宁县	350429	霞浦县	350921
建宁县	350430	古田县	350922
永安市	350481	屏南县	350923
泉州市	350500	寿宁县	350924
鲤城区	350502	周宁县	350925
丰泽区	350503	柘荣县	350926
洛江区	350504	福安市	350981
泉港区	350505	福鼎市	350982
惠安县	350521	闽东华侨经济开发区	350998

2003 年 9 月，执行国家税务总局、国家工商行政管理总局下发的《关于工商登记信息和税务登记信息交换与共享问题的通知》和省国税局、省地税局的补充规定。按照信息交换内容要求，分别采用网络、介质等手段进行传递，实现每月一次登记信息数据交换。省国税局、省地税局联合开发登记信息集中传送和比对软件，实现省工商行政管理局与国税局、省地税局间的数据自动交换和比对。

2004 年 2 月，省国税局实施新的《税务登记管理办法》。企业在外地设立的分支机构和从事生产、经营的场所，个体工商户和从事生产、经营的事业单位，均应当按照规定办理税务登记。上述规定以外的纳税人，除国家机关、个人和无固定资产、经营场所的流动性农村小商贩外，应当按照规定办理税务登记。扣缴税款义务人，应办理扣缴税款登记。6 月，省国税局、省地税局执行《国家税务总局关于国家税务局与地方税务局联合办理税务登记有关问题的通知》，凡缴纳增值税的纳税人，统一向国税局办理税务登记；凡缴纳营业税的纳税人，统一向地税局办理税务登记，由受理税务机关发给由国税局和地税局联合盖章的税务登记证。联合办理税务登记的工作范围包括两个税务机关共同管辖的纳税人新办税务登记、变更税务登记、注销税务登记、税务登记违章处理以及其他税务登记管理工作。

（二）清查验证

在纳税人办理登记后，统一建档立卡，分类别、分区域、分行业、分经济性质编制税号，定期进行清查验证。对纳税人不按规定办理税务登记、不按规定使用保管税务登记证件的，分别视情节轻重给予批评教育或者罚款。

1993年3月，省税务部门开展全省税务登记证换证工作。对象为已办理税务登记并领取税务登记证的纳税单位和个人（不包括"三资"企业），以掌握全省征管户数和税源。

1994年，国税系统、地税系统分别开展清户、移户工作。全省纯地税管户73224户，其中交通运输业13578户、建筑业3218户、金融保险业1563户、文化体育业872户、娱乐业3201户、服务业34510户、其他16282户；国税、地税共管户94820户，清理漏管户1355户，查补税款298.23万元，代扣代缴户38872户。

1996年，全省地税系统换发税务登记证，并开展漏征漏管户清理。从5月起，省国税局执行国家税务总局关于换发税务登记证件的通知，在全省分三阶段开展换证工作。

1998年1月，省国税局对全省国有、集体、私营、联营、股份制、个体企业的纳税人，开展税务登记证验证工作。5月底验证完成，全省税务登记户数237897户，应验证户数207739户，已验证户数190943户，验证面92%。验证期间共查出漏征漏管户2247户，查补税款和罚款金额2706.76万元。6月，国税、地税两系统开展清理漏征漏管户，国税系统共检查清理漏征漏管户10529户，查补税款1999.17万元，罚款332.4万元，加收滞纳金31.01万元。地税系统共清理漏征户6110户，漏管户18356户，补税1610.77万元，加收滞纳金78.83万元、罚款177.75万元。

1999年，省国税局、省地税局执行国家税务总局决定，在全省统一换发税务登记证。国税系统共换证259936户，补办税务登记证2178户，遗失补发税务登记证329户。地税系统更换税务登记证312710户、注册登记证21377户，清理漏管户6806户，补税397.85万元，加收滞纳金46.44万元、罚款26.31万元。

2001年，省国税局下发通知，要求对新办税务登记的企业所得税纳税人实行跟踪管理。

2002年，地税系统开展集贸市场整治，共检查419个市场，清理漏征漏管户6369户，查补税款577.8万元。

2003年，地税系统开展户籍信息清理，截至年底，有非正常户72747户，经清理恢复申报 1019 户，按规定注销 29206 户，注销面达 40.15%。

2005 年，地税系统共清理漏征漏管户 25201 户，查补税费 4281.11 万元。是年报经省政府批准，调整省地税局直征分局的管户范围，按属地管理和财政体制相结合的原则，下放 1000 多户划归福州市地税局管辖。

表 3-2　　　　　1994—2005 年福建省国税、地税管征户数登记情况表

单位：户

年份	国税管征户数	地税管征户数
1994	264978	168053
1995	255231	160056
1996	249268	197175
1997	250854	279686
1998	237897	329031
1999	259936	312710
2000	285936	333020
2001	285042	362839
2002	306129	451707
2003	312050	484801
2004	324078	487303
2005	331046	515236

三、纳税鉴定

1989 年，继续贯彻 1986 年国务院发布的《中华人民共和国税收征收管理暂行条例》和财政部发布的《税收征收管理若干具体问题的规定》开展纳税工作。鉴定内容：纳税人适用的税种、税目、税率或单位税额、纳税环节、计税依据、纳税期限、缴纳日期及征收方式；确定纳税人应遵守的有关财务成本费用、列支范围、开支标准、财务制度；纳税人报送纳税申报表、纳税资料及有关制度。1989—1992 年，全省各级税务部门对纳税鉴定进行定期检查。

从 1993 年 1 月 1 日起，实行《中华人民共和国税收征收管理法》，对纳税鉴定不再提出硬性要求。

四、纳税申报

从 1990 年起，推行纳税人上门申报纳税制度。

1995 年 10 月，省地税局实施纳税人"自核自缴"的纳税申报制度，将申报缴

税模式由当时的"先报后缴"形式逐步改成"先缴后报"或"即报即缴"模式。该制度推行后,城镇固定业户申报率达90%以上。

1996年,省地税系统推行办税员持证上岗制度,培训办税员9万余人,有7万多人取得"办税员证书",全省纳税申报率达95%。同时,开展申报方式和缴库方式改革,试行邮寄申报和电子申报。

1997年11月,省国税局执行国家税务总局和邮电部《关于印发〈邮寄纳税申报办法〉的通知》。凡实行查账征收方式的纳税人,经主管税务机关批准,均可采用邮寄纳税申报。是月,省国税局、省地税局执行国家税务总局、中国人民银行、财政部《关于加强申报纳税工作有关问题的通知》,规范银行机构进驻办税服务场所的做法。此后,福建省逐步实行银行税务一体化管理,即纳税人在银行开设税款预储账户,按期提前存入当期应纳税款,并在法定的申报税款期内向税务机关报送纳税申报表和有关资料,由税务机关通知划款入库。

2000年,国税系统采用金融、邮政网点、电话、网络(计算机远程)等多元化申报纳税方式。地税系统在福州、厦门、三明等市采用邮寄申报、电子申报、电话申报等方式,福州地税外税局采用互联网上申报缴税的方式。

2001年,漳州地税局对税邮一体化划缴税款进行试点。之后,省地税系统推行税邮一体化划缴税款的做法。

2003年,省国税局制定《省国税局电子开发服务单位管理办法》,就服务单位的确定、工作联系制度、服务保障要求、监控与考核、服务单位的权利等五个方面作了明确规定。同时,根据国家税务总局有关金税二期完善与拓展的统一部署,下发《关于推行网上认证与网上申报有关事项的通知》。各地与服务单位签订服务协议,配合服务单位开展网上申报与认证的企业端培训和软件安装。在实现CTAIS工程全省上线运行的同时,落实电子申报(包括网上申报和介质申报)的推广工作。7月,福州市国税局征期进行试点运行成功后,扩大到莆田、泉州市国税局,从8月起向全省推行。12月,电子申报平台已覆盖全省8个地市的77个区县级国税管征单位,占全省区县级管征单位91个的84.6%。到年底,全省已有150403户纳税人实现多元化申报,占征管户数180105户的83.51%。部分单位还进行远程网络申报缴税的试点,与国库进行联网。是年,地税系统在厦门、福州、泉州先后开展税库行联网电子缴税改革。

2004年2月,省地税局依托人民银行福州中心支行"同城资金电子清算系统",在福州开展"税库行联网缴税"试点。8月,省国税局在漳州、龙岩、三明、南平和宁德市国家税务局开展"统一电子申报平台"试点。

2005年5月,省国税系统的"统一电子申报平台"已全部覆盖全省91个区县级国税管征单位。截至11月,全省已推行电子申报纳税24090户,占一般纳税人总数 32975 户的 73.06%。电子申报写入 CTAIS 软件系统的成功率达到 99% 以上。全省小规模纳税人、个体业主运用多元化申报纳税面达 85% 以上。除个别县（市）外，全省国税、金库、银行横向联网系统已投入运行。全省地税系统有 16.78 万户的双定户被纳入税银（邮）一体划缴，累计划缴税款 36.59 亿元；被纳入税库行联网的企业 66250 户，自动划缴税费 257.52 亿元。

五、发票管理

（一）普通发票管理

1989—2005 年，继续执行 1987 年发布的《福建省发票管理实施办法》。

1. 发票印刷厂家管理

1993 年 1 月，省税务局批准 66 家单位为福建省税务机关指定印刷发票企业。

1994 年 12 月至 1995 年 4 月，省国税局组织各地（市）国税局对原发票定点厂进行全面清理和审查，重新确定 36 家印刷企业为全省国税系统普通发票印制定点单位。

1995 年 3 月，省地税局印发《关于准印厂发票印制管理规定的通知》，对准印厂发票印制的组织领导、业务承接、印制管理、保密、质量检验、发票保管及违反规定的处罚等作出规定。省地税局先后批准 55 家印刷企业为地税系统发票准印厂。

1996 年，省国税局制定机外普通发票的统一集中印制办法，规范发票的印制管理。5 月，省地税局批准发票印制定点企业 17 家，并从 1997 年起，每年对发票印制定点企业进行一次年检，对未能通过年检的企业自动取消发票准印资格。

1997 年 12 月，省国税局下发《普通发票定点印刷企业管理规定》，定点印刷企业由省国税局审批并发给"发票准印证"；承印发票，按照《发票印刷通知书》规定执行。

1998 年，省地税系统成立发票管理所，专司全省系统发票印制、防伪品调拨、准印企业等管理工作。

2. 发票版式与防伪管理

1991 年 7—12 月，全省完成全国统一"发票监制章"的刻制和发放、发票联底纹式样的下发和发票样本的制作。1992 年，新、旧版发票交替使用，同时对发票开展全面的清理和整顿。1993 年 1 月，使用新版发票，停止使用旧版发票。

1994 年 11 月，省国税局统一刻制发放全国统一的"发票监制章"式样，重新明确各地（市）、县（市、区）的发票代码。印制普通发票，按照《福建省通用发票样本》统一的式样执行，并在发票字轨号码前统一冠以"国税"字样。

从 1997 年 1 月起，福建省更换采用统一防伪措施的新版普通发票。新版普通发票特点为：使用专用水印纸印制发票联，不加印底纹，使用专用有色荧光油墨套印发票监制章及发票号码。3月，启用全省统一加密防伪发票专用章。发票专用章分企业和个体工商户圆、方两种形状。对发票专用章规格、尺寸、图文的字样、字体排布、防伪标志等都作了具体规定。

从1998年3月起，印制普通发票一律套印地（市）级以上"发票监制章"，取消套印县（区）级"发票监制章"。

2001年6月，省地税局下发《关于对福州市区饮食服务娱乐业纳税户推广使用有奖定额发票的通知》，在发票联字样的左端空白处印制隐含磁码防伪。10月，省地税局执行国家税务总局关于使用干式复写纸有关问题的通知，采用干式复写纸印制。

2004年8月，省地税局执行全国统一的普通发票分类代码和发票号码。发票分类代码全国统一为12位，由省地税局统一编制；发票号码为8位，由省地税局根据每种发票印制的时间顺序连号编排。

从2005年1月起，有奖定额发票开始推广使用阴阳码防伪技术。6月，省地税局下发《关于司法鉴定中介机构参与发票真伪鉴定问题的批复》：①对税务机关遇到通过自身手段无法确定发票真伪、需要进一步利用科技手段进行技术鉴定的发票，同意委托经省司法厅批准并持有"司法鉴定许可证"的福建省人才资信司法鉴定中心鉴定；②有关单位或个人自愿选择税务机关以外的其他单位进行发票真伪鉴定，税务机关不予干预。11月，省国税局下发《关于进一步加强普通发票防伪专用品和发票监制章管理有关问题的通知》，对普通发票从订货申请、入库管理及发票监制章式样、入库保管、领用程序、作废停用等方面进行规范。省国税局将国家税务总局下发的普通发票监制章样章原件从制作厂家收回，暂时委托福州市国税局代管，并由该局征管处代为行使省国税局有关职责。

3. 发票票样管理

从1991年1月1日起，福建省启用全国联运行业货运统一发票。

1994年12月，省国税局规定从1995年3月1日起用"发票换票证"式样，由省国税局集中统一印制，逐级发放。原"换票证"随之停用。同意增设"福建省××县（市）电费专用发票"式样，作为电力公司向非增值税一般纳税人和个人收取电费时使用。

1995年3月，省国税局增设缉私汽车、摩托车专用发票。从10月起，启用"国际航空旅客运输专用发票"式样。11月，要求各地从严控制增设发票式样，凡需要增设普通发票式样的，一律按规定逐级上报省国税局审批。

1998年12月，省国税局要求从事机动车零售业务的单位或个人，必须使用税务机关印刷的"机动车销售统一发票"。

1999年1月开始，福建省启用统一机动车销售发票，旧版发票停止使用。同时，启用"福建省粮食销售专用发票"。2月，省国税局同意福州市国税局增设商业普通发票版面，即增设"福建省福州市市场销售普通发票"和"福建省福州市商业零售普通发票"版面，分别作为农贸市场、专业批发市场和实行集中收款的商业企业使用。7月13日，省政府办公厅下发《省政府办公厅转发省地税局关于加强地方税收征收管理工作请示的通知》明确：除经财政部和省财政厅批准纳入财政预算管理和财政专户管理，并经省财政厅和地税局联合列举不征税的使用财政部门管理的行政事业收费票据外，其他一律使用税务机关管理的发票；严格财务报销制度，凡不符合规定的发票不得作为财务报销凭证。

从2000年1月1日起，福建省对所有类型的企业出口商品所使用的发票由福建税务机关统一印制，套印发票监制章，并在发票右上角标明"出口专用"字样。4月，省国税局修订"福建省出口商品销售发票"为"福建省出口商品销售统一发票"。同时，为了适应个别用户业务需求，企业可申请印制冠名发票，并报经省国税局审定后按规定要求和程序办理。5月，省地税局下文增设"非经营性收入专用发票"，适用于各企事业单位、机关单位收取的按现行规定不征收流转税的合同违约金、交通事故赔偿、对外投资收益、股息、红利、捐赠款、外单位投资款、下级上缴款、上级拨款时开具。6月，省地税局发文增设"企事业机关单位资金往来统一票据"，适用于企事业机关单位在发生各项资金往来结算业务时开具，包括收取预收款、借款、押金、定金、保证金、临时代保管款等。8月，下发《关于军队、武警部队取得应税收入使用税务发票的通知》明确：军队、武警部队对外经营取得的各项应税收入均应到所在地税务机关办理税务登记，使用税务发票；企事业机关单位或个人租用军队、武警部队的房屋，在支付款项时须取得收款方开具的发票。

2003年，省地税局增设铁路货物运输专用发票，适用于铁路货物运输业务。3月，启用"福建省××市粮食收购普通发票"。

2004年，省地税局增设"福建省××县（市）货物快递业务专用发票"，适用于邮政企业以外的快递公司快递经营业务；增设"福建省××县（市）建筑安装分（转）包工程专用发票"，适用于由总承包人代扣缴营业税及其附加的建安分（转）包工程项目之间的款项结算。1月8日，省地税局下发《关于地税窗口电脑开具发票问题的通知》，明确窗口开具机外票的票样为12种。6月30日，省地税局下发《关于纳税人申请印制、领购发票表报式样的通知》，将与实施税务行政许可相关的《发票定点承印企业审核表》、《企业印制发票审核表》、《发票领购审核表》、《自印发票领用审核表》的表样下发，从2004年7月1日起使用。8月，省国税局批准增设中国石油化工股份有限公司福建漳州销售分公司机外发票式样。9月，启用全国统一分类代码和发票号码，旧分类代码和发票号码使用时间截至2004年12月31日。印发新版"全国联运行业货运统一发票"式样。10月，省国税局决定"税务机关代开统一发票"的印制，比照"机动车销售统一发票"委托各设区市印制。12月，启用电脑版医药销售普通发票式样。

2005年9月27日，省地税局下发《关于启用省地税局发票样本（2005版）的通知》，共统一规范10类109种发票票样。10月，省国税局启用"福建水利供水普通发票"和全国统一"二手车销售发票"。省地税局增设"交通银行××分行代理收款业务发票"，适用于个人消费者通过金融机构支付电话费（含电信、移动、联通、铁通、网通等）、公交巴士费、有线电视收视费等属于地税管征范围的款项；增设"福建省铁路工附业服务发票"，适用于福建省境内的铁路运输主业各单位对外提供铁路工附业劳务，取得劳务收入、对外施工配合费收入、铁路专用线管理费收入、对外装卸收入、设备租金收入等（不包括对外取得的餐饮、娱乐服务、建筑安装、房产出租等）；增设"福建省人寿保险专用发票"，适用于各种类型的人寿保险业务；增设"福建省××市管道运输专用发票"，适用于福建省管道运输在结算运输费用时使用；增设"福建省××市电信自助业务专用发票"（卷式机外票），适用于用户在电信企业的自助终端设备查询缴费情况时，自助打印缴费发票。

（二）增值税专用发票管理

从1994年1月起，按照国家税务总局《增值税专用发票使用规定》对增值税专用发票实施管理。7月，统一使用新版增值税专用发票（简称专用发票）。

1. 发票印制和防伪管理

1994年3月，福建省增值税专用发票用纸全部是国家税务总局供应的水印纹防伪专用纸，分别由福州市第四印刷厂（A－标志代号）、福州市印刷纸品厂（B）、南平市第一印刷厂（C）、泉州市新秀彩印公司（D）四家发票定点厂统一印制。专用发票票面的监制章冠以"省税务局监制"字样。专用发票的票面限额统一为：中文版万元、拾万元、佰万元三种；英文版万元、拾万元两种。是月，省税务局按照国家税务总局发出的通知及公告，规定从1994年4月起，所有单位和个人一律使用全国统一防伪专用纸印制的专用发票，原非统一防伪专用发票停止使用。

从1996年1月起，取消佰万元版、千万元版增值税专用发票。凡一次开票其销售额达到百万元以上的，均纳入增值税防伪税控系统，利用该系统开具计算机专用发票。

2002年8月，对原拾万元版改为万元版的专用发票，从2002年9月1日起，停止使用。

2. 发票领购、使用及开具管理

专用发票只限于增值税的一般纳税人领购使用，增值税的小规模纳税人和非增值税的纳税人不得使用。1994年初，省税务局规定，一般纳税人有下列情形之一者，不得领购使用专用发票：会计核算不健全，不能按会计制度和福建省税务机关的规定准确核算增值税销项税额、进项税额和应纳税额者；不能向省税务机关准确提供增值税销项税额、进项税额、应纳税额数据及其他有关增值税税务资料者；经税务机关责令限期改正而仍未改正者；销售的货物全部属于免税项目者。有上列情形的，纳税人已领购使用专用发票，税务机关应收缴其结存的专用发票。同时，省税务局还规定，一般纳税人销售货物（包括视同销售货物在内）、应税劳务，根据增值税细则规定应当征收增值税的非应税劳务（以下简称销售应税项目），必须向购买方开具专用发票。但下列情形不得开具专用发票：向消费者销售应税项目，销售免税项目，销售报关出口的货物，在境外销售应税劳务，将货物用于非应税项目，将货物用于集体福利或个人消费，提供非应税劳务（应当征收增值税的除外），转让无形资产或销售不动产，转让无形资产或销售不动产，向小规模纳税人销售应税项目。

2000 年 1 月，对商业企业零售的烟、酒、食品、服装、鞋帽（不包括劳保专用部分）、化妆品等消费品不得开具专用发票；对工商企业销售的机械、机车、汽车、轮船、锅炉等大型机械电子设备，如购货方索取专用发票，销货方可开具专用发票。

3. 保管、检查

1994 年初，省税务局建立验收制度，对运达的专用发票逐级进行验收，办理手续。建立专门的仓库，存放专用发票，专人负责和定期检查。4 月，省税务局开展专用发票专项检查工作。6 月，做好新版专用发票供应和发放工作。对原版专用发票清点造册，统一上缴。9 月，省国税局制定《增值税稽核工作制度》、《福建省增值税专用发票内部管理制度》、《福建省增值税专用发票计算机稽核制度》。

1995 年 4 月，各地（市）国税局对所属专用发票仓库进行自查。7 月，省国税局组织两个检查组对福州、莆田两市和 6 个县级局的专用发票库房建设进行抽查，作出达标认定通报。

2002 年 8 月，省国税局开展库存专用发票检查清理工作。对手工万元版专用发票使用进行审核。对须销毁的专用发票，本级先组织清点造册，上报省国税局审批后统一销毁。

2005 年 8 月，省国税局对免征增值税货物专用发票的管理，进行全面清查。

4. 代开发票

1994 年 3 月，执行国家税务总局下发的《国家税务总局关于由税务所为小规模企业代开增值税专用发票的通知》。凡能履行纳税义务的小规模企业，经县（市）税务局批准，其销售货物或应税劳务由税务代开专用发票。代开专用发票，应在专用发票"单价"栏和"金额"栏分别填写不含其本身应纳税额的单价和销售额；"税率"栏填写增值税征收率6%；"税额"栏填写其本身应纳的税额，即按销售额依照6%征收率计算的增值税额。一般纳税人取得由税务所代开的专用发票后，应以专用发票上填写的税额为进项税额。

六、出口退税管理

1989年，继续执行1985年4月国务院发布的《关于批转财政部〈关于对进出口产品征、退产品税或增值税的规定〉的通知》，对福建省出口产品实行退（免）税政策。

1994年1月，对原有的产品税、增值税、特别消费税的出口退税管理办法进行改革，建立以新的增值税、消费税制度为基础的出口货物退（免）税制度。

（一）出口退税税率

1989—1993年，福建省出口产品退税率是根据出口产品的税种和实际税负不同，分别适用产品税税率、产品税综合退税率、增值税税率、增值税核定退税率、营业税退税率和特别消费税的单位税额。营业税退税率统一规定为3%，其他各税种的退税率有140多档，从3%到58.66%不等。属于产品税征收范围的出口产品，有产品税综合退税率的，按综合退税率退税；没有综合退税率的，按产品税税率退税；属于增值税征收范围的出口产品，有增值税核定退税率的，按核定退税率退税，没有核定退税率的，按增值税税率退税。外贸企业出口产品在国内仓储、运输等环节支付费用和银行存款利息中包含的营业税，统一按出口产品退还产品税，按增值税价格的3%计退税。生产企业直接出口的产品，一律不退3%的营业税；属于特别消费税征收范围的出口产品，按单位税额计算退税。

1994年后，实施新税制，出口货物仅退增值税和消费税。

从1994年1月1日起，计算出口货物应退增值税税款的税率，依照《中华人民共和国增值税暂行条例》规定的17%和13%税率执行；对从小规模纳税人购进特准退税的12类货物依6%退税率；从农业生产者直接购进的免税农产品不办理退税。

1995年6月30日后报关离境的出口货物，除经国家税务总局批准按增值税征税税率退税的大型成套设备和大宗机电产品外，一律按下列税率计算进项税额或退税款：农产品、煤炭，退税率为3%；以农产品为原料加工生产的工业品和适用13%增值税税率的其他货物，退税率为10%；适用17%增值税税率的其他货物，退税率为14%；从小规模纳税人购进并按《国家税务总局关于印发〈出口货物退（免）税管理办法〉的通知》规定的货物可以办理退税，退税率为6%。

1996年1月1日后报关离境的出口货物按下列税率计算退税：煤炭、农产品出口退税率仍为3%；以农产品为原料加工的工业品和按13%的税率征收增值税的其他货物，出口退税率由10%调减为6%；按17%的税率征收增值税的其他货物，出口退税率由 14% 调减为 9% 。从小规模纳税人购进的煤炭、农产品货物退税率为 3% ，购进以农产品加工的工业品、征收增值税的其他货物，退税率为 6% 。

从 1999 年 1 月起，省国税局决定提高部分货物的出口退税率：机械及设备、电器及电子产品、运输工具、仪器仪表四大类机电产品的出口退税率提高到 17% ；农机的出口退税率提高到 13% ；纺织原料及制品、钟表、鞋、陶瓷、钢材及其制品、水泥的出口退税率提高到 13% ；有机化工原料、涂料、染料、颜料、橡胶制品、玩具及运动用品、塑料制品、旅行用品及箱包的出口退税率提高到 11% ；执行 6% 出口退税率的货物，包括以农产品为原料加工生产的工业品及其他货物的出口退税率提高到 9% ；农产品的出口退税率提高到 5% 。从 7 月起，省国税局提高部分货物的出口退税率：服装的出口退税率提高到 17% ；服装以外的纺织原料及制品、四大类机电产品以外的其他机电产品及法定税率为 17% 且现行退税率为 13% 或 11% 的货物的出口退税率提高到 15% ；法定税率为 17% 且现行退税率为 9% 的其他货物和农产品以外的法定税率为 13% 且现行退税率未达到 13% 的货物的出口退税率提高到 13% 。

从 2004 年 1 月 1 日起，出口货物按下列规定的出口退税率执行：货物维持现行出口退税率不变的包括：现行出口退税率为 5% 和 13% 的农产品；现行出口退税率为 13% 的以农产品为原料加工生产的工业品；现行税收政策规定增值税税率为 17% 、退税税率为 13% 的货物；船舶、汽车及其关键零部件、航空航天器、数控机床、加工中心、印刷电路、铁道机车等现行出口退税率为 17% 的货物；小麦粉、玉米粉、分割鸭、分割兔等货物的出口退税率，由 5% 调高到 13% ；取消原油、木材、纸浆、山羊绒、鳗鱼苗、稀土金属矿、磷矿石、天然石墨等货物的出口退税政策。对其中属于应征消费税的货物，也相应取消出口退（免）消费税政策。调低出口退税率的货物有：汽油、未锻轧锌的出口退税率调低到 11% ；未锻轧铝、黄磷及其他磷、未锻轧镍、铁合金、钼矿砂及其精矿等有关规定所列明的货物的出口退税率调低到 8% ；焦炭半焦炭、炼焦煤、轻重烧镁、萤石、滑石、冻石等有关规定所列明的货物的出口退税率调低到 5% ；除上述规定的货物外，凡现行出口退税率为 17% 和 15% 的货物，其出口退税率一律调低到 13% ；凡现行征税率和退税率均为 13% 的货物，其出口退税率一律调低到 11% 。

2004—2005 年，国务院又陆续调整了部分产品的退税率。①取消下列商品的出口退税：除盐、水泥以外的所有非金属类矿产品：煤炭，天然气，石蜡，沥青，硅，砷，石材料，有色金属及废料等；金属陶瓷，25 种农药及中间体，部分成品革，铅酸蓄电池，氧化汞电池；细山羊毛、木炭、枕木、软木制品、部分木材初级制品等。②降低下列商品的出口退税率：钢材出口退税率由 11% 降至 8% ；陶瓷、部分成品革和水泥、玻璃出口退税率分别由 13% 降至 8% 和 11% ；部分有色金属材料的出口退税率由 13% 降至 5% 、8% 和 11% ；纺织品家具、塑料、打火机、个别木材制品的出口退税率，由 13% 降至 11% ，非机械驱动车（手推车）及零部件由 17% 降至 13% 。③提高部分商品的出口退税率：重大技术装备、部分 IT 产品和生物医药产品以及部分国家产业政策鼓励出口的高新科技产品等，出口退税率由 13% 提高到 17% ；部分以农产品为原料的加工品，出口退税率由 5% 或 11% 提高到 13% 。

（二）手续程序

1. 登 记

凡在福建省境内经国家对外贸易部及其授权单位批准享有进出口经营权的外贸企业、工贸集团、生产企业和 1994 年 1 月 1 日以后批准设立的外商投资企业，都是出口退税登记的对象。上述企业必须在自批准之日起 30 日内，向所在地主管出口退税的税务机关申请办理退税登记。

出口企业领取"出口企业退税登记证"后，发生停业、改名、迁移、合并、分设和变更经营范围、经营方式、隶属关系等情况，应在变动之日起 30 日内，将原登记证和申请变更内容、理由说明书以及批准变更部门的批件一并送原办理退税登记的税务机关，申请办理变更登记、重新登记或注销登记。

出口企业因停业、合并、分设、破产等而办理注销登记的，税企双方应对原出口企业的出口退税情况进行全面的清算，办理多退少补手续，清算完成后方可办理注销登记手续。

2. 申 报

出口企业办妥退税登记后，即可向主管出口退税的税务机关申请办理有关出口货物退（免）税事宜。

福建省对出口货物退（免）税实行凭单申报的办法，即出口企业将规定必须提供的出口货物报关单、出口收汇核销单、增值税专用发票、专用税票和出口销售发票一一配对，并将单证上有关数据填入《出口货物退（免）税申报表》，经当地外经贸主管部门稽核后，再上报主管出口退税的福建税务机关，据以申报退（免）税。从 1995 年下半年开始试行出口退税计算机申报。1996 年，全面应用出口退税单机版审核软件，对出口退税实行电子化管理。从 1998 年起，福建省试行出口退税计算机管理软件的网络版。2002 年，推行二期网络版。2002 年下半年，口岸电子执法系统出口退税子系统在福建省试运行。2003 年，正式联网运行，福建税务部门从口岸电子执法系统中直接取得出口退税所需的电子信息。8 月，推行利用增值税专用发票电子信息审核出口退税管理软件，利用"金税工程"中的专用发票电子信息审核办理出口退税。2004 年，简化出口企业申报出口退（免）税的单证和程序。2005 年，福建省对国税机关内部的退（免）税认定、申报和受理及日常管理进行统一规范。

出口企业在一个会计年度终了后 3 个月内，必须向福建省税务机关申报办理年终清算手续。在年度终了 3 个月后，按出口货物退（免）税政策规定，对出口企业上一会计年度内报关出口并作销售的各类已申报办理或未申报办理退（免）税的出口货物的有关经济内容进行一次全面、系统的清算、审核和检查，办理多退少补。

3. 审　批

1996 年，福建省出口退税全面实行计算机管理后，主管出口退税的税务机关对出口企业申报资料的审核，主要是通过出口退税审核子系统审核完成的。出口退税审核子系统将出口企业申报数据与税务机关掌握的海关信息数据、外汇核销信息、税务机关内部交换信息（增值税专用发票和专用税票）、外经贸主管部门提供的信息等参考数据进行计算机自动审核。对审核疑点按规定发函或派员调查，在没有收到回函或查清之前，一律不得办理退税。

福建省各级税务部门在税务机关内部建立三级审核管理制度。首先由经办人员对出口企业申报资料进行初审，然后送部门负责人复审，最后送主管领导审批后开具“收入退还书”，由会计人员送交当地金库，金库凭县（市）以上税务机关填制的“收入退还书”办理退库手续。

1994—2005 年，福建省累计办理出口退税 517.36 亿元，退税规模从 1994 年的 23.77 亿元发展到 2005 年的 118.72 亿元，增长近 4 倍。

第三节　税收服务

一、纳税辅导

1989—2005 年，福建省各级税务机关对纳税人进行不同形式的纳税辅导和培训。举办各种辅导班、培训班，帮助纳税单位的财会人员、办税人员熟悉和掌握有关税收政策法令和纳税手续，包括纳税范围、纳税环节、计税依据、应税品目、适用税率、计税价格、征免界限及计算方法等。派税务专管员到企业、事业单位和机关团体释疑答惑，解决纳税人在执行过程中存在的问题。

二、促产增收

1989 年 8 月，省税务局发出《关于认真做好促产增收工作的通知》，各地开展为企业“提供一条信息，帮上一个项目，解决一个问题，提高一项效益”的促产活动。各级税务机关落实促产增收项目 3497 项，增加产值 20 亿元，增加利税 2.6 亿元。其中，减免税促产 1500 项，金额 2.5 亿元，新增产值 4.8 亿元，新增税金

0.36 亿元。全省利用周转金 201 项，913 万元，新增产值 0.28 亿元，新增税金 292 万元。

1990 年 7 月，省税务局贯彻国家税务局发布的《关于加强税务促产增收工作的指示》，制订促产增收规划，提出合理化建议，当地方政府领导的参谋和助手。全省税务机关开展促产项目 2910 项，增加产值 10.148 亿元，增加税收 9277 万元。实行清欠责任制。对欠税在 500 万元以上的大户，由省税务局负责；欠税 100 万 ~ 500 万元，由地市税务局领导负责。全省清回欠税 6.138 亿元，占全省欠税款总数 67394 万元的 91.1%。

1991 年 9 月，省税务局下发《关于税务周转金管理有关问题的通知》，修订《福建省集体企业小型技术措施周转金管理试行办法》，规定周转金主要用于支持企业引进新技术、新设备、新工艺、新材料，开发新产品，提高产品质量，发展"名、优、特"产品，降低成本费用，提高经济效益而进行的小型技术措施项目。申请周转金项目的自筹资金提高到不少于 30%。发放周转金 5 万元以下由县级税务局审批，5 万 ~ 10 万元由地市级税务局审批。提高税务周转金占用费：合同规定期限内还款的，按低于银行技术改造贷款利率（8.46%）2 个百分点，年费率 6.46% 计收；逾期并经办理续用手续的部分，按银行技术改造贷款利率（8.46%）计收；逾期又不办理续用手续的，按高于银行技术改造贷款利率 2 个百分点（10.46%）的比率计收。10 月，贯彻《国家税务局关于贯彻中央工作会议精神进一步支持搞好国营大中型企业的通知》。寓促产于日常征管之中，把促产增收、组织收入、清理欠税、加强征管等工作有机结合起来。全省开展各种形式的"支、帮、促"项目 2660 个，直接增加产值及销售额 14.28 亿元，增加税收 1.98 亿元。

1992 年，全年开展促产增收项目 3667 项，直接或间接增加产值及销售额 18.5 亿元，增加利润和税金分别为 2.1 亿元、2.3 亿元。

1996 年 7 月，全国召开税收征管改革工作会议，正式提出税收服务的概念，将促产增收工作纳入税收服务中。

三、税务代理

从 1994 年 9 月起，福建注册税务师行业执行国家税务总局下发的《税务代理试行办法》，开展税务代理试点工作。

1995 年 11 月，执行国家税务总局发布的《关于进一步做好税务代理的紧急通知》，在各地开展税务代理的试点工作。之后，成立税务师资格审查委员会。该委员会是具体办理税务师资格的审查、税务代理机构的审批及对税务代理人进行监督管理的机构，代表国家行使税务代理行政管理权。

从 1996 年 11 月起，按国家税务总局与人事部联合制定颁布的《注册税务师资格制度暂行规定》，把税务代理人员纳入国家专业技术人员执业资格准入控制制度的范围。执行国家税务总局下发的《注册税务师执业资格考试实施办法》和《注册税务师注册管理暂行办法》，下发组建省级注册税务师管理机构等文件，对税务代理行业实施管理。

1999 年第一季度，省国税局对税务代理机构开展专项检查，检查代理规程、管理制度、代理收费、服务质量、财务收支等管理情况。9 月，省国税局成立清理整顿工作领导小组，下发《福建省国税系统税务代理机构清理整顿贯彻意见》，全面清理税务代理机构。清理整顿后，福建省税务机关原来兴办或者挂靠的税务代理机构，与税务机关在编制、人员、财务等方面实行脱钩，并改制为合伙制或者有限制的税务师事务所，成为独立的社会中介机构。经过整顿，福建省税务师事务所由原有挂靠或税务机关兴办的 131 家整改为 40 家。到 1999 年底，全省已经取得注册税务师执业资格证书的有 901 人。12 月，落实国家计委和国家税务总局联合下发的《关于规范税务代理收费有关问题的通知》，规定税务代理机构接受纳税人、扣缴义务人委托，从事代办税务登记、变更、注销手续、代办除增值税专用发票外的发票领购手续、代纳税人进行纳税审核等十项业务，并对收费标准作了原则规定。

2000 年 5 月，省物价局、国税局、地税局联合下发《关于福建省税务代理收费有关问题的通知》，对税务代理服务项目与收费标准作出详细规定。

2002 年 12 月，省国税局、省地税局转发国家税务总局《税务代理工作底稿（企业所得税）通知》，重申福建省各级税务机关不得受理未经国家税务总局及其授权机构批准、未经工商行政管理机关登记注册的其他社会中介机构的涉税代理报告，要求各级税务机关应在工作中加强对税务师事务所的监督、管理和检查，从 2003 年起，凡开展代理企业所得税业务的税务师事务所均按此工作底稿执行。

2003 年 10 月，福建省注册税务师协会经过省国税局、省地税局同意，制定《税务代理机构信用等级管理办法（试行）》。12 月，在原有国家税务总局规定的十项业务的基础上，省国税局、省地税局联合下发《关于在税收征管工作中发挥税务代理机构作用的暂行规定》，规定税务机关可以建议纳税人委托税务代理办理 14 项业务，每一项业务企业须出具税务师事务所和执业注册税务师签章的审核证明，并规定各级税务机关每年可确定一定比例的重点企业、核算复杂的行业作为中介机构代理对象，对须经税务机关审核批准后在企业所得税前扣除的事项，纳税人附报的税务师事务所和执业注册税务师签章的审核证明，税务机关可作为参考依据。

2004 年 4 月，省国税局要求各级国税机关组织监察、征管和财审部门对税务代理机构脱钩情况再次进行清理，清理检查国税机关是否与辖区内的每一个税务代理机构在编制、人员、财务、职能、名称等五个方面脱钩。清理检查面必须达 100%。在各地清理检查的基础上，省国税局组织清理检查组，对各地市国税局进行抽查，抽查面30%以上，发现国税机关与现有税务代理机构存在未完全脱钩等问题的，按照有关规定追究单位的主要领导、分管领导、经办部门负责人的责任。8月，省国税局要求税务机关应在办税服务厅等征收窗口公告税务代理的原则、制度、规定以及代理的范围和内容，张榜公布税务师事务所的名单、规模、业绩等基本情况。同时，为使《税务代理机构信用等级管理办法（试行）》更具操作性，福建省注册税务师协会制定实施细则。信用等级评定的内容不仅涉及遵循执业准则和职业道德、国家法律、法规情况，还涉及注册税务师机构自身的执业质量控制、业务档案管理、财务核算控制、人力资源管理以及涉及受表彰、受处罚等情况。

2005年7月，福建省注册税务师协会制定和实施《福建省注册税务师行业诚信档案管理暂行办法》，采取"一所立一档"、"一师立一档"的方式，对各个税务师事务所和注册税务师建立信用档案。诚信档案由个人会员和团体会员诚信档案构成，并由专人负责管理。8月，按照国家税务总局发布的《企业所得税税前扣除暂行办法》，首次明确注册税务师行业的涉税鉴证业务。10月，依据中国注册税务师协会发布的《注册税务师行业自律管理办法（试行）》，实施统一自律管理办法。11月，省注册税务师协会经省国税局、地税局同意成立奖惩委员会，其主要职能是：制定行业奖励惩戒办法，组织行业评比，受理投诉，立案调查，审议决定，传达结论。从12月起，执行国家税务总局发布的《注册税务师管理暂行办法》。

截至2005年底，福建省取得注册税务师执业资格的有1944人，税务代理机构有76家，税务代理从业人员1000多人，其中执业注册税务师538人。

第四节　税务检查

一、年度大检查

1989年，省税务局开展税收大检查。全省共查245943户，其中，自查243518户，自查面达99.0%，自查补税5348.16万元，比1988年增加2131.56万元，增长66.3%。重点检查115967户，检查面达47.2%，比1988年高出13.1个百分点，查补税及基金17010.22万元。自查和重点检查共查补税款及基金2.254亿元，处以罚款663.99万元，加收滞纳金320.62万元，总计查补金额达2.352亿元。在大检查期间，各地还结合检查进行清欠工作，清回欠税8544.61万元，能交基金1226.55万元，预算调节基金651.46万元，总计10422.62万元。

1990年1月，省税务局下发《关于整顿发票管理秩序的通告》，对全省发票印制、领购、开具、取得和保管等情况开展检查。发现有问题的用票户4024户，共补税罚款262.34万元。

1991 年，省税务局部署"三大检查"（税收"财务"物价大检查）。全省纳税人自查 259603 户，自查面达 100%。税务机关检查 98846 户，共查补税款、罚款及滞纳金 26666.47 万元。同时，清回欠税和基金 3343.24 万元；查出漏管户 133 户，补回税款 23 万元。

1992 年，省税务局下发《关于开展 1992 年全省税收大检查的实施办法》，对减免税、承包流转税、个体户税收、出口退税、清理欠税以及发票管理等项目进行检查。

1994 年，继续开展税收检查，全年共查补罚 52817.86 万元，入库 49137.70 万元，清回欠税 17973.44 万元。

1995 年，省国税局开展税收检查。全省纳税人自查 238391 户，自查面达 100%，自查违纪户数占 10% 左右，自查补税 8478.59 万元。税务机关组织检查 105278 户，检查面 44.15%，查补税款及"两金"45017.93 万元。同时清回欠税 3287.48 万元。

1996 年，税收大检查取消纳税人自查，直接进入税务机关检查阶段。税收大检查处理原则为"依法行政，依法监督，执法必严，违法必究"。检查纳税户 108320 户，其中有问题 56889 户，查补税款及罚款 49600 万元。

1997 年 10 月，各级国税局成立税收检查领导小组，负责对大检查的组织领导和督促指导。全省检查各类纳税户 76231 户，有问题的 28031 户，查补税款及罚款 27671 万元。其中查补税款 100 万元以上的 1 户，50 万~100 万元的 9 户。虚开专用发票案 2 起，私自印刷倒卖普通发票案 2 起，移送公安机关查办 5 人。

从 1998 年起，按国务院决定，取消一年一度的税收、财务、物价大检查。

二、税务稽查

1990 年 9 月，省税务局下发《关于开展 1990 年出口退税自查工作的通知》。对所有外贸企业、工贸企业、直接出口的生产企业和对台贸易单位，在 1990 年报关出口的产品已办理的出口退税及 1989 年发生而未查处的多退税款，进行自查。将出口退税大户、出口退税情况复杂户、退税率高的出口产品、进料加工复出口产品、作价加工出口产品等，作为自查的重点对象。全省共投入 82982 人次，检查 115967 户纳税户，查补税款及基金 1.701 亿元。

1994 年，省国税稽查部门在全省开展增值税专用发票专项检查，发现有扩大开具范围、虚开抵扣额、大头小尾、代开私售、拆本使用、开具票物不符等问题 3817 户，违章发票总金额 10515.46 万元，构成发票违法案件 150 起，批捕 150 人，查获假发票 249388 份，补罚税款和没收非法所得 4610.86 万元，查获非法代开发票可用于抵扣的税款 10 亿元以上。

1995 年，国税各级稽查分局查处举报涉税案件 1395 件，查补税款、罚款、滞纳金共计 5722 万元。协助查处全国 6 起增值税案件，涉及福建企业取得和开具增值税专用发票、补税罚款和收取滞纳金共 260 多万元。

1996 年，省国税局、省地税局执行国家税务总局制定的《税务稽查工作规程》。

1997 年 4 月，省国税稽查部门对生产经营药品、粮油副食品、通信器材、办公自动化、化工、机械、纸品等行业进行专项稽查，全省补回税款近亿元。7 月，对全国"金华税案"涉及福建 374 家企业 1106 份增值税专用发票，进行协查处理，共查补税款 1283.1 万元，罚款 575.6 万元。

是年，省地税稽查局先后制定《税务稽查工作底稿制度》、《福建省地税系统稽查人员守则》、《福建省地税系统稽查监督卡》、《福建省地方税收分类稽查管理（试行）办法》、《福建省地税系统稽查工作文明用语和服务忌语》。开展行政、事业单位应税收入、饮食娱乐业、金融业、房地产、建安以及个人所得税专项检查，全省查补税款 3.99 亿元。

1998 年，省国税局在全省先后开展以烟酒、电力、石油石化、汽车汽配行业和民政福利、校办企业、实行"免、抵、退"税出口企业及漏征漏管户为主要对象的专项检查。10 月，由省国税局牵头组织的专项检查小组对全省 28 家省级电力企业进行稽核，共查补增值税 460 万元、所得税 440 万元。12 月，执行《国家税务总局关于建立税务违法案件举报奖励基金的通知》，设立税务违法案件举报奖励基金。重申地市级税务违法案件举报奖励基金，按 5%～10% 的比例从省国税局预拨的 1998 年办案补助经费中提取，不许挪作他用。全省全年共接到群众来电、来信、来访等各类举报涉税案件 2173 件，立案查结 1863 件，查结率 85.7%。

是年，省地税局制定《福建地税系统稽查回访制度》、《福建省地方税务稽查工作考评办法》，执行国家税务总局《税务违法案件举报管理办法》、《税务违法案件公告办法》。地税系统稽查部门重点对民政福利企业、校办企业、涉外房地产、建安、餐饮、邮电、证券、电力、烟草等行业的个人所得税、印花税开展专项检查，全省查补税费 1.12 亿元。

1999 年，省国税局下发《福建省国家税务局关于税务违法案件举报奖励办法补充规定的通知》，对举报奖励金数额标准及审批权限等作出规定。11 月，印发《关于成立福建省国家税务局税务违法案件审理委员会的通知》和《税务违法案件审理委员会工作细则》，规定省局直属局和各地查办税款在 100 万元以上的案件要通过税务违法案件审理委员会裁定。组织力量对"4·20 专案"（厦门远华走私案）涉及的 26 家企业购买走私物品及开具增值税专用发票情况进行调查。对全国"邮电部门走私案"，"上海青浦案"，"松江骗购倒卖、虚开增值税专用发票"等案件，涉及福建企业取得或开具的 238 份增值税专用发票进行协查，查补税款 85.9 万元，罚款 64.6 万元。4—6 月，开展发票专项检查，131609 户进行自查，发现有问题 2114 户，查出违章发票 32550 份，补税 163.00 万元，罚款 71.30 万元；税务部门组织检查 72815 户，有问题 21861 户，违章发票 243900 份，共补增值税 2405.59 万元，罚款 629.89 万元。全年，各级举报中心共受理人民来信、来访、来电举报涉税案件 2248 件，调查结案 1949 件，查补增值税、所得税款 603.45 万元，罚款 186.58 万元。

是年，省地税局执行国家税务总局《税务违法案件举报奖励办法》、《关于实行税务检查计划制度》，下发《福建省地税系统稽查案件档案管理办法》。是年，稽查部门重点检查会计师、律师事务所 279 户，查补税费 444.52 万元；检查证券公司 25 家，查补税费 871.71 万元；检查从境外购买无形资产的工业企业 23 户，查补税费 2224.59 万元；检查实行电算化管理的桑拿业、保龄球业、餐饮业 22 户，查补税费 1500 多万元。

2000 年，省国税局成立公安、税务"8·7"案（潮阳、普宁两地骗取出口退税案，下同）联合工作组，抽调业务骨干多人组成专案组，对广东普宁、潮阳 11 家企业，开给福建 23 家企业的 129 份增值税专用发票进行协查，追回税款 285.69 万元，处以罚款 10.38 万元。10 月，对国务院打击骗取出口退税工作组发来协查发票函 9 批次、涉及福建 6 个地市 32 户企业的 922 份发票进行协查，对票、货、款不一致的发票 165 份，开票金额 1481864.57 元，销项税额 2518021.78 元，进行处理。

是年，省地税局执行国家税务总局《税务稽查业务公开制度（试行）》。下发《省地税局关于违法案件审理委员会工作有关问题的通知》和《省地税局违法案件审理委员会案件审理工作规则》，规定审理委员会组成人员、工作机构、提交审理的案件范围及有关事项。下发《福建省地方税务局税务稽查案件复查暂行办法》、《福建省地方税务系统稽查大案要案报告制度》。地税稽查部门重点对金融业的个人所得税，行政、企事业单位发票使用、行政性收费、交通管理部门、路桥施工单位税收情况开展专项检查，全省共查补税费 1.5 亿元。

2001 年，省国税局下发《福建省国家税务局关于贯彻重大税收违法案件督办制度的通知》、《福建省国家税务局稽查局涉税举报案件督办工作办法》、《关于进一步规范税收违法案件取证的通知》、《关于规范〈税务稽查报告〉制作的通知》、《关于税收案件审理要求》、《关于规范税务处理决定和税务处罚决定的通知》、《福建省国税系统稽查工作考核办法》等规范性文件，从举报信件登记、受理到案件的立案、转办、实施稽查、审理、执行等都作了具体的规定。全省接受电话、来访、来信等群众举报的涉税案件 2284 件，查补税款 2513.14 万元、罚款 414.49 万元、滞纳金 383.89 万元，合计 3311.52 万元。省局稽查局对历年欠税 2000 多万元进行清理。执行国务院《行政执法机关移送涉嫌犯罪案件的规定》，布置开展涉税案件移送清理自查，对全省达到移送标准的 775 件涉税案件，进行处理。贯彻《税务稽查案件复查暂行办法》，对 2000 年至 2001 年上半年查处的案件进行复查。根据省国税局局长办公例会精神，抽调力量，对省局直属征收分局查处的 8 户企业进行案件复查，对存在问题提出处理建议。先后两次召开各设区市稽查局长会议，部署专项检查和专项整治工作。全省各级稽查部门共检查各类纳税户 13608 户，查补税款 25442 万元；查获虚开增值税专用发票 9 起，涉及税款 1043 万元；查获接受虚开增值税专用发票 839 起，涉及税款 6104 万元；伪造增值税专用发票 2 起，涉及企业 181 户；查处其他偷税案 4293 件，查补税款 8856 万元，骗取出口退税案件 11 件，查补税款 788 万元；向公安机关移送涉嫌犯罪案 345 件，涉及税款 5738 万元。下半年，省国税局开通金税协查子系统，运行半年，全省共委托发出协查 1769 起，涉及发票 7911 份；受托协查 1709 起，涉及发票 5151 份。手工协查函件 59 批，要求协查的专用发票 7890 份，查补税款 11195 万元（其中"8·7"案件的函件 30 批，要求协查的增值税专用发票 6820 份，查核补税款 8256 万元）。

是年，地税系统稽查部门重点对境内外咨询、中介机构，金融、证券、保险业，邮政、电信、电力业，房地产业，医疗合作项目，新闻广告媒体，石油、自来水业开展专项检查，共查补税费 1.28 亿元。执行国家税务总局《重大税务案件审理办法（试行）》，并将各级审理委员会组成人员、工作机构、提交审理的案件范围及有关事项进一步规范。6 月，省地税局对案件审理委员会组成人员、办事机构、移送标准作了调整。制定《福建省地税系统稽查部门社会服务承诺制度（试行）》、《福建省地方税务局税务违法案件举报分类管理制度》。开展发票专项整治"20 点行动"，在统一时间内突击检查餐饮、娱乐、服务业 1694 户，查出 986 户存在发票违章违法行为。在《福建日报》上对 7 家企业进行欠税公告。

2002 年，省国税稽查局组织力量对跨地区经营的集团性企业和异地设立分支机构从事经营活动企业的所得税进行专项检查。其间，企业自查补税 7780 万元，税务重点检查补税 12401.29 万元；对石化、电力、烟草行业 68 户企业的专项检查，查补所得税 8002.86 万元、增值税 729.06 万元；对专业市场中规模大、低税负的 5802 户进行专项检查，查补税款 782.17 万元。清理漏征漏管户 5906 户，查补税款 310.16 万元；调整定额业户 21605 户，平均调高幅度 15.42%，年增收税款 4576 万元；对民政福利企业 1999—2001 年纳税情况进行检查，查补税款 121.48 万元，罚款 16.38 万元；对资源综合利用企业进行检查，查补税款 136.36 万元，罚款 3.9 万元。10 月，对原省局直属局下移福州市管征的，年纳税在 100 万元以上的 35 户企业进行检查，共查补税款 8195.26 万元。对集贸市场和加油站税收进行专项整治，共组织专项整治行动 1518 次，参加行动人员 3229 人次，检查 5957 户，查补税款 7600 万元，滞纳金 307.36 万元，罚款 828.50 万元，没收违法所得 63.35 万元。破获国家税务总局、省公安厅督办的"3·12"制贩假发票团伙案。经过4个多月调查取证，将4名主犯移送检察院起诉，并暂扣税款9.57万元。对涉案的40多户企事业单位进行发票调换工作，查出假发票300份，涉案金额319.27万元，涉及假票使用人62人，对35户假票使用人作出处理。

是年，全省地税各级稽查部门根据规范账户管理的规定，将"税务稽查收入账户"全部予以撤销。春运期间，地税系统稽查部门集中力量对车站、码头、宾馆、餐馆等主要集散地和公共场所突击开展打击制售假发票违法行为的统一行动，全省地税系统参加联合执法人员3445人，检查户数3044户，发现发票违章违法259户，违规发票5451份，查补税费33.9万元。7月，省公安厅、省国税局、省地税局联合开展打击路面兜售发票专项行动，组织人员近200人次，两次对福州市区车站、宾馆、酒楼、超市等周边5个兜售发票重点路段实施打击行动。抓获9名兜售发票人员，当场查获有奖定额发票等5种3600多份。是年，省地税系统稽查部门重点对加油站、房地产业、金融业、餐饮娱乐业、事业单位、社团组织以及高收入群体等开展专项检查，查补税费1.74亿元。

2003年5—7月，省国税局对普通发票用票户99883户（其中，国有企业6223户、集体企业9463户、私营企业19539户、个体企业45340户、联营企业950户、股份制企业4034户、外商投资企业3131户、港澳台投资企业3438户、其他7765户）进行检查，发现未按规定领购发票19户、未按规定开具发票1238户、未按规定取得发票189户、未按规定保管发票322户、未按规定缴销发票547户、未按规定印制发票1户。对上述有问题户进行处罚，罚款金额达100.21万元；补缴税款395.58万元。省国税稽查部门先后对福利企业及电信、房地产等行业进行专项检查。全省通过自查和税务检查共查补1855.96万元。其中，税款1729.16万元，滞纳金29.06万元，罚款97.74万元。"免、抵、退"税生产企业1938户开展自查，自查补税509.61万元，另调减免抵税额20.07万元；列入税务检查385户，查补税款851.11万元，加收滞纳金16.24万元，罚款50.26万元。是年，省国税局、省地税局、省公安厅三家联合挂牌督办的6起案件均破获。

是年，地税系统各级税务机关采取纳税人自查自纠、重点检查、民主评税等措施，开展集贸市场专项整治。通过整治，纳税户自查5308户，自查补税170多万元；重点检查11614户，查补税费695万元；清出漏征漏管户5679户，管户增加10%，补税571.8万元，增加建账户2374户；调整定额户21754户。稽查部门重点对旅行社、建安房地产、个人所得税、物业管理等开展检查，全省共查补税费1.33亿元。

2004年，省国税稽查局牵头组织，对汽车市场、货物运输企业、医药生产及购销企业、房地产、啤酒行业等领域的税收进行检查。检查各类纳税户13901户，查补各项收入20032.09万元。在上述5个领域之外，由各设区市国税局组织检查，查补税款 1180.26 万元、滞纳金 72.62 万元、罚款 53.72 万元。省国税局与公安厅联合查处"9·3"出口骗税案，该案采取虚构货物的品名、数量、金额等手段，累计开具内容不实的增值税专用发票 1707 份。查处追缴被骗取的出口退税款 1305 万元，并处罚款 2610 万元，案件移送公安机关追究刑事责任。完成总局交办的协查案件 14 批，涉案企业 1289 户，核查发票 10153 份，追缴税款 1.2 亿元，滞纳金 109.35 万元，罚款 6091.93 万元。其中"长兴 1·9 案件"涉及福建企业 936 户，接受增值税专用发票 5776 份，查实后补回税款 2235.68 万元，罚款 2219.67 万元，加收滞纳金 1.95 万元。同时，以此为线索延伸对布料批发行业进行税收检查，补缴税款 1002 万元。省国税稽查局对总局稽查局提供的涉及福建省 17 户高等教育出版社图书发行代理单位信息 16425 条进行核对检查，发现有问题企业 3 户，查补税款 23.6 万元，滞纳金 0.5 万元，罚款 1.25 万元。查处涉税举报案件 494 件，查补收入 1487.80 万元，其中，税款 1286.40 万元，滞纳金 88.31 万元，罚款 113.09 万元。发出委托协查 10260 起，涉及发票 279727 份，查补税款 1067.83 万元，罚款 400.62 万元。收到受托协查发票 99213 份，协查后有问题发票 1387 份，查补税款 1316.49 万元，罚款 41.24 万元。

省国税局、省地税局、省公安厅下发《关于打击虚开货物运输发票和制售假发票等涉税违法犯罪专项整治行动工作方案的通知》，联合部署开展打击虚开货运发票、虚开废旧物资发票、虚开农产品收购发票、伪造海关进口完税证、虚开增值税专用发票、制售假发票等涉税违法犯罪专项整治行动。共重点检查企业 285 户，累计查处虚开（制售）假发票 2957 份，查补税款 308.01 万元、罚款 14.96 万元、滞纳金 18.24 万元。移送公安机关涉税案件 2 件。同时，公安机关共捣毁假票窝点 3 个，收缴发票 117889 份，收缴假公章 900 多枚。

是年，地税系统稽查部门重点检查货物运输业 432 户，查补税费 1132.8 万元；检查建安房地产业 550 户，查补税费 1.34 亿元；检查全省大中院校、私人诊所个人所得税 524 户，查补税费 3304.7 万元；检查私人医疗机构 62 户，查补税费 550.95 万元；检查旅游业 37 户，查补税费 89.43 万元。6 月，开展汽车市场专项检查，全省出动 458 人次，检查企业 196 户，查补各项地方税费 180.8 万元。

2005 年 4 月，省国税局对废旧物资回收企业及用废企业、房地产企业、龙岩市水泥生产企业、漳州市以农副产品为原料的生产加工企业等重点行业及企业等开展税收专项检查。共自查企业 8531 户，自查补税 4882.16 万元；税务部门检查 3288 户，发现有问题 1468 户，查补税款 9109.01 万元，罚款 909.15 万元，滞纳金 291.29 万元。各级国税机关根据本地实际情况安排的其他专项检查，查补各项收入 4763.45 万元。5 月，省国税局与省地税局、省公安厅联合部署开展打击虚开货运发票、虚开废旧物资发票、虚开农产品收购发票、伪造海关进口完税证、虚开增值

税专用发票、制售假发票、骗取出口退税等涉税违法犯罪专项斗争。共查处虚开
（制售）假凭证份数 506 份，查补税款 575.19 万元，加收滞纳金 125.16 万元，罚
款 179.59 万元。

是年，查处"12·2"专案涉及晋江等的 5 家生产企业，共追缴增值税 1431
万元，并处 1 倍罚款。对 18 户外贸企业接受虚开增值税专用发票作出处理，共追
回已退税款 2515.23 万元，不予退税 401.82 万元。全省共委托发出协查函 1767
起，涉及增值税专用发票 19540 份，经协查确定有问题发票 639 份，查补税款
503.04 万元，罚款 68.13 万元。受托收到协查发票 12039 份，经查实有问题发票
1911 份，共计查补税款 1130.31 万元，罚款 421.72 万元。完成手工协查案件 15 批，
涉及企业 1430 户，核查发票 10647 份，追缴税款 1.25 亿元，加收滞纳金 145.28 万
元，罚款 6565.3 万元（主要协查案件有："江苏涟水 2·26 案件"，涉及省内企业
228 户，专用发票 1032 份；"夏都专案"涉及福建晋江 5 家企业，增值税专用发票
205 份；"12·6"、"12·8"出口骗税案件，涉及省内供货企业 204 户，增值税专用
发票 3601 份；"8·9"案件，涉及福建泉州企业 14 户，专用发票 744 份）。

地税系统稽查部门重点检查房地产行业 505 户，查补税费 1.01 亿元；检查建
安行业 532 户，查补税费 6814.63 万元；检查金融保险业 104 户，查补税费 1138.6
万元；检查邮电通信行业 56 户，查补税费 284.44 万元；检查煤炭行业 15 户，查补
税款 245.27 万元。全省共查补税费 1.86 亿元。

表 3-3　　　　　　　1994—2005 年省国税系统税收稽查情况表

年份	稽查户数（户）	稽查立案户数（户）	稽查补税、罚款、滞纳金（万元）	移送公安案件数（件）
1994	5567	2050	52817	—
1995	7943	2485	57220	—
1996	8847	2653	49027	—
1997	9448	2237	54039	17
1998	13062	3755	74724	64
1999	11578	3728	62852	182
2000	8132	2809	43147	142
2001	8350	3000	45979	281
2002	10501	4005	52225	321
2003	10519	4511	35460	133
2004	13901	9046	60684	161
2005	13711	7343	50342	180

表 3 - 4 1997—2005 年省地税系统税收稽查情况表

年份	稽查户数（户）	稽查立案户数（户）	稽查补税、罚款、滞纳金（万元）	移送公安案件数（件）
1997	33316	18025	55171	28
1998	37063		79800	133
1999	28261	10604	95000	42
2000	23290	12096	79600	47
2001	15952	7939	77300	48
2002	9602	5889	50600	47
2003	5911	4284	30400	49
2004	5254	3718	39152	11
2005	4919	3787	45421	26

第五节　税收核算

1989 年后，省税务局执行国家税务局重新修订的税务计划、会计、统计工作制度，在会计部门增加管理税务经费，从省到县实行垂直管理；在计划编制、会计核算、统计指标方面，增加涉外税业务项目；在会计制度中增加国营企业利改税、工商税制的复税制体系等相关内容；在税收计划的编制、分配和会计核算等方面增加分级财政预算项目，同时将税收会计核算的单式记账法改为复式记账法。1994 年 7 月，贯彻《国家税务总局关于两套税务机构分设计会统业务问题的通知》，国税系统、地税系统的计划、会计、统计业务按照各自征收管理范围进行分解。

一、税收计划

（一）计划编制

1989 年，在税收计划的编制中，福建税务机关遵循"从经济到税收"和"从实际出发"、"积极可靠"的要求，在各地进行调查测算的基础上，采取自下而上、自上而下的方式，以国民经济和社会发展计划、现行税制、现行价格、上年税收预计完成数和影响当年税收增长的主要经济因素等五个方面为主要依据，按年度、按季节、按月份编制税收计划，也有按年度计划和季度计划两种编制。工商税收计划层层分配下达，将编制工作落实到各基层税务部门。

1994—1998 年，省国税局、地税局收入计划编制以基数法为主，以"GDP 税收负担率"作为分配税收计划的基本指标。2000 年后，以基数法为主，结合 GDP

税收负担率法、税收弹性系数法等编制计划。

从 2002 年起，省地税局在税收计划外，根据缴费人数、缴费基数、参保面、社会平均工资等指标数据，以及计划期工资增长率、扩面、提基数目标等，编制基本养老保险费和失业保险费征收计划。

2004 年，在编制计划时，研究历史税收收入变化规律，对比经济和税源发展互动情况，建立增减因素档案，分析税收增减变化的原因。并开展税种、行业的结构性专题分析，开展税收能力估算，增强收入预测的科学性和组织收入工作的指导性和前瞻性。

2005 年，省地税局编制"十一五"地税收入计划，引入统计模型预测结果作为收入计划编制的参考。要求各级税务部门在对整体税源全面掌握和实事求是预计的基础上产生预测数，上报上级税务机关确认后成为计划数，并经层层汇总形成各级的税收计划。上级税务机关对下级的预测数并非简单的汇总，还要利用宏观经济研究预测的成果对各地预测情况进行检查，发现差距过大的协调沟通，并在下级认可后进行修订。

（二）计划分解

1994—2005 年，确定收入计划总目标后，省国税局、省地税局均参考各设区市计划期 GDP 和财政收入增长目标，以及当地税源状况，按照平衡的原则，将收入任务分解到各设区市。各设区市再行分解到县（区）征收单位。全省税收计划经确定后，一般不进行调整。在收入波动明显的年份，部分地市根据税源发展和税收政策变动情况，也会对税收计划进行局部调整。

（三）计划执行分析

1989—2005 年，全省各级税务计划部门每月对税收的多少、收入的好坏、收入中存在的问题进行分析，将收入分析的重点转移到收入情况是否正常、收入增长与经济发展是否协调、收入过程是否符合组织收入原则上来。在此基础上，结合不同阶段的工作重点，按地区、阶段、税种、行业进行专题分析，及时发现税源变动、税收增减的原因及征管存在的漏洞等。

二、税收会计

1989 年，各地市税务局对国库制度的贯彻情况进行检查。1990 年，全省税务系统加强基层所会计建设，清查税收总账、税源税额登记簿、滞纳欠税登记簿、票证出纳账等；继续开展评选优秀填票员活动，重新修订《关于优秀填票员考核暂行办法》，放宽参加竞赛对象的条件，使 80% 以上的填票员都能参加。全省评出优秀填票员 786 人，填票综合差错率为 1.99%，比上年下降 41.5%。做好与金库对账工作。省税务局对税收会计工作进行改革，扩大核算范围，从申报环节开始，全面掌握应征收税款、滞纳欠税、减免还贷等税款征前情况。在会计科目上增设"应结款项"、"待结款项"、"减免款项"三个一级科目。税收会计分为县级局和征收所（分局）两级核算。征收所（分局）核查从申报到上解的过程，县级局核查从上解到入库的过程。记账方法由"收付记账法"改为"借贷记账法"。12月，省税务局开展国库资金报解、入库情况调查。各地税务局也组织力量重点检查基层税务所的税款汇解情况，特别加强对农村税务所自收、代征、代扣和汇解税款的检查。

1991年，执行《国家税务局关于检发〈税收会计改革方案〉和〈税收会计核算试行办法〉的通知》，在邵武市、福鼎市税务局开展税收会计改革试点工作。其他地市仍按原办法执行，即计财部门主要核算税款的入库数，应征税款由征管业务部门统计，减免税金、欠缴税金、查补税金由统计核算完成。原办法的缺点是，滞留在各专业银行（即国库经收处）和税务所、业务科的在途税款无法核算。4月下旬，省税务局召开各地市计会科长会议，部署税收会计改革工作，确定福州市马尾区税务局、厦门市外税分局、泉州市直属分局、漳州市龙海县石码分局、宁德地区福鼎县城关税务所、南平地区邵武市税务局为试点单位。各试点单位成立领导小组，加强领导。对试点单位增配微机，拨给专项经费，增配专职会计人员，选送有关人员参加国家税务局在江西省举办的"税收会计改革培训班"学习。

1995年，省国税、地税部门执行国家税务总局颁发的《税收会计核算办法》。

从1996年1月1日起，省国税、地税两个系统实施税收会计改革。将税收会计的核算起点从原来的征收环节开始，改为从申报环节开始，把应征税款、减免税款和欠缴税款纳入会计范围，对税金从应征到入库的全过程进行完整核算。按每个纳税人设置分账户进行明细核算。将原来的"收付记账法"改为"借贷记账法"，设置"资金来源类"和"资金占用类"等18个税收会计总账科目，按业务需要设置相应的二级、三级明细科目。对税务部门组织的应征、征收、减免、欠缴、上解、入库和提退税款等过程进行全面、系统的核算。

1997年2月，省国税局下发《关于整顿国税系统会计工作秩序情况的报告》，各地成立整顿会计工作领导小组，开展自查。在自查基础上，组织抽查面达30%。

1998年，执行国家税务总局的"税收会计制度"，加强在查补税金、呆账税金和滞纳金、欠税、代征代扣税款、行政性收费以及退库税款上的核算管理。

1999年11月，各级国税部门完成财务会计电算化培训和推广运用工作。

2000年3月，各级国税机关对所属单位计算机和手工记账并存的实际情况进行检查评比；6月，实现财务核算电算化。省国税系统会计统计工作执行《关于2000年税收会计统计报表及有关事项的通知》，取消若干项目。

2003年，省地税系统规定税收会计有10种报表：《税收资金平衡月报表》、《入库税金明细月报表》、《应征税金明细月报表》、《待征税金变动情况月报表》、

《提退税金明细月报表》、《减免税金明细月报表》、《查补税金及税款滞纳金、罚款收入明细月报表》、《滞纳金明细月报表》、《代征代扣税款明细月报表》、《待清理呆账税金明细月报表》。以上税收会计报表平时为月报表，到 12 月份则为年报表。

2004 年，省国税局决定对全省国税系统 2003 年 7 月至 2004 年 6 月的税收会计、执行情况开展检查。检查的内容主要是税收会计核算和各类数据的上报是否完整、真实。重点是应征税金、欠缴税金的核算和上报的真实性，是否按规定进行呆账税金清理和欠缴税金、滞纳金的核算，减免税金的核算是否完整，代征代扣税款是否按规定核算。

三、税收统计

1989 年，各地市完成省税务局统一部署的统计分析调查。1990 年，省税务局下发《关于配合银行开展国库资金报解、入库情况调查通知》，各地税务局组织力量，检查基层税务所的税款汇解情况，特别是农村税务所自收、代征、代扣和汇解税款的执行情况，检查面达 1/3 以上。

1991 年，开展税务系统会计统计报表评比。评比方法：以各报送单位的月报、季报的评审记录和年报会审记录为依据，手工审核与计算机审核相结合，技术性审核与政策性审核相结合，采用扣分制办法，扣分少则为优。月报、季报表半年通报一次；年报会审后，进行综合评比并通报全年情况。

1992 年，国家税务局对 1991 年税收会统年报进行会审和评比，省税务局获三等奖。

1994 年，省税务系统的税收会计部门统一使用国家税务总局的 KTPC 软件。省税务局下发《关于实行"分税制"财政体制后税收会计、统计、票证工作有关问题的通知》，对各项收入入库级次作出明确规定。9 月，省国税局、省地税局联合发文，对税收计划、会计、统计业务按照已经明确的两套税务机构征收管理范围进行划分。10 月，省国税局、省地税局联合下发《关于工商税收收入分解计算口径的通知》，对一些按征管范围不易分解的税种，按省国税局、省地税局拟定具体计算公式分解。

1995—1999 年，省地税局根据新税务统计报表的有关制度，自下而上形成一套税务统计报表编报体系：各税收会计核算单位根据各种税收原始凭证建立健全统计台账，再根据统计台账的有关数据编制原始统计报表。各级汇总单位根据下属单位编报的同类统计报表进行汇总编报。各级税务机关在编制税务统计报表时还要对数据的真实性、准确性和报表口径等进行审核、把关。

2000 年，省地税局启用"征管信息系统"软件的会计、统计模块，数据经县、市审核后上报省地税局。

2004年，省国税局下达免抵调库指标，用于办理2004年1月后报关出口货物所发生的免抵调库。从是年起，国家税务总局开发应用"TRS会统软件"，省国税局在汇总各地征管信息系统数据基础上再导入"TRS会统软件"中上报国家税务总局。省国税局要求各地会计、统计报表新增设"国有控股（含控资）"栏目；从2005年1月1日起，各地车辆购置税并入《入库税金明细月报表（二）》进行统计，其余会统报表如有涉及车辆购置税项目的一律不填报。

四、税收票证

1989—1993年，福建省税务部门对税收票证领发实行"分级负责、逐级领发"的原则，并根据实际用量合理确定票证蓄存量。使用税收票证执行"十不准"：不准用缴款书收取现金；不准用完税证代替缴款书；不准用其他凭证代替税收票证；不准用税收票证代替其他收入凭证；不准用白条子收税；不准开票不收税（赊税）；不准收税不开票；不准几本（同类）票证同时使用；不准跳号使用；不准互相借用票证。

1994年7月，省国税、地税两套机构分设后，按现行制度规定，使用税收票证。各地税务部门事先做好税收票证的缴销、清理、分配工作。基层开票人员手中的税票进行全面清缴、封存，统一销毁；继续使用的税票要按机构分设后的业务情况进行合理分配，保证正常使用。各级国税、地税计会部门加强工作协调，互相提供税收会计、统计报表和资料。地税系统为与国税区别，税票用手工加盖"地"戳记。

1995年，对自收现金税款的税务人员、扣缴义务人和代征代售单位（人），重申按规定程序向票管员办理票款结算、票证销号和缴销手续。同时执行税款结报缴库"双限"制度：自收现金税款的税务人员、扣缴义务人和代征代售单位（人），当地设有国库经收处的，税款应在当日结报缴库，当日来不及的，必须在次日结报缴库；自收现金税款的税务人员、扣缴义务人和代征代售单位（人），当地未设国库经收处的，税款结报缴库限期及额度为税务人员5日、0.3万元，代征代售单位1个月、1万元，代征代售人1个月、0.1万元；扣缴义务人应按税法规定的申报期限或税务机关主管部门的规定执行。以上税款结报缴库达到限期或额度，即应结报缴库（节日、假日顺延）。

1998年，下发《福建省国税系统税收票证管理实施办法》，规范税收票证的使用与管理。11月，省国税局下发《关于启用新的税收票证的通知》，规定现行税收票证如税收通用缴款书、税收汇总专用缴款书、税收通用完税证、税收小额完税证、代扣代收税款凭证、税收收入退还书和税票调换证等7种票证延期使用至1999年6月30日止，新的税收票证于1999年1月1日启用。新旧税收票证同时使用期间，各级征收单位按先领先用规定办。

2002 年,省国税局对全系统税收会计票证进行抽查。主要问题有:应征、待征数核算、上报不实;征收范围有错误;账、表、证金额不符,年度结转账有错误;代征税款税票填写不规范;稽查核算以入库数核算应征数,少报欠税和延压税款。12 月,省国税局下发《关于重申销毁已停用税收票证的通知》,规定凡是 1999 年以前(不含 1999 年)各种票证、已停用的印花税票和字别码 2001 年以前(含 2001 年)的"出口产品专用缴款书"及"出口产品完税分割单",应于 2002 年 12 月 20 日之前进行集中清理销毁。

2003 年 10 月,省地税局下发《福建省地方税务系统发票、税收票证专库管理办法》,要求县、区地税局的税收票证管理、发票库房建设规范化。

2005 年,三明市地税局将基层分局库房规范化建设列入年度的税收票证"三项试点"(代征代扣税收票证管理规范化、税收票证档案管理规范化、税收票证库房建设规范化)工作,在三元区、将乐县开展试点。税收票证的保管实行"四专"(税收票证专人、专库、专柜保管,携带票证使用专用包)、"六防"(防盗、防火、防潮、防蛀、防鼠、防丢失)制度。各级地税机关执行"票清离岗"制度,编制"税收票证移交清册",由本级地税机关领导审查核准。定期盘点票证,保证账实相符。对保管期满的税收票证,指定人员负责清点、复核,编制"税收票证销毁清册",上报批准后销毁。销毁时,由各县(市)、区地税局票证、监察部门派员共同监督。

第六节　信息化建设

1989 年,税务系统中应用电话拨号联系方式实现地区与省局、省局与总局之间的数据传输。在税收计划、税收统计、税收会计以及文字录入方面已经应用计算机进行处理。个别县级局在税收征管领域也开始开发使用计算机技术。福州市税务三分局,自行开发并投入使用的应用软件有"发票销售管理"、"纳税申报与开票"、"税务登记"和"税款核销"等系统。

1990 年,省税务局开始建设"机关局域网"实现省局机关各处室之间的数据传输。

1994 年国地税机构分设后,计算机技术应用的范围进一步扩大。

一、省国税系统

(一)基础设施建设

1. 计算机设备

1994 年,省国税系统有微机 300 多台,其中内存在 286MB(包括 286MB)以下的占 117 台。

1997年，省国税系统各地市局均建设微机局域网。11月，省国税局下发《关于1997年县市局域网和计算机设备配备意见的通知》，对全系统的计算机及附属设备进行调查，并按照国家税务总局《关于1997年度计算机类设备选型采购范围等问题的通知》，购置小型机、PC服务器、微机、UPS（不间断电源）、打印机、网络设备。

2000年，省国税局执行《国家税务总局关于2000年税务系统计算机类设备购置范围的通知》，对办公自动化和征管改革计算机类设备继续进行补助。全系统投资1亿多元，购置各类计算机及网络设备7000多台（套）。

2001年2月，"金税工程"二期工程正式启动。省国税局成立"金税工程"协调小组，对全省工作进行部署，分发安装小型机、PC服务器、微机、UPS（不间断电源）、打印机、网络设备等5批次3000多套。

至2003年12月，全省国税系统共有各类小型机35台，PC机1.2万台，PC服务器442台，投入运行的局域网344个，上网运行的工作站1万台，各类打印机6000台。

2005年，实现干部人手1台计算机。

2. 计算机通信网络

1994年，省国税局机关建立基于NOVELL操作系统的局域网络，带宽10M。县区级国税机关基本没有局域网络，多数计算机还处于单机运行状态。

1995年，开始建立基于NOVELL系统的省国税局与地市国税局的广域网。10月，开始建设与全国税务广域网联网的一期工程。

1996年5月，省国税局开通国家税务总局和福建省、地市X2.5线路，12月，完成广域网向县区国税局的延伸。

1997年初，将NOVELL系统的局域网改造为基于NT网。地市国税局及部分县级国税机关局域网络逐步建立。4月，国家税务总局及省、市、县的NT网，省、市四级X.25/9.6KBPS广域网络全面开通，实现远程计算机通信。

1998年，市、县级国税局机关局域网络也逐步改造建设成100M带宽NT网。

1999年12月，省国税局着手进行全省广域网从X2.5向帧中继的转换。

2000年12月，对国税广域网进行提升速度。省到市带宽128K，市到县带宽64K；有130个分局也纳入该广域网，其余分局仍通过拨号联网。在此期间，各级国税机关均建立内部机关网站。省国税局在互联网上建立"福建国税（INTERNET）网站"，面向社会，宣传税收。

2003年9月，省国税局用SDH组网方式，开通省、市、县、分局四级广域网络，末端节点带宽2M，全面覆盖每个基层分局，共有365个节点。省、地广域网接口采用155MSTM-1模块，并将原有广域网线作为备份线路。

3. 机房及配电系统

1997 年 4 月，对全省国税系统已建和在建的计算机机房场地的建设、面积、场地选址、土建装潢、供电线路、消防系统、通信电缆敷设等，进行建设摸底统筹。

1998 年 9 月，下发《福建省国税系统办公楼综合布线建设管理办法》，规范县级以上新建（含改建、装修）办公综合用房的审批程序。

2000 年 6 月，制定《县（区）级国税局计算机机房建设标准》，对机房组成、建筑要求，机房的环境要求，计算机机房空调设备，计算机机房浪涌过电压保护，计算机机房接地、静电保护、消防安全、改建方案以及承建单位的资质等进行规范。10 月，省国税局筹集资金 2000 多万元，重点加强机房温湿度、防雷、防火、防静电和供配电的配套建设。

2003 年 6 月，省国税局信息中心计算机机房在新办公楼按 5A 级标准进行建设。

（二）软件开发及应用

1. "税收会统（SSKT）软件"

1994 年，省国税局从部分地市抽调计算机技术人员和计统人员组成攻关小组，开发"税收会统（SSKT）软件"。1995 年，该软件在建瓯市国税局进行试点后，在全省推广。该软件的主要功能有：从税收的应征、入库凭证开始进行会计核算，分别对应征税款、欠税税款、在途税款、现金流量等进行核算，由计算机自动生成账册和报表，使原来由分局（所）作为一级核算单位改为由县级统一核算，由征收数开始核算改为由应征数开始核算，加强对欠税税款、在途税款、现金税款的管理，使县级机关能及时掌握所属基层单位的税源变化、税款征收收入和欠税等情况。该软件作为税收会计软件与当时各地的税收征管软件相衔接，从征管软件产生相应的数据或通过纳税申报数据的输入产生原始凭证，进行会计账务处理。此外，该系统还对税票进行审核，对编码的合法性、准确性进行检查，对入库税票进行上解和入库销号处理，对税票的使用进行登记管理。1996 年，"税收会统（SSKT）软件"在全省推广使用。软件运行后，每年都根据国家税务总局会计改革以及报表变更的要求进行报表生成，设定统一的账务处理并下发各地使用。2003 年 11 月，推行"中国税收征管信息系统（CTAIS）软件"，不再使用"税收会统（SSKT）软件"。

2. "公文处理系统（ODPS）"

1999 年，省国税局机关推广应用国家税务总局统一开发的"公文处理系统（ODPS）"。2000 年 3 月，下发《关于做好〈公文处理系统（ODPS）〉远程封发工作的通知》，推广到 9 个设区市国税局及部分县国税局。2001 年 6 月，对"公文处理系统（ODPS）"进行修改完善，将公文办理归并为几个部分：收文处理：包括收文登记、填收文件理签、分送、拟办、批办、注办、催查办；发文处理：包括拟稿、分送、审批、审核、会签、签发，发文编号，排版校对、封发；立卷归档：自动组卷、案卷目录、专题目录、案卷文件利用登记；文件查询与统计、辅助功能、通告栏。2001年底，在福建测试"公文处理系统（ODPS）"3.0版，形成"公文处理系统（ODPS）"4.0版。2002年8月，县级以上的国税局机关全部推广应用"公文处理系统（ODPS）"。

3. 征管软件

从1995年开始，福州市国税局等7个征管改革试点单位在确立新的征管格局之后，相继开发出基于处理税收申报数据和进行查询应用的计算机应用软件，着手采用信息化手段支持征管格局转变。各地国税局多数采取自行开发征管软件的方式，以县（市、区）国税局为单位，推行征收电脑化管理。

（1）"福建省国税管理信息系统（FJGSMIS）"软件

1996年8月，省国税局信息中心抽调部分地市国税局技术骨干，用3个月时间研制开发完成此软件。该软件，是以WINDOWSNT网络操作系统为平台，以VISUALFOXPRO5.0为数据库开发工具，完成基层税收征管业务的计算机化处理，实现征管改革所要求的各项功能。其功能模块为：税务登记、申报征收、纳税核定、发票管理、票证管理、计会处理、综合查询、稽查管理、系统维护。它基本上涵盖税收业务的各个方面。

1997年5月，该软件在漳浦、闽清县国税局和泉州市国税直属分局投入试运行。9月，召开专题会议，试点单位汇报总结软件运行情况，提出业务需求和意见，并下发《关于加强税收征管软件开发应用管理工作的通知》。11月，省国税局信息中心根据有关业务部门提出的意见和征管软件存在的问题，再次召集部分地（市）、县局的技术人员，对征管软件的修改、外税业务的增加、技术手册和操作手册的编写以及软件后期的开发等问题，进行研讨和解决。此后，召开该软件演示推广会，征管软件在福州、漳州、泉州、莆田、南平、三明、宁德、龙岩等设区市国税系统的43个县（市、区）推广。

1998年，全省国税系统各种硬件配备初具规模，基层征收单位运用计算机管理的纳税户超过30万户，95%以上的税款通过计算机征收。

2003年11月，推行"中国税收征管信息系统（CTAIS）"软件，"福建省国税管理信息系统（FJGSMIS）"软件退出使用。

（2）"中国税收征管信息系统（CTAIS）"软件

2000年2月，福州市、厦门市作为国家税务总局试点单位，成为福建省首批"中国税收征管信息系统（CTAIS）"软件上线运行单位。3月，省国税局下发《省国税局关于推广应用"中国税收征管信息系统（CTAIS软件）"工作的意见》、《省国税局关于加速全省国税系统税收信息化建设的实施意见》，推广"中国税收征管信息系统（CTAIS）"软件。

"中国税收征管信息系统（CTAIS）"软件，包括管理服务、征收监控、税务稽查、税收法制、税收执行、市局管理监控和系统维护7个系统，涵盖国税部门所有的征管业务，并兼顾对地税业务的可扩充性。系统集分析、管理、监控于一身，是一个以基层征管为核心、以局域网为背景的市级大型应用系统。它的每个子系统都设有若干模块、子模块，覆盖绝大部分税收征管业务。具体包括7个系统：管理服务子系统，主要处理税务登记、一般纳税人认定、发票管理、减免退税、核定税额、增值税专用发票交叉稽核、信息采集、待批文书、证件管理、资料管理、档案管理等业务；征收监控子系统，主要处理申报征收、稽核评税、税收计划、税收会计、税收统计、票证管理等业务；税务稽查子系统，主要处理稽查选案、稽查实施、稽查审理、稽查案卷管理等业务；税收法制子系统，主要处理违法违章处罚、税务行政复议、行政诉讼、行政赔偿等业务；税务执行子系统，主要处理税务文书送达、税收一般执行、保全、强制执行等业务；市局管理监控系统，主要处理税务机关征管质量考核、分析监控、统计查询、报表管理等业务；系统维护子系统，主要负责各项业务的维护管理。

2001年3月，省国税局先后下发做好推广应用"中国税收征管信息系统（CTAIS）"软件准备工作的通知和前期准备工作验收考核办法，督促各地做好推广应用该软件的前期准备工作。

2002年1月，下发《关于今明两年在全省范围推广应用CTAIS系统的工作意见》。3月，下发《关于推广应用"中国税收征管信息系统（CTAIS）"软件工作的意见》，建立以集征管、监控、决策、考核于一体的高平台税收信息管理系统，实现全省国税机关以征管业务为主的全面联网运行。

2003年，下发《推行中国税收征管信息系统（CTAIS）软件工作方案》，方案对推行"中国税收征管信息系统（CTAIS）"软件的最终目标、应把握的基本原则、组织领导、实施步骤、进行系统运行的时间方法都作了明确的规定。5月，全省的增值税纳税评估软件安装到位，并对率先实行网络申报的增值税一般纳税人进行纳税评估。在所得税方面，7月底前由省国税局业务部门和信息中心以及"中国税收征管信息系统（CTAIS）"软件推行到位的福州、泉州、莆田市国税局配合完成对"中国税收征管信息系统（CTAIS）"软件纳税评估子系统的测试工作；外税方面，以当时审核评税为基础，于2003年底前着手以"中国税收征管信息系统（CTAIS）"软件1.05版的所得税评估系统进行外资企业所得税纳税评估整合试点。11月，有5个设区市局相继上线。

2004年12月，组织业务技术骨干分组对全省（不含厦门单列市）"中国税收征管信息系统（CTAIS）"软件运行管理情况进行检查，全省在该软件中总登记户数为363847户（其中企业户数131682户、个体户数232165户），一般纳税人

44778 户，停业户数 4170 户，非正常户数 26278 户，通过"中国税收征管信息系统（CTAIS）"软件核算的税收收入为 3520609 万元，"征管六率"中申报率达 96.8%，入库率为 95.66%，欠税增减率为 32.1%。到 2005 年，省国税局系统该软件运行正常。

（三）"金税工程"

1994 年，福建推行国家税务总局的金税工程。金税工程由 1 个网络、4 个子系统构成。即：国家税务总局与省、地、县国家税务局四级计算机网络，增值税防伪税控开票子系统、防伪税控认证子系统、增值税稽核子系统和发票协查子系统。福州、厦门两市作为全国 54 个试点单位接入全国专用发票比对系统。

1996 年，省国税局推行"金税工程"增值税防伪税控系统，该系统包括税务发行、企业发行、发票发售、报税、认证、开票 6 个子系统，当年福建省 34 户需要开具金额在百万元以上专用发票的一般纳税人全部纳入防伪税控系统。

1999 年 12 月，下发《关于印发〈增值税防伪税控系统管理办法〉的通知》，对防伪税控系统各环节的管理进一步明确细化，制定具体实施细则。12 月止，省国税局共推行 1495 户企业，占所有一般纳税人的 6%。

2000 年 5 月，下发《福建省全面推广应用增值税防伪税控系统的实施方案》。11 月，将全省认证子系统建设工作在首批"金税工程"单位建设工作同时进行，把认证子系统发放到各办税厅。12 月，下发《增值税防伪税控开票子系统实施方案》，层层签订《推进金税工程责任状》，制定《增值税防伪税控系统管理实施细则》、《推行防伪税控系统廉政工作合同》、《技术服务单位组建办法》、《技术服务工作规范》、《增值税防伪税控系统企业售后服务合同》、《资金管理办法》、《培训操作规程》等一系列规章制度。12 月，省国税局顺利完成 7890 户防伪税控系统的推行工作，占当年全省增值税一般纳税人的 31.47%。

2001 年，省国税局成立"金税工程"建设协调小组，负责全省国税系统工程建设和运行初期的组织协调工作，抽调流转税、征管、信息中心以及稽查局等四个职能部门骨干负责此事。1 月 15 日，省国税局先完成金税二期工程的网络建设、网络联通和机房工作，基本完成基础系统建设工作。3 月，省国税局在金税工程总体实施之前下发《"金税工程"工作分解进度表》，在省国税局网页上开辟"金税工程"栏目，加强工程进度的信息反馈。各市、县（区）国税局成立"金税工程"指挥部。5 月，省国税局下发《福建省"金税工程"倒计时工作方案》和《关于全力以赴做好"金税工程"开通前的各项工作的紧急通知》，同时下发《关于进一步深化增值税日常稽核工作的通知》，要求做好基础指标数据的录入、核实、清理留抵税款等前期基础工作。6 月，省长习近平到省国税局下达福建省"金税工程"正式联网运行指令。7 月，省国税局实现从国家税务总局到省、市、县国税局的四级网络全部联通，率先实现"金税工程"二期设计思路中的第一个"全面覆盖"。省国税局流转税处从7月开始每月初对上月份"金税工程"稽核系统数据运行情况进行通报。10月，省国税局表彰"金税工程"建设过程中的先进单位和先进个人。11月，下发《关于进一步加强数据审核关口前移工作》，加强一般纳税人档案信息的管理，加强红字抵扣联认证审核工作。12月，全省一般纳税人总数25827户，存根联采集总数119.96万份，存根联采集率99.99%，抵扣联采集总数105.15万份，相符率99.86%，纳入防伪税控申报户10530户，申报率占一般纳税人总数40.77%。

2002年，省国税局下发《关于加快全省国税系统税收信息化建设的实施意见》，成立信息化工作领导小组。负责"金税工程"的征管业务、行政管理、技术支持保障等工作。

2003年，"金税工程"二期实现"全面覆盖"。3月，省国税局转发《国家税务总局关于进一步明确推行防伪税控系统和"金税工程"二期完善与拓展有关工作的通知》。7月，省国税局对所有增值税一般纳税人，通过防伪税控开票子系统开具专用发票，全部取消手工版专用发票。年底，纳入防伪税控申报户25915户，占一般纳税人总数84.78%。

2004年12月，省国税局贯彻《国家税务总局关于做好防伪税控系统服务单位监督管理工作的通知》，组织对2004年服务单位的设备销售、售后服务、收费、培训等情况进行调查，对发现的问题，督促服务单位予以整改。

2005年5月，贯彻国家税务总局的《增值税计算机稽核系统发票比对操作规程（试行）》，完成存根联、抵扣联的数据采集、审核、反馈、稽核、清分对比等各道程序。实行原始数据、采集数据、录入数据三者一致，做好地市级稽核升级系统配置工作。6月，省国税局成立监测报警系统推行领导小组。7月，该系统试运行。

（四）税务网站

1. 外部互联网站

1998年6月，宁德市国税局申请到 ndtax.gov.cn 的域名，在全国税务系统单位中较早地通过国际互联网建立起税务站点。8月，省国税局通过"169"专线开通福建省国税外部网站，域名为 fjgs.gov.cn，省国税局机关可通过该网站的代理服务器直接上国际互联网。

1999年初，省国税局将原对外网站与宁德市局对外网站合并，并委托宁德国税局日常维护。6月，对网站进行全面改版和升级，对版面与栏目进行重新设计、调整，采用大型数据库和浏览器、服务器的设计方法，提高线路带宽，扩大出口容量，并全部依靠自身技术力量进行自主设计，实现远程实时维护，保证网站内容每天更新。

2. 内部办公网站

1998 年 5 月，建立省国税局机关内部网站。年底，外网网站服务器从机关内部网中彻底断开。省国税局将外网网站与宁德市国税局外网网站整合，把工作重点转移到内部网站建设上来。对原有机关内部网站栏目进行修改。办公室、宣传处、计财处等处室，也陆续在机关内部网站开设栏目。

1999 年初，省国税局要求各地市国税局也要建立适合本单位特点的内容简洁实用的机关内部网站。4 月，组织网页制作培训，参加 120 人次。到 1999 年底，县以上的国税局都建有机关内部网站。省国税局开始利用 BBS 尝试推出网上在线办公。

2001 年 8 月，省国税局机关内部网站全部改版升级，开设通知通告类、系统督查类、工作交流类、学习园地类等 40 多个子栏目。局机关 17 个处室，分别在机关网站上建立各自的网页栏目，实现各自系列工作在网上互相交流，形成省国税局与9 个设区市国税局垂直交互式的网上办公模式。省国税局创建"支部园地"网站，设置"党建制度"、"党员情况"、"党费缴纳"、"支部工作"、"学习与交流"、"难忘之日"、"党建知识"、"荣誉之窗"等栏目，与福建省机关党建网站相链接。

2002 年 3 月，省国税局在机关主页上创建"省国税局机关办公枢纽"网站，设置"通知通告"、"总结计划"、"会议纪要"、"督查反馈"、"机关考勤"、"网络会议"、"机关党建"、"机关服务"、"备忘录" 9 个栏目，作为机关各处室、各直属单位工作联系的平台。

3. 政务信息网站

2001 年，建成"福建国税政务信息网站"。该网站开设"国税概述"、"国税要闻"、"国税收入"、"国际税讯"、"金税工程"、"税法法规"、"国税之光"、"效能建设"、"国税通联"、"税收整治"等栏目，实现省国税局与政府系统 150 多个厅局和各市县政府机关部门横向联网。

二、省地税系统

（一）基础设施建设

1. 计算机硬件设备

1996 年，全省地税系统拥有计算机 1471 台（不包括内存 286MB 以下），局域网 97 个，全省所有县级局的城区分局均已设立申报大厅，建立局域网；税源 500万元及部分 300 万元以上的基层分局、所配备至少 2 台计算机，部分也已建局域网。所有计算机中，用于征管的有 882 台，占 60%。全省有 301 个征收单位实现税收申报和统计报表的计算机管理，纳入计算机管理的纳税户有 21 万多户，使用计算机处理的纳税额约占年工商税收收入的 75%。

表 3－5　　　　1998 年地税征管信息系统主要设备配置服务器情况表

安装地点	服务器型号	数量（台）	主要配置	存储（7133 磁盘阵列）	附注
省地税局	S70	2	4＊125MHZCPU1GMEM	10＊9.1G	数据库服务器
	270	1	1＊332MHZCPU		工作站
福州、泉州、漳州市地税局	S70	2	4＊125MHZCPU 1GMEM	10＊9.1G	数据库服务器
三明、南平、宁德、莆田、龙岩市地税局	H50	—	2＊332MHZCPU 1GMEM	6＊9.1G	数据库服务器

1999 年，省地税系统建立征管信息系统的硬件平台，购置 IBM 小型机 18 台，CISCO 网络设备 382 台，2.2 千伏安以上不间断电源 274 台。

2000 年，省地税系统采购计算机 2964 台，各类票据打印机 1426 台，小功率不间断电源 1912 台，网络激光打印机 126 台，联网用各类路由器 1017 台，为基层单位的联网增加购置 CISCO 网络设备 117 台。

2001 年，省地税系统采购计算机 2157 台，各类票据打印机 615 台，个人激光打印机 202 台。

2002 年，为 9 个未分设县配备 27 台计算机，用于数据录入。

2002 年，通过征管信息系统小型机改造项目，是由 P 系列小型机和 SAN FAST 900 光纤存储组成的主机系统，作为福建地税征管信息系统数据库服务器。数据库集群采用 RAC 技术实现均衡负载。

表 3－6　　　　2002 年地税征管信息系统配置服务器情况表

安装地点	服务器型号	数量（台）	主要配置	存储（FAST 900）	附注
省地税局	P690	1	8＊1.75GHZ,40G MEM	6T	数据库服务器
	P650	1	8＊1.45GHZ,32G MEM		数据库服务器
	P650	1	4＊1.45GHZ,8G MEM		其他应用
福州、泉州市地税局	P690	1	8＊1.75GHZ,40G MEM	6T	数据库服务器
	P650	1	8＊1.45GHZ,32G MEM		
漳州、三明、南平、宁德、莆田、龙岩市地税局	P650	2	8＊1.45GHZ,16G MEM	3T	数据库服务器

2003 年，各设区市中心机房配置 40K 及 60K 的不间断电源 16 台。为实现省地税系统大联网，在购置 610 台网络设备的同时，也为 9 个未分设县配备网络设备 29

台、计算机 177 台、各类票据打印机 114 台。

2005 年，省地税系统进行计算机的更新，采购计算机 1521 台。

2. 网络建设

从 1994 年 7 月起，地税系统开展局域网络建设。省地税局机关采用 BNC 线路，各楼层以 10M 的 HUB 相连。

1997 年，在局域网中设置邮件服务器，开始在局域网内使用邮件进行信息传递。是年，国家税务总局为各省、计划单列市地税局配发 1 台 CISCO 4500 路由器，作为各省级地税单位上联国家税务总局的广域网设备。

1998 年，下发《关于全省地方税务管理信息系统和网络建设总体构想的意见》和《全省地税计算机网络系统工程建设总体方案》，对全省 IP 地址统一规划，并提出网络系统工程建设的总体方案。

1999 年，全省各地市陆续建立各自的局域网，部分地市开始建设广域网。

2000 年，对新办公楼进行布线：垂直主干采用一条光纤为主线路，一条六类线路为备份线路；水平主干采用六类线路。提升局域网络的品质。设备采用两台 CISCO 6509 核心交换机互为备份，负载均衡；主楼、附楼及各办公楼层，配置楼层交换机（视各楼层人员的多少分别配置 CISCO 3550 和 CISCO 2980，以处室为单位划分网段）。

2000 年，省地税局采购一批高中低端路由器，其中，配置 1 台 CISCO 7507、1 台 CISCO 3640 作为主路由器。实现四级单位三级联网。

至 2005 年，省地税系统有 456 个局域网，开通 316 条 FR、DDN 和 108 条分组交换的数据通信专线，构成省、市、县级局和基层分局（所）四级单位、三级网络系统，并与国家税务总局实现联网。分别提供与系统外部联网交换信息数据的统一接口标准，与商业银行、国库、国税局、劳动和社会保障局、工商局等有关部门实现外部联网交换信息数据。

（二）软件开发与应用

1994 年，计算机只是在制作报表、文字处理、简单开票等方面使用。1995 年，用于开具税收缴款书（税单）的征管软件有 40 多套、税收会计核算软件（SSKT）1 套。1996 年，省地税系统普遍应用计算机软件。2000 年，制定《省地税邮件系统使用管理办法》，应用"邮件系统"。2002 年，推行应用国家税务总局开发的办公自动化软件（ODPS）。

1. "征管信息系统"

1998 年 5 月，开发"征管信息系统"。1999 年底，在三明市地方税务局直属分局试运行。2000 年，在省地税系统推广应用。该系统由 5 个子系统构成：管理服务子系统，用于对纳税人信息及税款征收情况的管理，提供税款的入库服务；计会统票子系统，用于税收计划、对税款征解进行核算、对税收的情况进行统计分析并对相应的票证进行管理；稽查管理子系统，用于案源管理、实施管理、审理管理、执行管理、档案管理、信息查询分析；信息应用子系统，用于综合查询、报表生成、数据传输、电子申报；系统维护子系统，用于整个"征管信息系统"的维护。

2. "行政管理系统"

该系统按照国家税务总局的规范要求，采用三层技术架构和 HA、Cluster 技术开发完成。该系统在地税系统计算机网络上运行，用于行政管理。2005 年 7 月，该系统启动；10 月，一期模块（办公管理、法规制度、个人工作）在厦门地税局上线。

3. "社会保险费征收管理软件"

2000 年开发，有基本养老保险费和失业保险费 2 个险种。该软件集成于全省统一的"征管信息系统"中，包括登记、税基、申报征收、会计核算、计划、票证、稽查、综合查询等模块。2001 年，在省地税系统推广应用。2004 年底，开发医疗保险费、工伤保险费、生育保险费代征软件。2005 年初，在泉州市地税局应用。

4. "税务国库商业银行联网系统"

2003 年开发，2004 年在福州市地税局试运行。2005 年 7 月，泉州市地税局运行实现实时联网划缴税款。该系统通过逻辑处理层，实现与国库联网，监控业务交易与自动作业定时处理，完成实时划缴、POS 银联划缴和个体批扣等交易业务。

5. "领导综合查询系统"

2003 年 9 月开发。2004 年 3 月，在省地税系统推广应用。该系统是采用三层构架技术（即 B/S/S，浏览器—应用服务器—数据库服务器方式），利用"征管信息系统"的数据，开发实现信息整合的查询软件。利用该软件，在省地税局机关可查询全省地税系统（包括使用不同"征管信息系统"的计划单列市厦门）各级征收单位的税收收入日报表等数据以及所有纳税人适时的涉税信息。

6. "纳税人一户式管理系统"

2004 年开发，12 月在省地税系统推广应用。该系统采用三层架构技术，将分散在各个不同系统、不同业务模块的查询功能，在数据层，根据一户式管理的要求进行整合，形成"纳税人一户式管理系统"。通过该系统可以查询到某个纳税户在征管信息系统中的所有涉税信息，包括税务登记、税基管理、申报征收、发票使用、稽查管理等情况。

7. "建筑业管理软件"

2005 年开发，并在全省地税系统推广应用。该系统以计算机、网络及数据通信技术为手段，依托省地税"征管信息系统"网络平台，对建筑安装业税收管征数据进行采集、汇总、查询、分析、比对、传递，制作统计报表。

8. "税收执法责任制自动化考核系统"

2004 年 9 月，编写业务需求文稿。2005 年 5 月开发。第一期于 2005 年 10 月在福州市地税局试运行。

该系统有执法考核和执法监控两大业务模块。执法考核模块，能够适时、自动提取各地税局核心征管信息系统中储存的执法活动记录（包含税务登记类、发票管理类、申报征收类、税务稽查类、税务法制类、行政许可审批类、计财票证类等），通过预先设定的考核指标，进行自动考核和过错追究；执法监控模块，包含日常监控提示、自动考核结果排序、生成查询报表等功能。

9. "与工商联网软件"

该软件是根据国家税务总局、国家工商行政管理总局《关于工商登记信息和税务登记信息交换与共享问题的通知》的要求和省地税局、省国税局、省工商局协商的数据交换标准接口和数据交换管理办法，由省地税局在 2004 年组织开发。该软件主要包括数据交换、数据分发、信息比对和统计报表模块。地税与工商联网和数据交换在省地税局、工商局之间通过"数字福建"的网络进行。地税局向工商局提供的登记信息 7 张表共计有 49 个数据指标项，工商局向地税局提供的登记信息 5 张表共计有 41 个数据指标项。2004 年 7 月，省地税局与工商局实现全省数据的第一次正式交换。8 月，软件在各设区市地税局安装使用。之后，数据交换在省地税局与工商局之间按月进行，由省地税局汇总后将数据交换给工商局，同时将接收的工商信息分解到各地。

（三）安全建设

2001 年 9 月，省地税局组织计算机安全市场考察，征求有关单位对福建地税计算机安全方案的意见。

2002 年 5 月，确定中国惠普公司为福建省地税局提供安全咨询，制定安全策略及其实施文档。9 月 30 日，省地税局和中国惠普公司签订安全咨询合同。

2003 年 5 月，进行 4 个安全产品项目的招标工作，招标结果：2003 防病毒软件产品和服务采购项目由广州华南资讯科技有限公司中标；网络与系统管理产品和服务采购项目由中国惠普有限公司中标；备份系统产品和服务采购项目由宏智科技股份有限公司中标；安全产品和服务采购项目由沈阳东软软件股份有限公司中标。

2004 年初，下发《福建地税安全策略及其实施文档》。是年，决定建设省局计算机监控中心。2005 年底，省地税局计算机监控中心建成并投入使用。

（四）运行维护

1994 年，计算机类的维护工作由计划财务处下设的计算机站承担。软件维护由开发人员来承担，硬件维护采用税务机关工作人员诊断后报送专业硬件服务公司来维护。

1995—1997 年，单位内部的小型局域网络的软件部分，按"谁开发谁维护"的原则进行。硬件部分仍采用税务机关工作人员诊断后报送专业硬件服务公司来维护。

1998—2005 年，小型机、网络设备、综合布线、大 UPS（不间断电源）等硬件设备以及 ORACLE 大型数据库系统软件、征管信息系统应用软件，向原厂商、硬件提供商、集成商或开发商购买维护服务，省地税局信息技术处负责组织实施。对省地税局后续进行建设的网络改造项目、小型机改造项目、小型机扩容项目、安全项目等，也是采用这一运行维护模式。

省地税局和各地信息技术部门，承担中心机房、网络设备、计算机、"征管信息系统"等应用系统的日常维护工作。

第四章 法制建设

第一节 行政执法责任制

从 2000 年起，省国税、地税系统全面执行国务院关于推进依法行政的决定。11 月，省地税局制定下发《福建省地方税收行政执法过错追究办法（试行）》，首次规范执法过错行为责任追究。

2001 年，根据《国家税务总局关于全面推行税收执法责任制的意见》，全省地税系统开展税收执法责任制试点工作，确定福州市地税局直属局、闽侯县地税局、厦门市地税局稽查局、厦门市地税局外税分局作为省地税局试点单位，各设区市也按照省地税局的要求，在一至两个县局开展税收执法责任制试点工作。

2002 年初，省国税局决定：台江国税局、闽侯国税局、仙游国税局、涵江国税局作为全省执法责任制工作试点单位。省国税局制定全省统一的分岗位、分部门的执法责任制度纸质范本，作为全省各地推行执法责任制的试用版，在 CTAIS（税收征管软件）上线的市局实行统一的考核办法。每个岗位的税收行政执法责任由岗位职责、岗位目标、工作程序规范、执法责任四个部分组成，形成"以事定岗、以岗定责、权责相当、落实到人"的监督制约机制，并采取措施强化考核，加大责任追究的力度，解决工作中"疏于管理、淡化责任"的问题。2003 年上半年，全省各级国税机关被追究执法过错责任的人数 355 人（科级干部 61 人、一般干部 294 人），其中，给予批评教育或责令书面检查的 47 人，给予通报批评的 139 人，给予扣发奖金的 163 人，给予取消评先或评优资格的 6 人。

2003 年，税收执法责任制在全省推开。省国税局成立税收行政执法责任制领导小组，制定《省国税局行政执法责任制暂行规定》、《省国税局行政执法过错责任追究暂行办法》、《福建省国税系统税收行政执法责任制实施办法》。省地税系统在总结试点经验的基础上，在全省一半以上县（市、区）局推行执法责任制。省地税局制定《税收执法过错责任追究办法》，结合 2000 年制定的《福建省地方税务行政执法过错追究办法》试行情况，进行补充细化后下发全省统一执行。在推行过程中，省地税局着重解决处理执法责任制与效能建设、稽查单位规范化建设的关系，提出"归口管理，统一内容，分工协作，资源共享，奖优罚劣，公平责任"的意见，解决重复考核问题。

2004年，省地税局开展自动化考核的前期准备工作，组织有关人员集中研究编写税收执法责任制的岗位职责、工作规程、考核办法。全省各级国税机关在落实执法过错责任追究制度中，被追究责任的有791人次，其中批评教育的137人次，责令作出书面检查的9人次，通报批评的91人次，经济处罚的554人次，总金额51454.52元。

2005年，省地税局以《全省地税系统税收执法责任制岗位职责和工作规程范本》为基础，依托全省统一的征管信息系统，分步开发完善自动考核系统。10月，税收执法责任制自动考核系统第一期考核在福州市地税系统的5个县级局试运行，12月在福州市地税系统全面运行。省国税系统（不含厦门单列市）因税收执法过错被追究责任的有2363人次，其中，给予批评教育的448人次，责令作出书面检查的59人次，通报批评的338人次（包括因税收执法过错受到行政警告3人，行政记过4人，行政记大过1人，行政撤职3人），责令待岗的1人次，给予经济处罚的1517人次，总金额119730.69元。

第二节　税收执法检查

1989年，福建省税务系统坚持标本兼治，结合本部门实际情况，开展税收执法检查。1990年，省税务局执行"税务专管员守则"的规定。提出8条具体措施，部署和督促各地自查自纠。1995年2月，全省地税系统按照国家税务总局的部署，开展新税制的执法检查。经自查和重点检查，发现未按规定办理缓缴手续的欠税款766.37万元，税款混库130.58万元，政策执行偏差问题5个单位，3份文件自行调整有关政策规定。省国税系统按照国家税务总局的部署，从1995年起，每年开展一次税收执法检查，对各地执行国家税法和政策的情况进行清理检查。

1996年，省地税系统在税收执法检查中，清理涉税文件5379件，发现与统一税法不一致的涉税文件16件，执法偏差少征税款259.15万元。

1997年税收执法检查中，省地税系统发现税务部门制定违规文件1件，非税务部门涉税违规文件2件；包税或变相包税20户，减少税额0.6万元；改变税率、税基367户，减少税额21.96万元；中央收入混地方收入8.7万元；地方收入混中央收入0.2万元；违规批准缓缴税款44户，涉及税款59.82万元。通过执法检查，共补缴入库税款19.5万元。

1998年税收执法检查中，省地税系统发现税务部门越权减免税8户，减少税额4.5万元，补缴税额2.5万元；改变税率、侵蚀税基10户，减少税额7.6万元，补缴税额1.6万元；税收任务完成后有税不征1户，减少税额4.5万元，已补缴入库；滞纳金问题1357户，少收滞纳金116.36万元，补缴滞纳金52.54万元；中央收入混地方收入9.26万元，已全部调库；违规批准缓缴税款63户，涉及税款152.39万元，清缴税款62.27万元；税务处罚不当案件61件；税务处理决定书不规范327份。

1996—1998年，省地税系统连续3年被评为全国税务系统执法检查先进单位。

1999年6月，省国税局、地税局贯彻国家税务总局《税收执法检查规则（试行)》的规定，首次对税收执法检查的范围、实施、处理程序进行了统一规范。全省地税系统再次组织税收执法检查，发现税务部门越权减免税1户，涉及税额0.19万元，补缴税额0.19万元；税前列支及亏损弥补不合规定27户，减少税额14.25万元，补缴税额11.25万元；滞纳金制度执行不力657户，少收滞纳金396.34万元，补缴滞纳金315.13万元；其他问题453户，减少税额97.37万元，补缴税额87.34万元；混淆入库级次3笔，已全部加以调整；违规批缓税67户，涉及税款906.3万元，清缴税款191.09万元；税务处罚不当32件；税务处理决定书不规范231份。

2000年，省国税局转发国家税务总局修订的《税收执法检查规则》，并明确县以上各级税务机关负责法制工作的机构是本级税务机关执法检查的工作机构。要求执法检查工作要有计划、有组织、有步骤地实施，具体分为"准备、实施、处理"三个阶段。地税系统通过税收执法检查，发现越权减免税5户，减免税额252.9万元，补缴税额252.9万元；查出少收滞纳金930户，少收滞纳金32.93万元，补缴滞纳金25.27万元；其他问题322户，减少税额57.26万元，补缴税额53.6万元；违规批缓税19户，涉及税款76.18万元，清缴税款74.3万元；税务行政处罚不当167件；税务处理决定书不规范200份。

2001年，省国税局建立由140名各方面业务骨干组成的税收执法检查人才库。7月，省国税局组织9个检查小组，抽查18个市（县、区）局的税收执法情况。检查结束后，省国税局将各检查组检查情况印发给各设区市国税局，并下发检查意见。省国税稽查局也部署涉税案件移送清理自查工作。根据省国税局局长办公例会精神，抽调人员，对省国税局直属征收分局查处的8家企业进行案件复查，对存在问题提出撤销或部分撤销的建议。是年，省地税局制定《省地税局税收执法检查实施办法》，并开展税收执法检查，发现10份违规文件，均已纠正；中央收入混为地方收入2万元，已调整；其他收入混库数178.94万元，调整86.19万元；区内注册区外经营的企业有502户；违规批准缓缴税款31.28万元，已补征；涉嫌犯罪的税务案件应移送未移送的有22件，已移送；少征个人所得税7.3万元，已补征；未如实统计上报欠税数额99.81万元；其他少征税款391.64万元，已补征。

2002年，省国税局组织税收执法检查组和执法监察工作组，分赴南平市、宁德市国税局开展税收执法检查和执法监察工作，重点检查松溪、政和、周宁、屏南等

4 个县的税收执法工作。

2002—2004 年，省地税系统推进执法检查工作的日常化，建立情况通报制度。各地均开展以日常检查为主，专项、专案检查为辅的税收执法检查。对检查发现的问题，除按《税收执法检查规则》的要求发出《行政执法纠正通知书》、按《税收执法过错责任追究办法》对责任人进行过错追究外，还将发现的问题在本系统内通报。其中，2002 年税收执法检查，发现 2 份违规文件，均已纠正；违规税前列支少征税款 6.83 万元，均已补征；少征滞纳金 1.67 万元，均已补缴；其他问题少征税款 5.15 万元，均已补缴；税务处罚不当 7 件，税务处理决定不规范 4 件。2003 年税收执法检查，发现 13 份违规文件，已纠正 12 份；补征税款及滞纳金 3103.41 万元；税务处罚不当 11 件，税务处理决定不规范 15 件。2004 年税收执法检查，发现 6 份违规文件，已纠正 6 份；补征税款及滞纳金 98.13 万元；税务处罚不当 5 件，税务处理决定不规范 10 件。

2004 年，省国税局对钢铁、电解铝和水泥 3 个行业以及开发区税收优惠政策开展税收专项执法检查。经检查，没有发现国税部门擅自出台和违规执行开发区税收优惠政策等问题。省国税局还对 2 个设区市国税局以及所属的稽查局、5 个县级局 2001 年 10 月至 2004 年 9 月重大税务案件审理工作情况和 2002 年 7 月至 2004 年 9 月稽查案件抽查工作情况进行检查。各被查单位均能按照国家税务总局和省国税局有关文件规定开展税务稽查工作，特别是税务稽查案件抽查工作、税务稽查执法规范等方面做得较好。但也存在两个方面的问题：重大税务案件审理职责不到位，个别单位重大税务案件提请审理比例达不到 10% 的要求；被查机构执法过程中存在未按规定加收滞纳金的问题。

2005 年，省国税局分别对依法征税和规范执法、贯彻落实《中华人民共和国行政许可法》及各项规章制度进行重点检查。组织两个税收执法检查和执法监察小组对南平市国税局所属的建瓯市国税局和顺昌县国税局、漳州市国税局所属的龙海市国税局及诏安县国税局进行重点检查。抽调人员对福州市国税局相关业务处室以及稽查局、鼓楼区国税局、晋安区国税局、福清市国税局、闽侯县国税局开展执法检查和执法监察。省地税局在开展税收执法检查中，发现 5 份违规文件，已纠正 5 份，补征税款及滞纳金 209.43 万元，税务处罚不当 9 件，税务处理决定不规范 26 件。

第三节　行政复议、应诉

1990 年，省税务系统贯彻国家税务局 1989 年 10 月推出的《税务行政复议规则（试行）》。

1994 年 7 月，执行国家税务总局关于建立税务行政复议与行政应诉案件材料报送制度。

从 1999 年 10 月 1 日起，施行《中华人民共和国行政复议法》。省国税局对各项涉税法律事务进行梳理。省国税局、地税局还聘请法律顾问。开展行政复议诉讼案件办理经验交流活动，定期通报案件查处情况。全省各级国税机关行政复议案件，经复议撤销、变更或限期履行职责的在 30% 以上。

2004 年，省国税局、省地税局贯彻国家税务总局修订的《税务行政复议规则（试行）》，凡税务机关作出的征税行为、责令纳税人提供纳税担保行为、税收保全措施、未及时解除税收保全措施、税收强制执行措施、税务行政处罚行为、不予依法办理或答复的行为、作出取消增值税一般纳税人资格的行为、出境管理机关阻止出境行为、其他税务具体行政行为，均属于税务行政复议的受案范围。

1994—2005 年，省国税局、省地税局共收到申请税务行政复议案件 351 件，受理案件复议结果：撤回申请 49 件，维持 110 件，变更 12 件，撤销 93 件。税务行政诉讼案件应诉总数 57 件，其中复议后应诉 34 件。

第四节　行政许可

2001 年 10 月，按国家税务总局部署，开始对税务行政审批制度进行改革。

2002 年 10 月、2003 年 2 月、2004 年 5 月，先后分三批取消和调整行政审批项目，取消行政审批项目 69 项，下放行政审批 6 项，保留行政审批 54 项（许可审批项目 6 项，非许可审批项目 48 项）。

2004 年，《中华人民共和国行政许可法》（以下简称《行政许可法》）颁布实施，省国税局多次组织宣传和集中培训，邀请国家税务总局、省政府法制办相关人员到省国税局进行行政许可法专题讲座、业务辅导和现场答疑。6 月 16 日，省国税局下发《关于贯彻实施〈行政许可法〉电视电话精神的紧急通知》，强调清理本级规范性文件、依法公示行政许可项目和做好宣传工作。28 日，省国税局在《福建日报》、"福建税务代理网"和"福建热线"网站，分别公告取消和调整的税务行政审批项目以及税务行政许可项目。11 月，省地税局对设定的税务行政审批项目进行清理，共清理 43 项，对不符合相关规定的 9 项予以取消、8 项审批权限下放，对不符合《行政许可法》规定的 5 项停止执行。

2005 年，省地税局制定《税收减免管理办法（试行）的实施方案》，规范税收减免税的审批机关、审批程序和监督管理。

表 4-1　　　**2001—2005 年福建省税务行政许可项目分项表**

许可事项		设定依据	程序
指定企业印制发票		《中华人民共和国税收征收管理法》第二十二条规定:"增值税专用发票由国务院税务主管部门指定的企业印制;其他发票,按照国务院税务主管部门的规定,分别由省、自治区、直辖市国家税务局、地方税务局指定企业印制。未经前款规定的税务机关指定,不得印制发票。"	1. 提出申请。公民、法人或者其他组织需要取得税务行政许可,应当在法律、法规或税务机关按照法律、法规确定的期限内,向实施机关的受理机构(或窗口)提交税务行政许可申请书,并按照税务机关的要求提交全部申请材料。
对发票使用和管理的审批	申请使用经营地发票	《中华人民共和国发票管理办法》第十八条第一款规定:"临时到本省、自治区、直辖市以外从事经营活动的单位或者个人,应当凭所在地税务机关的证明,向经营地税务机关申请领购经营地的发票。"	申请人可以委托代理人提出申请,税务机关不得因此拒绝受理。代理人办理受托事项时,应当出具有效身份证件和委托证明。 2. 受理申请。对申请人提出的申请,税务机关应当依法分别作出不受理、不予受理、要求补证材料或者受理的处理。
	拆本使用发票	《中华人民共和国发票管理办法》第二十五条第一款规定:"……未经税务机关批准,不得拆本使用发票。"	3. 审查。税务机关审查税务行政许可申请,应当以书面审查为原则;依法或者根据实际情况需要对申请材料的实质内容进行实地核实的,应当指派两名以上税务机关工作人员进行
	使用计算机开票	《中华人民共和国发票管理办法》第二十四条规定:"使用电子计算机开具发票,须经主管税务机关批准,并使用税务机关统一监制的机外发票,开具后的存根联应当按照顺序号装订成册。"	核查。税务机关审查许可申请过程中发现许可事项直接关系他人重大利益的,应当告知利害关系人。申请人、利害关系人有权进行陈述和申辩,税务机关应当认真听取申请人、利害关系人的意见。
	批准携带、运输空白发票	《中华人民共和国发票管理办法》第二十七条第一款规定:"任何单位和个人未经批准,不得跨规定的使用区域携带、邮寄、运输空白发票。"	下列事项,税务机关应当按规定举行听证:①法律、法规、规章规定实施税务行政许可应当听证的事项;②税务机关认为需要听证的其他涉及公共利益的许可事项;③税务行政许
	印制有本单位名称的发票	《中华人民共和国发票管理办法实施细则》第七条规定:"有固定生产经营场所、财务和发票管理制度健全、发票使用量较大的单位,可以申请印制有本单位名称的发票;如统一发票式样不能满足业务需要,也可以自行设计本单位的发票式样,但均需要报县(市)以上税务机关批准,其中增值税专用发票由国家税务总局另定。"	可直接涉及申请人与他人之间重大利益关系的事项。 4. 决定。税务机关对申请人材料进行审查后,应当根据不同情况,当场或在法定期限内以书面形式分别作出准予许可或者不予许可的决定。

续表 4-1

许可事项	设定依据	程序
对发票领购资格的审核	《中华人民共和国发票管理办法》第十六条规定："申请领购发票的单位和个人应当提出购票申请，提供经办人身份证明、税务登记证件或其他有关证明，以及财务印章或者发票专用章的印模，经主管税务机关审核后，发给发票领购簿。领购发票的单位和个人凭发票领购簿核准的种类、数量以及购票方式，向主管税务机关领购发票。"	5. 变更与延续。被许可人要求变更许可事项的，税务机关应当自收到申请之日起20日内办理变更手续。税务行政许可证件有有效期限的，被许可人依法提出延续申请，税务机关应当在该许可有效期限届满前作出书面决定。 6. 特别规定。纳税人申请取得发票领购资格的，由税务机关依法审核后发给发票领购簿，被许可人领购发票时，按照批准的数量、版式领购发票。发票领购簿一次批准，长期有效。发票使用和管理的审批，由纳税人根据需要办理的事项分次申请、办理许可。
建立收支凭证粘贴簿、进货销货登记簿或者使用税控装置的审批	《中华人民共和国税收征收管理法实施细则》第二十三条规定："生产、经营规模小又确无建账能力的纳税人，可以聘请经批准从事会计代理记账业务的专业机构或者经税务机关认可的财会人员代为建账和办理账务；聘请上述机构或者人员有实际困难的，经县以上税务机关批准，可以按照税务机关的规定，建立收支凭证粘贴簿、进货销货登记簿或者使用税控装置。"	
印花税票代售许可	《中华人民共和国印花税暂行条例施行细则》第三十二条规定："凡代售印花税票者，应先向当地税务机关提出代售申请，必要时须提供保证人。税务机关调查核准后，应与代售户签订代售合同，发给代售许可证。"	

第五章　税收科研与宣传

第一节　课题调研

从1990年，省税务局税收科研所根据国家税务局部署，确定"借鉴日本税收制度的经验，进行征、管、查三分离的研究"和"发展中国家税收制度研究"两个课题。在调查的基础上，撰写《建立地方税体系，为将来实现分税制创造条件》、《浅谈如何建立地方税体系》和《关于减免税管理问题的初探》等论文。针对银根紧缩、市场疲软、经济滑坡、欠税上升的问题，开展调研，并撰写《当前欠税问题与清理对策》一文，在《福建经济报》和《福建税务》上发表。针对涉外企业问题，撰写《福建省台资企业所得税减免税情况的调查报告》、《关于社会分配不公的种种表现与税收政策》、《福建省外商投资企业种种避税现象及对策》、《国际上反避税措施的借鉴》和《进一步抓好个体税收整改建制工作》等调研文章。

1991年，省税务局与湖北省税务局共同承担国家税务局、中国税务学会布置的"税负轻重的数量界限"课题调研。1月，省税务局税收科研所在莆田市召开各地市税收科研和税务学会秘书长会议，印发"税负轻重的数量界限"课题调研提纲。会后，各地都召开不同层次、不同类型的座谈会，抽调35人对所属62户国营、集体企业的税收负担进行调查。在调查税收负担、财政负担、社会负担、利息负担基础上，借鉴国内外各个时期税收负担变化的趋势和规律，着重对国内宏观和微观税收负担数量界限的最佳选择及理论依据进行研究。7月，在福州召开全省税收科研所和税务学会秘书长工作会议，对"税负轻重的数量界限"课题调研阶段性成果进行交流。是年，课题组撰写《略论宏观税负适度性问题》、包逸生撰写《宏观税负的最佳区间》等论文。此外，省税务局科研所还对外商投资企业间接出口产品征免税问题开展调查，撰写《外商投资企业间接出口产品征免税问题的调查报告》和《当前外商投资房地产业存在的问题及其对策》等文章。为探讨发票管理存在的漏洞和薄弱环节，撰写《对闽侯县发票管理情况的调查报告》。为提高基层税务领导的政治业务素质，撰写《谈谈税务所长的德才标准及其领导方法与艺术》等调研文章。

1992年，福建省完成"各国税制动向研究"的税收课题，为制定中国涉外税制提供参考依据。

1993年初，国家税务局科研所下达给福建省"资产交易课税"税收应用理论课题研究，省税务局税收科研所组织开展实地调查，撰写《资本资产转让征税初探》一文。在对房地产市场作调查的基础上，撰写《房地产交易现状和税收问题的研究》一文，并于10月国家税务局在深圳召开的全国"资产交易课税"交流会上研讨，又以专题报告《关于我国房地产交易现状与税收对策》，作为国家税务局课题研究成果。省税务局科研所与省税务局稽查总队联合调查福建省国道线上税务检查站的现状，撰写《关于福建省国道线上税务检查站去留问题的调查报告》，直接被省政府采纳，作为政策决策参考依据。针对全省个体税收流失严重、征管薄弱等问题，科研所配合征管处前往南平、石狮等地调查，撰写《个体税收征管不足及其原因》一文。

1994年，省国税局科研所对新税制的实施情况进行调查和研究，撰写《新税制运行情况的调查与思考》论文，承担和完成"关于规范国税系统、地税系统及其两者之间的协调关系问题"的课题研究。同时完成国家税务总局科研所调研专著《中国工商税征管改革》中"理想税收征管模式"和"税收征管过程的监控"两节的调研和撰写工作。

1995年，福建省承担"如何更为有效地进行税务稽查"课题。省国税局组织力量进行调查，撰写《现代化企业制度在税务管理中的运用》、《关于欧洲及俄联邦对资本利得课税的比较与借鉴》等论文。

1996年，省国税局针对福建省商业增值税收入下滑的实际情况，组织全省国税系统税政部门开展调查研究，于1997年3月召开全省商业增值税征收管理研讨会，提出加强商业增值税征收管理的措施与对策。对外商企业增值税管理工作、福建省烟草行业管理体制对消费税的影响、出口退税新政策对福建省税收收入和经济的影响，提出建议和对策。完成国家税务总局要求省国税局承担的"新税制运行总体评价与建议"的调研课题。

1997年，省国税局和省税务学会承担中国税务学会安排的"加强税源监控与分析专题"的研究，省国税局、省地税局、省税务学会组成联合调研组，赴南平、三明、泉州等地市县进行为期一个月的调查，撰写《加强计算机网络建设 依法科学监控税源》和《对加强税源监控与分析几个相关问题的探讨》两篇论文。

1998年，省国税局税收科研所和省税务学会共同承担国家税务总局和中国税务学会安排的"提高税收占GDP比重的研究"及"清费立税"课题研究。发动国税系统干部开展调研，全系统完成50多篇调查报告，在此基础上，撰写《清费立税，建立规范的政府收入机制》、《福建省GDP税收负担率结构分析及对策研究》和《关于提高GDP税收负担率的几个定性和定量认识》等论文。是年，省地税局联合省科委、省政府发展研究中心，组织22人分4组深入9个地市调研，撰写《关于高科技企业税收政策研究》的课题报告，为省政府制定高科技企业税收政策提供依据。

1999年，省国税局税收科研所承担国家税务总局和中国税务学会下达的"可持续发展（资源、环境保护和高科技产业化）与税收的研究"和"关于税收与当前宏观经济调控问题的研究"两个课题研究。通过调研，撰写《完善税收优惠政策，促进高新技术产业化发展》和《从税收与经济的辩证关系看促进总需求增长的税收政策改革》等论文。是年，省地税局开展税收课题调研活动，撰写《福建省农村"费改税"总体构架》、《税收成本与效率的探析》论文；同时与省科委联合研究并撰写《高新技术产业化与税收政策》课题研究报告，其中相关优惠政策的建议被省政府和国家税务总局采纳。

2000年，省国税局税收科研所承担国家税务总局和中国税务学会下达的"加入WTO后税收研究"和"近期、中期的税制改革目标研究"重点研究课题。省国税局科研所在调研的基础上，完成《谈近中期优化我国税制结构的思考——与WTO主要成员国税制结构的比较》和《对进一步增强经济发展后劲的税收对策的思考》两篇课题报告。是年，省地税局开展"加入WTO对福建地方税收的影响"、"分税制与地方税制研究"、"税务行政执法责任制"等税收课题研究，有10篇论文被选入《2000年中国税官论税制改革》丛书。

2001年，省地税局确定10个重点课题、8个专业课题和19个参考课题。各课题组撰写了《福建省企业税收负担研究》、《深化征管改革，完善和充实新征管模式探析》、《税收调节收入分配》、《当前社保费征管存在问题和对策》等论文。

2002年，省国税局科研所与流转税处组成课题组，对经营鲜活农产品增值税问题开展调查，撰写《关于"农改超"经营鲜活农产品增值税问题的调查》调查报告。是年，省地税局制定下发《关于处级干部撰写调研论文的通知》和《关于印发2002年福建省地税系统课题调研方案的通知》，安排重点课题12个、处室调研课题11个、参考课题21个。

2003年，省国税局科研所课题组承担国家税务总局和中国税务学会的"税务信息化建设研究"和"社会保障税费问题研究"两个课题研究。省地税局安排重点调研课题和处室专业课题各13个，各设区市地税局税收调研参考课题25个。并承担省委宣传部、省社科联组织的全省百乡镇调研活动课题，撰写《深化农村税费改革问题研究——对福建省武平县中山镇、中堡镇的调查分析》调查报告。

2004年，省国税局承担国家税务总局和中国税务学会联合部署的"关于国税系统'两基'建设的研究"和"区域经济一体化与间接税的国际协调"两个课题研究。省国税局分别成立课题组，撰写《关于税务基层建设的调研报告》和《借鉴东盟 积极推进我国新一轮税制改革》等论文。是年，省地税局安排重点调研课题 14 个，处室专业课题 19 个，各设区市地税局税收调研参考课题 20 个。

2005 年，省国税局科研所参与国家税务总局部署的"税收精细化管理及综合研究"、"欧盟税收协调的经验和教训"和承担省税务学会的"福建税收与经济社会发展研究"、"税制改革国际借鉴研究"课题研究。撰写《对进一步深化税收精细化管理改革的思考》、《欧盟间接税协调及对东亚间接协调的借鉴——兼议我国增值税制的改革》、《创造良好税收环境，促进和保障海峡西岸经济区建设》等论文。是年，省地税局安排重点课题 14 个、处室课题 15 个、各地参与的课题 21 个。并牵头完成由省委、省政府办公厅布置的"农村税收问题"课题的调研，省地税局科研所会同征管处，就农村税费改革后乡镇税收征管出现的新情况、如何促进相关税务部门联合收税、方便群众纳税、避免多头收税、杜绝重复收税等问题进行调查，撰写《农村税收应转向集约管理》的调研报告。省地税局参与国家税务总局和科技部合作的重大软科学项目"促进我国企业'走出去'的税收政策研究"课题研究，8月，召开专题研讨会，形成调研报告上报国家税务总局；参与省财政厅牵头的"完善财政体制，缓解县乡财政困难"课题研究。

第二节　学术交流

1987—1990 年，省税务局税收科研所共撰写论文 10 篇。其间，在国家级和省级刊物各发表 5 篇。

1991 年，完成"税负轻重的数量界限"课题。该课题由福建省与湖北省税务局共同牵头，分别组成课题组，其成员分别参加湖北十堰市和新疆乌鲁木齐市的研讨会。

1992 年，福建省《改革我国税收管理体制的思考》论文，参加国家税务局科研所在河北召开的专题研讨会上研讨，并在《税务研究》1993 年第 7 期刊登。

1993 年，省税务局税收科研所收集本系统干部在各经济报刊发表的论文 39 篇，编入《福建省税务局税收科研所 1993 年税收科研文集》，共 21 万字。

1995 年，省国税局组织撰写《现代化企业制度在税务管理中的运用》、《关于欧洲及俄联邦对资本利得课税的比较与借鉴》等论文，发表在 1995 年《税务研究》刊物上，并编入《1995 年全国税收研讨会论文集》中。

1997 年，省国税局和省税务学会撰写《加强计算机网络建设　依法科学监控税源》和《对加强税源监控与分析几个相关问题的探讨》2 篇论文，8 月，参加在贵州省召开的课题研讨会，并被推荐参加 11 月在广西北海召开的全国税收理论研讨会交流。

1998 年，省国税局和省税务学会撰写《清费立税，建立规范的政府收入机制》

等 3 篇论文，分别参加中国税务学会和国家税务总局科研所在哈尔滨、南京市、北海市和都江堰召开的课题研讨会交流。是年，省地税局对全系统税收科研成果进行评选，评出一等奖 11 篇、二等奖 22 篇、三等奖 33 篇。论文《清费立税是规范税收分配的客观需要》在《经济研究参考》发表。

1999 年，省国税局税收科研所承担的课题调研论文，先后参加国家税务总局税收科研所在山东省烟台市召开的研讨会、中国税务学会在海南省海口市及上海市召开的有关专项研讨会，提交的论文被列为会议重点论文进行交流。7 月，省国际税收研究会汇编出版《福建省国际税收理论研讨会文集》，收录学术论文 53 篇。是年，地税系统在《福建税务》、《福建税务报》及其他刊物发表调研文章 200 多篇。

2000 年，省地税局科研所组织专家对全系统税收论文进行评选，评选出一等奖论文 13 篇、二等奖 27 篇、三等奖 41 篇。

2001 年，全省地税系统年度税收科研成果评选中，共评选出一等奖 13 篇、二等奖 23 篇、三等奖 43 篇。《福建省企业税收负担研究》、《深化征管改革，完善和充实新征管模式探析》、《税收调节收入分配》等论文在全国税务系统论文研讨会上交流。《关于地方税收预算性增收与政策性减收问题的思考》发表在《中国财政》2001 年第 4 期。

2002 年，全省地税系统撰写各类调研论文 1980 篇，在年度全省税收科研成果评选中，有 21 篇获一等奖、40 篇获二等奖、56 篇获三等奖。在省级刊物上发表 300 多篇，其中有 11 篇论文收入《中国财税改革论文集》中。

2003 年，地税系统共撰写调研论文 1200 多篇，在年度科研成果评奖中，评出一等奖 19 篇、二等奖 38 篇、三等奖 57 篇。在《税务研究》、《发展研究》、《福建论坛》、《财务研究》、《台湾研究》等刊物发表 63 篇。其中《深化农村税费改革问题研究——对福建省武平县中山镇、中堡镇的调查分析》调查报告，在福建才溪乡召开的交流会上交流，并在国家税务总局《研究报告》上刊登。10 月，组织召开"福建地税发展论坛"，全系统 72 名博士、硕士，共同研讨新形势下福建地税事业的发展问题。

2004 年，省国税局撰写的《关于税务基层建设的调研报告》和《借鉴东盟 积极推进我国新一轮税制改革》等论文，分别参加中国税务学会、国家税务总局科研所先后在辽宁省沈阳市、新疆维吾尔自治区和福建省召开的有关专项研讨会。其中《关于税务基层建设的调研报告》作为"东盟税制"的课题研究，得到国家税务总局科研所的肯定。是年，省地税局举办"2004 福建：中国地方税改革与发展论坛高级研讨会"。省地税系统共撰写调研论文 1000 多篇。在年度科研成果评奖中，评出特等奖 2 篇、一等奖 17 篇、二等奖 34 篇、三等奖 50 篇。

2005 年，省国税局科研所撰写的《对进一步深化税收精细化管理改革的思考》

等论文，参加国家税务总局和中国税务学会论文研讨会研讨，其中《创造良好税收环境，促进和保障海峡西岸经济区建设》参加省社科联第二届学术年会交流。省地税系统共撰写调研论文1000多篇，在《税务研究》、《涉外税务》、《中国税务》、《中国税务报》等报刊上发表近百篇。在年度科研成果评选中，评选出一等奖17篇、二等奖34篇、三等奖41篇。1月9日，省地税局与中国税务杂志社、中国社会科学院财贸所在北京联合举办"2004/2005税收收入专家分析会"。10月，国家税务总局委托省地税局承办"税源分析和税收预测"的课题研讨会。

表5-1 **1990—2004年福建省税务系统获全国奖励论文情况表**

获奖年份	论文题目	作者	获奖情况	主办单位
1990	对横向经济联合税收问题的探讨	福州市税务局肖明同	全国性税收理论研究成果佳作奖	国家税务局、中国税务学会
1990	福建省涉外税收情况调查及对一些问题的初浅看法	省税务局涉外税政处、省税务学会秘书处联合调查组	全国性税收理论研究成果佳作奖	国家税务局、中国税务学会
1990	借鉴外国经验 加快税制改革 促进出口创汇	厦门市税务学会吴国栋	全国性税收理论研究成果佳作奖	国家税务局、中国税务学会
1990	所得税制：进一步改革的思路、设想框架	厦门市税务局房宝厦，厦门大学财经系邓力文	全国性税收理论研究成果奖	国家税务局、中国税务学会
1990	关于我国吸引外资税收优惠问题的探讨	厦门市税务局陆明亮	全国性税收理论研究成果奖	国家税务局、中国税务学会
1990	OECD税收协定范本注释	福州市税务局郑素萍、苏彩鹏，省税务局李仪	全国性税收理论研究成果奖	国家税务局、中国税务学会
1990	发挥山区优势 探索生财之道	南靖县税务局许德修	全国性税收理论研究成果奖	国家税务局、中国税务学会
1994	进一步完善分税制财政体制的构想	省国税局李力军	全国群众性税收学术研究成果奖二等奖	中国税务学会
1994	促进总需求增长的税收政策改革	省国税局课题组	全国群众性税收学术研究成果奖二等奖	中国税务学会
1994	加快计算机网络建设，依法科学监控税源	省国税局课题组	全国群众性税收学术研究成果奖三等奖	中国税务学会
1994	深化税收征管若干问题的思考	省国税局张如力、邓宗善	全国群众性税收学术研究成果奖三等奖	中国税务学会
1996	论中国财税制度改革	省国税局课题组	全国优秀科研成果奖二等奖	国家税务总局

续表 5-1

获奖年份	论文题目	作者	获奖情况	主办单位
1996	集体私营企业财务管理与税收征管问题的探讨	省地税系统课题组	全国优秀税收科研成果三等奖	国家税务总局
1996	税收征管改革目标、现状和发展方向	省地税系统陆明亮	全国优秀税收科研成果三等奖	国家税务总局
1998	"清费立税"研究报告	省国税局邓宗善	1997—1998 年税收科技论文一等奖	国家税务总局
1998	福建省 GDP 税负率结构分析及对策	省国税局课题组	1997—1998 年税收科技论文二等奖	国家税务总局
1998	全省地税统一征管软件总体设计思路若干问题的思考	省地税局信息处课题组	税收科技论文三等奖	国家税务总局信息中心、国家税务总局税收科研所
1998	增值税纳税人结构及其优化管理思路	省国税局课题组	第一次国际税收优秀科研成果评选优秀奖	中国国际税收研究会
1998	优化税制理论与西方税制改革新动向	省地税系统课题组	第一次国际税收优秀科研成果评选优秀奖	中国国际税收研究会
1998	关于城市维护建设税改革的思考	省地税系统课题组	第一次国际税收优秀科研成果评选佳作奖	中国国际税收研究会
1998	涉外税收征管的主要举措:反避税	省国税局课题组	第一次国际税收优秀科研成果评选佳作奖	中国国际税收研究会
1998	所得税优惠制度的改革和完善	省地税系统柯伟华、曾松生	第一次国际税收优秀科研成果评选佳作奖	中国国际税收研究会
1999	清费立税,建立规范的政府收入机制	省国税局课题组	全国群众性税收学术研究成果奖一等奖	中国税务学会
1999	企业版税操作指导	省地税系统课题组	全国第三次群众性税收学术研究优秀成果二等奖	国家税务总局、中国税务学会
2000	探索降低税收成本,提高税收效率途径	省地税系统课题组	1999—2000 年度全国优秀税收科研成果二等奖	国家税务总局
2000	偷逃税原因剖析	省地税系统张毅	1999—2000 年度全国优秀税收科研成果三等奖	国家税务总局
2000	美国向"商品税"回归面临困难抉择	省地税系统课题组	第二次国际税收优秀科研成果评选集体奖	中国国际税收研究会
2000	国际上依法治税的特点及经验借鉴	省地税系统课题组	第二次国际税收优秀科研成果评选集体奖	中国国际税收研究会
2000	涉农负担体系:借鉴和立构	省地税系统课题组	第二次国际税收优秀科研成果评选个人二等奖	中国国际税收研究会

续表 5 - 1

获奖年份	论文题目	作者	获奖情况	主办单位
2002	税务系统"一把手"职务犯罪剖析	省国税局张金水	2001—2002 年度全国优秀税收科研成果三等奖	国家税务总局
2002	加强依法治税,迎接入世挑战	省国税局张金水	全国群众性税收学术研究成果奖一等奖	中国税务学会
2002	从税收与经济的辩证关系看促进总需求增长的税收政策改革	省国税局课题组	全国群众性税收学术研究成果奖一等奖	中国税务学会
2002	对进一步增强经济发展后劲的税收对策的思考	省国税局课题组	全国群众性税收学术研究成果奖二等奖	中国税务学会
2002	入世后如何提高我国国际税收协调能力	厦门市国税局张贻奏、黄永高	1999—2002 年全国群众性税收学术研究优秀成果奖三等奖	中国税务学会、国家税务总局
2002	营造良好税收环境 增强经济发展后劲	省地税系统张学清	第四届全国群众性税收学术研究优秀成果一等奖	中国税务学会、国家税务总局
2002	增强福建经济发展后劲的地方税收政策取向研究	省地税系统课题组	第四届全国群众性税收学术研究优秀成果二等奖	中国税务学会、国家税务总局
2002	公共财政框架下的地方税体系研究	省地税系统课题组	第四届全国群众性税收学术研究优秀成果二等奖	中国税务学会、国家税务总局
2002	关于厦门地税依法治税工作的调查及思考	省地税系统陆明亮	第四届全国群众性税收学术研究优秀成果三等奖	中国税务学会、国家税务总局
2002	现代物流产业发展与税收政策	省地税系统陈红伟、黄小红、汤镇国	第四届全国群众性税收学术研究优秀成果三等奖	中国税务学会、国家税务总局
2002	海峡两岸税制比较研究	省地税系统课题组	2001—2002 年度全国优秀税收科研成果二等奖	国家税务总局
2002	厦门市地方税收税源建设研究	省地税系统课题组	2001—2002 年度全国优秀税收科研成果三等奖	国家税务总局
2004	直接税与间接税的关系研究	省国税局课题组	2003—2004 年全国税务系统优秀税收科研成果二等奖	国家税务总局
2004	深化农村税费改革问题研究	省地税局课题组	2003—2004 年全国税务系统优秀税收科研成果一等奖	国家税务总局

续表 5-1

获奖年份	论文题目	作者	获奖情况	主办单位
2004	加强建筑和房地产业税收管理的调查与思考	省地税局课题组	2003—2004 年全国税务系统优秀税收科研成果二等奖	国家税务总局
2004	建筑安装和房地产业税收管理问题研究	厦门市地税局课题组	2003—2004 年全国税务系统优秀税收科研成果三等奖	国家税务总局

表 5-2　　**1990—2005 年福建省税务系统出版著作一览表**

出版时间	著作名称	作者	出版社
1990	国际税收导论（合作出版）	唐腾翔	中国财政经济出版社
1990	中国革命根据地工商税收史长编	福建省税务局、江西省税务局	中国财政经济出版社
1991	加强政治思想建设 搞好税收工作	福建省税务局	福建人民出版社
1992	国际税收协定通论	唐腾翔	中国财政经济出版社
1992	实用纳税检查	王耀松	福建人民出版社
1994	税收指南	潘宝明（主编）	福建人民出版社
1994	税务公文写作	王国安	福建人民出版社
1994	莆田县税务志	莆田县税务局税务志编纂领导小组	厦门大学出版社
1994	税收策划	唐腾翔、唐向	中国财政经济出版社
1994	增值税、消费税操作实务	包逸生	海潮摄影艺术出版社
1994	增值税与管理	周福生	福建人民出版社
1996	地方税收	方晓丘、潘宝明（主编）	福建人民出版社
1996	税务铁人袁庭钰	福建省国税局	海峡文艺出版社
1997	地方税收办税指南	陈荣凯（主编）	海峡文艺出版社
1997	流转税业务手册	张金水（主编）	鹭江出版社
1999	税徽璀璨：税改五周年（1994—1999）	张如力（主编）	福建美术出版社
1999	福建省国际税收理论研讨论文集（1997—1998）	李力军（主编）	福建人民出版社
2000	涉外税收业务指南	张金水（主编）	海潮摄影艺术出版社
2000	《税苑》五周年作品精选	三明市国税局	福建教育出版社

续表 5-2

出版时间	著作名称	作者	出版社
2000	改革与探索:福建省税务系统优秀科研成果文集（1996—1998）	张如力（主编）	中国税务出版社
2001	税务稽查操作实务	张金水（主编）	福建教育出版社
2003	岁月屐痕	黄德荣	中国文联出版社
2004	漳州国税文化	漳州市国家税务局	海潮摄影艺术出版社
2004	福建省国税系统优秀科研成果论文集（2003）	省国税局科研所	中国税务出版社
2004	阳光行动:涉税违法案例稽查纪实	张如力（主编）	福建教育出版社
2004	税收瞭望	漳州市国家税务局	海潮摄影艺术出版社
2005	中国地方税的改革与发展	张学清（主编）	经济科学出版社
2005	税海观澜:一个基层税务工作者见证的二十年税改历程	谢贤昇	福建人民出版社
2005	中国税收征管战略研究	林高星	厦门大学出版社

第三节　税收宣传

1989 年，省税务局在福建省电台、电视台设立税收专题节目，在《福建日报》开辟税法讲座专栏。摄制反映征收个人收入调节税的电视小品《税廊轶事》、电视资料片《福建税务四十年》。此外，还通过召开新闻发布会、领导答记者问、印制宣传品等形式开展税收宣传。在国庆节举行全省税务系统文艺调演活动，自编自导一些反映税收工作实践的说唱节目。

1990 年，省税务局在福建电视台开辟"税务之窗"专栏，常年宣传税法。《福建日报》和福建电视台分别开设"税收讲座"和"税收之声"长期固定栏目。在全省各主要交通要道、繁华地段和高大建筑物等醒目位置刷制税收宣传画和宣传标语 4800 多条。在旅客列车上开设税收宣传广播节目。与共青团组织配合，通过举办税法咨询及税法知识竞赛、出动宣传车、放映电影幻灯、制作电视片等形式，开展个体户税法宣传教育活动。

1994 年 9 月，省国税局在东南电视台举办大型综艺晚会《心系国税》活动，通过文艺形式，宣传省国税局的职能、作用、征管范围。同时，各地也开展以心系国税为主题的各种形式的宣传活动。10 月，在《福建日报》、《中国税务报》、《福建税务》等报刊,刊登省国税局领导的署名文章,阐述国税为地方聚财的作用。拍摄"党政领导讲税法"系列专题片,讲述国税与地方建设的关系。在《福建日报》开辟《为确保完成两税征收任务》、《全力向奋斗目标冲刺》两个专版和《以四中全会精神为动力 努力搞好当前经济工作》专栏,在福建电视台和福建人民广播电台"八闽风采"栏目中播出《来自国税局的报道》系列节目。

1995年,省国税局在福建电视台推出"国税之窗"新栏目,共播放89期;在《福建日报》新辟"国税新天地"专栏,刊出24期,刊登文章103篇;在福建电视台播放新闻117条,其中12条上中央电视台;在福建人民广播电台播放新闻79条。4月,省国税局与福建电视台联合组织"税收与法制宣传咨询"现场直播活动和全省国税知识电视大赛。省国税局拍摄制作打击利用增值税专用发票进行违法犯罪活动的电视专题片《斩断伸向国库的黑手》,在福建电视台播出。"福建新闻联播"中播出"福建严厉打击发票违法犯罪"的系列报道。在福建电视台举办"税收与法制"电视宣传周活动,曝光税务违法的大要案。组织撰写关于加强增值税专用发票管理的文章。国税系统各级税务机关在税务申报点办起"国税向导"、"纳税指南"等宣传栏,在申报厅建立新开发的触摸型税收电脑宣传咨询系统《税收跟我学》。各级税务机关共开设宣传咨询点6万多个,派出宣传队1000多个,印发各种税务宣传材料50多万份。

1996年4月,省国税局联合福建电视台举办"国税之声"卡拉OK电视大赛,选手多来自各行业,且多次参加过重大赛事。税企同台,共宣税法。

1997年4月,福建省各级国税机关围绕"税收与文明"主题,开展税收宣传活动。经省国税局评选,共评出宣传月活动先进单位40个,先进个人58名,宣传信息专项奖单位30个。

1998年,省国税局以"税收管理与依法治国"为主题,开展"全省大学生税收演讲比赛"、"税法小小宣传员"等活动。在"169"社会互联网上建立"福建国税金税信息网"网站,宣传税法。

2000年,经济日报社经济部主任和驻福建记者站站长带领记者到省地税系统采访,撰写长篇通讯《"透明"的效率》,于该报头版头条刊载,报道省地税系统两个文明建设的业绩。之后,人民日报社派记者和驻福建记者站站长到省地税系统采访,撰写并在该报发表《坚实的脚步》的通讯,反映地税系统行业文明创建的成果。3月,省国税局和省地税局在税收宣传月期间,联合制作电视纪录片《向纳税人报告》,在福建电视台播出。

2001年1月,省地税局与《中国税务报》福建记者站记者撰写《情牵税收事业,心系基层建设》的长篇通讯,在《中国税务报》刊登。省地税局组织撰写反映省地税系统在"九五"期间工作业绩的稿件,在《中国税务报》开辟的"各地党政领导寄语税收工作"专栏中登载。《中国税务报》记者采访全国税务系统先进单位——晋江市地方税务局，撰写反映其先进事迹的长篇通讯《鲜红的旗帜在飘扬》，在该报刊载。此外，省地税局还组织采写并在《经济日报》上发表《厦门地税八成来自三产》的报道，在《中国纪检监察报》上发表《以纳税人满意与否为准绳》的报道，在《中国青年报》上发表《燃青春之火，铸侨乡税魂》通讯，反映连续6届获得全国"青年文明号"称号的晋江市地方税务局磁灶分局的先进事迹。省地税局与福州市地税局联合推出以"税收与公民"为主题的网上税收大家谈活动。4月，省长习近平在《福建日报》发表题为《提高税收宣传实效，增强公民纳税意识——致我省税收宣传月》的一封信，号召各级税务机关扎实有效地搞好税收宣传月活动。省地税局与省美术家协会、省书法家协会、省摄影家协会联合举办"情注八闽，心系地税"书画摄影展活动，出版省地税系统书、画、摄影作品展画册。

2002年2月，《经济日报》头版头条刊登《人民的满意来自何处——省地税局效能建设纪实》的通讯，副总编罗开富撰写《满意来自"依法、廉政、高效"》的评论。3月，《中华工商时报》记者就省地税系统信息技术在税收领域的开发应用，撰写《积极参与建设数字福建，加快地税信息化步伐》的专题报道，在该报发表。4月，省地税局与福州市地税局联合举办以"诚信纳税、利国利民"为主题的书画宣传笔会，邀请省美术家协会、省书法家协会的多位书画家参加。为配合省地税局开展首届全省地税百强纳税企业暨十佳诚信纳税企业评选活动，在《经济日报》以四个大版面，刊登"福建地税经济特刊"内容。9月，省地税局与福建三家银行签订"税银一体划缴税款协议"，邀请福建电视台、《福建日报》、《经济快报》、《东南快报》、《海峡纳税导报》等媒体作主题报道。11月，协助省文明办完成反映省地税文化建设和行业文明创建成果的专题片《走向文明——地税篇》的拍摄，该专题片在福建电视台播出。

2003年，税收宣传月围绕"依法诚信纳税，共建小康社会"的主题，开展宣传依法诚信纳税的先进典型，并与福建电视台联合举办"税收发展和小康社会"电视访谈节目。在《福建日报》、《福建经济快报》开辟"拳拳之心"栏目，进行以"依法纳税、建设小康社会"为主要内容的系列报道。4月，全省国税系统各级申报厅做到"三个一"（一条主题横幅标语，一套以为纳税人服务和维护纳税人权益的宣传材料，一个设在申报厅触摸屏的税务宣传网页）。同时，省国税局与福建电视台联合拍摄反映打击涉税犯罪的电视纪实片——《稽查别动队》。5月，福建地税文艺小分队正式组建，承担起税收宣传演出的任务。9月，在《经济日报》上，用4个专版刊登《与时俱进谋发展——福建地税系统实践"三个代表"重要思想纪实》文章。在《党的生活》、《领导文萃》和《省政府公报》发表图文稿件，宣传省地税系统工作。

2004年4月，省委代书记、省长卢展工在《福建日报》发表开展税收宣传月活动的署名文章。各级国税机关通过"12366"纳税服务热线、网络、手机短信、申报厅窗口电子触摸屏、语音电话、发放宣传资料等各种方式，宣传税收知识。税收宣传月前后，省国税局开展"三个一"活动：拍摄一部大型电视专题片《前进中的福建国税》；汇编一册《全省国税系统第二届书画摄影大赛作品集》；组织一次全省国税系统文艺汇演。

2005年，省国税局在税收宣传月的第一天举行"税收构建和谐社会"记者八闽行出征仪式。宣传月期间，举办"税收构建和谐社会"网上论坛等税收宣传活动。各级国税机关利用自身网站开展"在线咨询"、"问卷调查"等宣传。同时，还在媒体上曝光一批涉税违法大要案，播出电视专题片《国家利益》。结合纳税信用等级评定工作，评出一批纳税信用A级纳税人。利用"12366"纳税服务热线，开展咨询辅导工作，及时、准确地解答涉税咨询。印发各种类型的税收知识小册子，并摆放在纳税申报大厅，供纳税人阅读、领用。

第四节　税务报刊

一、《福建税务》

《福建税务》前身为《福建税讯》，1985年4月创办，当年出刊4期，1986年起改为月刊。1988年第7期起将《福建税讯》更名为《福建税务》。该刊为省税务学会会刊，由省税务局和省税务学会主办，省税务局主管。1994年税务机构分设后，改由省国税局、省地税局和省税务学会联合主办，省国税局主管。

《福建税务》开辟栏目有"卷首语"、"论坛"、"政策评析"、"税收筹划"、"税政记事"、"社会扫描"、"经济广场"、"纳税人向导"、"税法公告"、"纳税人风采"、"税官生涯"、"海峡潮音"、"纳税人心声"、"百姓故事"等。

《福建税务》印量每期7000册，赠送省内税务系统税务干部和财经类大专院校师生及外省市税务学会。1994年，经省新闻出版部门批准，公开发行，当年发行量扩大到5.5万份。1995年7月18日，经国家新闻出版署批准，《福建税务》取得国内统一刊号CN35-1083/F（原CN35-1187/F）和国际标准刊号ISSN 1007-0877，在国内外公开发行。是年，《福建税务》由小16开本改版为大16开本，每期48码，发稿约12万字。1997年期发量突破10万份。1998年《福建税务》扩版为56码。

2004年1月，根据中共中央报刊整治办、中共中央宣传部和国家新闻出版总署关于整顿清理报刊的规定，《福建税务》停刊。

停刊之后省地税局继续沿用《福建税务》刊名，转为内刊，改为48码，黑白印刷，每月印数3000份，每年出刊12期，主要向系统内免费赠阅。

二、《福建税务文摘》

1990年创办，半月刊，是省税务局税收科研所主办的内部指导性、参考性刊物。

《福建税务文摘》开辟"决策参考"、"税制建设与改革"、"征管纵横"、"经济参考"、"国外税收"、"港澳台税收"、"小资料"、"合理化建议"等栏目。每期约4.4万字，发至各基层税务所、站及有关单位。

1997年12月停刊。

三、《海峡财经导报》

《海峡财经导报》的前身为《福建税务报》，1989年在霞浦创办，改回原名《税务青年报》。1991年6月，迁址宁德，改回原名《福建税务报》。2001年6月在《福建税务报》更名为《海峡纳税导报》，2003年8月再次更名为《海峡财经导报》。定位为财经服务类周报，每期24~32版，主要面对"三资"企业主、海外投资者、中小企业主、财会工作者及金融管理人员，设有"聚焦"、"财经透视"、"税眼看经济"、"财智生活"、"税收筹划"等版块。发行量为4万~7万份。

四、《福建注册税务师》

原名《福建税务代理》，2002年创刊，是福建省注册税务师管理中心和福建省注册税务师协会的内部刊物。刊物设有"领导讲话"、"领导访谈"、"代理快讯"、"税收政策新动向"、"行业动态"、"报刊文摘"、"来稿选登"、"外国税务咨询业简介"等栏目。2004年6月，更名为《福建注册税务师》。至2005年底，共发行37期。

五、《东南税务》

2004年1月创刊，每月一期。刊物设有"资讯"、"导向"、"本期关注"、"前沿"、"论坛"、"专栏"、"文化"等栏目。每期发行1万份。

至2005年12月，共发行24期。

第六章　机构与队伍

第一节　机　构

一、行政机构

（一）福建省税务局

1989 年，继续实行国家税务局对福建省税务局机构设置、干部管理、人员编制、经费开支的垂直领导。省税务局内设办公室、税政一处、税政二处、税政三处、涉外处、征管处、计会处、基建财务处、稽查总队、进出口税收管理处、人事处、监察处、基层教育处、宣传处。直属单位有：福建省税务局直接征收所、福建省税务学校。下辖 9 个地（市）税务局：福州市税务局、厦门市税务局、泉州市税务局、漳州市税务局、莆田市税务局、三明市税务局、龙岩地区税务局、南平地区税务局、宁德地区税务局，66 个县（市）税务局、21 个省辖市属分局、888 个基层税务所。另设有税务检查站 73 个，驻征组162 个。

1990 年 1 月，省税务局内部处室全部升为正处级。8 月，增设发票管理处。

1991 年，省税务局直接征收所改为省税务局直接征收处，正处级。11 月，成立中国税务报社福建记者站。

1992 年 6 月，在县（市）设立税务公安办公室。省税务局直接征收处改为省税务局直属分局（仍为正处级机构）。9 月，成立福建省税务咨询事务所，为事业单位，经济上实行独立核算，自负盈亏。

1994 年 6 月，省政府下发《关于组建国家税务总局直属机构和地方税务局有关问题的通知》，规定地方税务局按行政区划设置，做到一级财政相应有一级税务机构。实行省政府和国家税务总局双重领导、以省政府领导为主的管理体制。省以下机构设置、人员编制、干部管理、经费开支实行省垂直管理。

（二）福建省国家税务局

1994 年 5 月，国家税务总局批准成立福建省国家税务局，为正厅级。7 月，对外挂牌办公。

表 6 - 1　　　　　　　　**1989—1993 年省税务系统机构情况表**

单位：个

年份	合计	省级			计划单列市			地（行署）、市			县（市）			税校
		局机关数	直属、分局机关数	税务所数	局机关数	直属、区分局机关数	税务厅数	局机关数	直属、区分局机关数	税务所数	局机关数	直属、区分局机关数	税务所数	中专校数
1989	1048	1	—	1	1	6	13	8	20	11	66	21	899	1
1990	984	1	—	1	1	6	19	8	20	11	63	13	840	1
1991	999	1	—	1	1	7	33	8	22	11	62	13	839	1
1992	988	1	1	—	1	6	15	8	14	26	68	14	833	1
1993	1103	1	4	—	1	7	15	8	24	27	68	160	787	1

表 6 - 2　　　　**1989—1994 年省税务局正、副局长（总会计师）名表**

职　务	姓名	任职时间
局　长	余长继	1985.6—1993.2
副局长	李力军	1989.12—1993.2
局　长		1993.2—1994.5
副局长	黄寿南	1984.1—1992.12
副局长	潘宝明	1984.1—1994.7
副局长	张金水	1993.1—1994.7
总会计师	赵定	1992.12—1994.7

1. 主要职能

1994 年 7 月至 2005 年，省国家税务局履行如下职能：①贯彻执行国家的各项税收法律、行政法规和规章，结合福建实际情况，研究制定具体的实施办法。②组织各项税收收入，运用税收杠杆对经济进行宏观调控和监督。③负责福建省中央税、中央地方共享税和能源交通重点建设基金、预算外调节基金、教育费附加的征收管理工作。④统一负责全省集贸市场和个体税收管理工作。⑤负责全省涉外税收的征收管理工作。⑥管理全省出口产品的税收管理及出口退税工作。⑦监督检查全省各部门、各单位贯彻执行国家税收法律、行政法规和规章的情况。⑧调查了解纳税户的生产经营情况，帮助指导纳税户完善经营管理。⑨统一管理全省国税系统的机构、编制、人员和经费，管理各地（市）国家税务局正、副局长。⑩制定全省系统的人事、劳动工资管理制度和办法。⑪负责全省国家税务局系统的教育培训工作、思想政治工作、精神文明建设工作以及监察、审计工作。研究税收理论和税收政策，分析经济信息，掌握税收动态，组织税收宣传和开展税务咨询工作。⑫监督检查全省国家税务局系统各级机关及其工作人员执行国家法律、行政法规和规章的情况。⑬负责全省国家税务局系统和地方税务局系统的税收计划、统计报表的汇总统计工作。⑭承办国家税务总局交办的有关事项。

2. 机构设置

1994 年，省国税局内设行政处室 13 个：办公室、流转税管理处、所得税管理处、涉外税收管理处、进出口税收管理处、征收管理处、政策法制处、计划财务处、监察室、宣传处、教育处、人事处、调研处；党群部门 2 个：党组纪检组（与监察室合署办公）、机关党委会；直属单位 4 个：直属分局、稽查分局、对外税务分局（与涉外处合署办公）、进出口税收管理分局（与进出口税收管理处合署办公）；事业单位 5 个：计算机信息中心、机关服务中心、教育培训中心、税务学会、税务咨询代理事务所；派驻机构 2 个：中国税务报社驻福建记者站、省检察院驻省国税局检察室；地市国税局 9 个：福州市国税局、厦门市国税局（计划单列市）、泉州市国税局、漳州市国税局、莆田市国税局、三明市国税局、龙岩地区国税局、南平地区国税局（1994 年 12 月更名为南平市国税局）、宁德地区国税局。1994 年底，省国税系统机构设置：省国税局、厦门国税局（单列市）各 1 个，地（市）国税局 8 个，县级国税局 75 个，直属行政单位 33 个，税务所（分局）869 个。泰宁、建宁、松溪、政和、华安、周宁、寿宁、屏南、柘荣等 9 个县不分设国税、地税机构，实行"一套人马，两个牌子"合署办公的体制，由省地税局管理。

1995 年，省国税系统 9 个地（市）分辖 108 个县（市、区）和直属局。县（市、区）国税局派出机构有 161 个分局、709 个税务所。是年开始，泰宁、建宁、松溪、政和、华安、周宁、寿宁、屏南、柘荣等 9 个县不分设的税务机构，由省地税局管理改为省国税局管理。

1996 年，调整派出机构，各县（市、区）国税局下属派出机构有 203 个分局、668 个税务所。6 月，福建省注册税务师管理中心成立，为正处级事业单位（内设综合制度科和注册考试科），受国家税务总局注册税务师管理中心和省国税局、省地税局联合成立的注册税务师管理工作领导小组双重领导，日常行政归省国税局管理。管理中心人员由省国税局和省地税局调配。其职责：负责各地税务师事务所成立的审核审批；组织福建省税务师资格考试、注册登记，业务培训、年检等工作；对注册税务师以及税务师事务所的执业情况进行监督、检查，处理违法违章行为。

1997 年，精简省国税局机关内设机构，有行政处室 8 个：办公室、人事教育处、流转税管理处、所得税管理处、征收管理处、计划财务处、监察室、政策法规处；直属单位 4 个：直属分局、稽查分局、对外税收管理分局、进出口税收管理分局；事业单位5个：教育培训中心、信息中心、机关服务中心、税收科学研究所、福建税务报社。简并税务所（分局）：将原按行政区划设置机构改为按经济区域设置，简并后，全省税务所（分局）为629个；并在税源集中的城镇建立纳税申报厅。是年，龙岩地区国税局更名为龙岩市国税局。

2000年10月，按照《国家税务总局关于印发〈福建省国家税务局职能配置、内设机构和人员编制的规定〉等3个文件的通知》，省国税局机关处（室）及直属单位调整如下：省国税局内设机构9个，办公室、政策法规处、流转税管理处、所得税管理处、征收管理处、计划财务处、人事处、教育处、监察室；直属单位7个，稽查局、涉外税收管理分局（涉外税收管理处）、进出口税收管理分局（进出口税收管理处）、直属征收分局、信息中心、机关服务中心、税收科学研究所。是月，宁德地区国税局更名为宁德市国税局。

2001年，机构改革工作在省国税系统铺开。设区市国税局内设机构为7个：办公室、税收政策管理科、征管法规科、计划财务科、人事科、教育科、监察室；县级局内设机构为4个：办公室、税政征管科、计划财务科、人事监察科。省国税系统税务所、分局在机构设置上按照"以计算机网络为依托，集中征收，专业化管理，重点稽查"的原则进行，基层税务所、分局（不含厦门单列市）压缩为508个。

2002年4月，对设区市国税局的15个征收单位进行更名，将"××管理局"改为"××区国家税务局"。15个征收机构包括：福州市的鼓楼、台江、仓山、晋安管理局；漳州市的芗城、龙文管理局；泉州市的鲤城、丰泽管理局；莆田市的城厢管理局；南平市的延平管理局；三明市的梅列、三元管理局；龙岩市的新罗管理局；宁德市管理一局、管理二局。分别更名为：福州市鼓楼区国税局、福州市台江区国税局、福州市仓山区国税局、福州市晋安区国税局、漳州市芗城区国税局、漳州市龙文区国税局、泉州市鲤城区国税局、泉州市丰泽区国税局、莆田市城厢区国税局、南平市延平区国税局、三明市梅列区国税局、三明市三元区国税局、龙岩市新罗区国税局、宁德市蕉城区国税局、宁德市闽东华侨经济开发区国税局。

2005年7月，根据《国家税务总局关于规范机构设置明确职责分工方案的批复》，省国税局调整设区市国税局内设机构、直属机构、事业单位及其所属机构、派驻机构。全省8个设区市国税局（不含厦门单列市）内设机构为9个，级别为正科级，另设机关党委办公室（正科级）、离退休干部管理办公室（副科级，挂靠人事教育科）。

宁德、南平、三明、龙岩市国税局设置9个行政科室：办公室、政策法规科、税政管理科、征收管理科、计划统计科、财务管理科、人事教育科、监察室、国际税务管理科；漳州市国税局、莆田市国税局增设进出口税收管理科；福州、泉州市国家税务局增设流转税管理科、所得税管理科、进出口税收管理科（福州比照当地政府同级部门称"处"），减少税政管理科。8个设区市国税局各设置1个稽查局，级别为正科级，其内设机构5个：综合科、选案科、检查科、审理科、执行科，级别为股级。管辖范围广、纳税户多的稽查局增设1个检查科。福州市国税局、泉州市国税局各保留1个直属税务分局，级别为正科级。其内设办公室、综合业务科、计划征收科、税源管理一科、税源管理二科、办税服务厅级别为正股级。各设区市国家税务局均设置信息中心、机关服务中心和票证中心，为事业单位，级别为正科级。

全省87个县（市、区）国家税务局均为全职能局，按照行政区划设置，名称参照当地同级政府部门内设机构统一称"科"。除福州经济技术开发区国税局、福建省招商局漳州开发区国家税务局内设机构为副科级外，其他85个县（市、区）国家税务局内设机构均为正股级。

福州市琅岐经济区、福建省招商局漳州开发区、漳州龙池开发区、莆田市湄洲岛4个国税局设办公室、综合业务科、计划征收科。漳州金峰开发区、南平市高新技术产业开发区2个国家税务局设办公室、综合业务科、计划征收科、税源管理一科、税源管理二科。宁德市闽东华侨经济开发区、龙岩经济技术开发区2个国税局设办公室、综合业务科、征收管理科、计划征收科、政工科。

未分设国税地税机构的华安、泰宁、建宁、松溪、政和、屏南、柘荣、周宁、寿宁9个县税务局，设办公室、综合业务科、地方税管理科、征收管理科、计划征收科、人事教育科、监察室。其他70个县（市、区）国税局设办公室、综合业务科、征收管理科、计划征收科、人事教育科、监察室、办税服务厅。

全省除福州市琅岐经济区、福建省招商局漳州开发区、漳州龙池开发区、莆田市湄洲岛、漳州金峰开发区、南平市高新技术产业开发区6个国家税务局规模较小，不设置稽查局、信息中心外，其他81个县（市、区）国税局均设置1个稽查局和信息中心。级别除福州经济技术开发区国家税务局稽查局、信息中心为副科级外，均为正股级。税务分局（所）按行政区划或经济区划设置。全省共设置税务分局（副科级）367个、税务所（正股级）11个。名称均冠以地名。9月，根据国家税务总局关于车辆购置税机构设置的要求，省国税系统设置车购税征收机构的有：厦门市国税局直属税务分局办税服务厅，福州市国税局、宁德市国税局、莆田市国税局、泉州市国税局、漳州市国税局、龙岩市国税局、三明市国税局、南平市国税局办税服务厅，均为正科级内设机构。

2005年，全省9个设区市国税局分别辖管94个县（市、区）国税局和直属局，377个县（市、区）直属分局，11个税务所。

表6-3　　　　　　　**1994—2005年省国税局历届领导人名表**

职务	姓名	任职时间
局　长	李力军	1994.5—2000.12
副局长	张金水	1994.5—2000.12
局　长		2000.12—
副局长	林秀雄	1995.1—2001.1
副局长	连开光	1999.12—
副局长	张贻奏	1999.12—2000.12
副局长	陈滨	2000.7—
副局长	刘孟全	2003.5—
纪检组长	谭坚平	2000.7—
总会计师	王明茂	1997.1—2004.5
副局长		2004.5—
总经济师	张如力	1998.4—

表6-4　　　　　　　**1994—2005年省国税局系统机构设置情况表**

单位：个

年份	局机关数						直属行政单位数				分局（税务所）数				
	小计	省局	厦门单列市局	地市局	厦门单列市所属局	县（市、区）局	小计	省局	厦门单列市局	地市局	小计	厦门单列市局	地市局	厦门单列市所属局	县（市、区）局
1994	85	1	1	8	3	72	33	4	6	23	869	8	13	4	844
1995	85	1	1	8	3	72	34	4	6	24	870	8	13	4	845
1996	84	1	1	8	3	71	36	4	6	26	883	8	19	5	851
1997	93	1	1	8	4	79	36	4	6	26	701	8	15	14	664
1998	91	1	1	8	4	77	36	4	5	27	629	4	7	5	613
1999	91	1	1	8	4	77	36	4	5	27	629	4	5	7	613
2000	95	1	1	8	4	81	37	4	5	28	627	4	4	7	612
2001	97	1	1	8	6	81	36	4	4	28	536	1	1	26	508
2002	99	1	1	8	6	83	35	3	4	28	535	1	0	26	508
2003	99	1	1	8	6	83	35	3	4	28	483	1	0	26	456
2004	101	1	1	8	6	85	23	1	6	16	346	0	0	9	337
2005	104	1	1	8	7	87	42	1	8	33	388	0	0	11	377

（三）福建省地方税务局

1994 年 6 月成立，为副厅级单位。7 月，对外挂牌办公。1995 年 7 月，升为正厅级单位。

1. 主要职能

1994 年 9 月至 2005 年，履行以下职能：贯彻执行国家各项税收法律、行政法规和规章，按照税收管理权限，研究拟定有关地方税收政策法规以及具体实施细则、办法，提出地方税立法计划、地方税种的增减和税目、税率的调整方案。参与研究宏观经济政策，提出运用税收手段进行宏观调控的建议，促进福建省社会主义市场经济体制的建立和经济的发展。贯彻执行《中华人民共和国税收征收管理法》，组织实施地方税收征收管理体制改革；制定地方税收征收管理制度；监督检查税收法律法规和有关政策的贯彻执行。组织实施省地方税和国务院、省政府以及国家税务总局指定的基金（费）的征收管理；按照税收管理权限，对税收法律法规执行过程中的征管和一般性税政问题进行解释；组织办理政策性税收减免和优惠政策等具

表 6 - 5　　　　1994—2005 年省地税局领导人名表

职务	姓名	任职时间
局　长	潘宝明	1994.7—1997.3
局　长	陈荣凯	1997.3—2000.3
局　长	张学清	2000.3—2005.1
局　长	李国瑛	2005.6—
总会计师	赵　定	1994.7—1996.6
副局长		1996.6—1998.10
副局长	郑建忠	1994.7—2000.3
副局长	李康振	1994.7—2000.3
副局长	陈挺成	1996.6—2000.3
纪检组长	詹冬梅	1995.3—2000.3
副局长	叶木凯	2000.3—
副局长	王国璋	2000.3—2004.12
副局长	林　琼	2001.11—
纪检组长	骆安生	2002.10—
副局长	吴振坤	2000.3—
总经济师	程立顺	2002.2—
副局长	施维雄	2005.8—
总会计师	杨　红	2005.8—

体事项。编报省地方税收中长期规划和年度地方税收收入计划，并负责监督检查计划的执行情况。开展税收行政执法，负责办理税务行政复议。负责省地方税务系统人事、劳动工资、机构编制、经费的垂直领导和统一管理。按照干部管理权限管理地方税务系统领导班子和后备干部考察与培养。负责地税系统干部人事制度的改革与实施。负责地税系统教育培训、思想政治工作和精神文明建设；管理福建省税务学校。监督检查地税系统各级机关及其工作人员执行国家法律、行政法规和规章情况。研究分析全省地方税收税源状况及变化情况。调查了解纳税户的生产经营情况，帮助指导纳税户改善经营管理。组织税收宣传和理论研究；组织实施注册税务师的管理；规范税务代理行为。负责地方税务系统的群众来信来访工作。办理、答复人大、政协的提案和议案。承办省政府和国家税务总局交办的其他事项。

2. 机构设置

（1）内设处室

1994 年，省地税局内设 10 个处室和 1 个党委会。处室为：办公室、税政管理一处、税政管理二处、税政管理三处、计划财务处、稽征处（局）、宣传教育处、政策法制处、人事处、监察处（纪检组与监察处合署），规格均为正处级。

1995 年 8 月 18 日，省政府批准下发《福建省地方税务局职能配置、内设机构和人员编制方案》，方案保持省地税局内设 10 个职能处室，其中稽征处（局）分为征收管理处和稽查分局。

1998 年 8 月 3 日，增设稽查管理处。

2000 年 6 月 1 日，成立省地税局效能建设投诉中心。

2001 年 12 月 31 日，增设社会保险费征收管理处。

2004 年 3 月 9 日，增设涉外税收管理处。

至 2005 年，省地税局机构设置 13 个职能处室：办公室、政策法规处、税政管理一处、税政管理二处、税政管理三处、社会保险费征收管理处、征收管理处、计划财务处、宣传教育处、人事处、涉外税收管理处、监察室、机关党委。

（2）直属单位

1）直接征收分局

1994 年 8 月 17 日，设立直接征收分局，负责中央企业、省属重点企业及省直行政事业单位的地方税收和费金收入的征收、管理工作。12 月 9 日，直接征收分局内设综合科、征管科、稽查科、税政科、计征科、检查科。2002 年 4 月 9 日，直接征收分局内设综合科、税政征管科、计划征收科、管理一科、管理二科、管理三科、管理四科。

2）稽查分局

1995 年 8 月 18 日，成立稽查分局，负责指导全省地方税务系统的稽查业务，查处偷税、漏税、骗税、抗税大案要案。2000 年 10 月 8 日，原省地方税务局稽查分局更名为省地方税务局稽查局。

3）信息技术处

1997 年 4 月 5 日，设立信息技术处，规格为正处级，内设综合管理科、信息应用管理科、硬件管理科、软件管理科。

4）票证装备分局

1998 年 12 月 29 日，成立发票管理所，隶属征收管理处管理，为正科级。2000 年 10 月 8 日，省地税局票证装备分局成立，为正处级。主要负责基建工程质量检查；车辆、服装购置；票证管理等工作。

5）税收科学研究所

2000 年 7 月 21 日，设立税收科学研究所，为直属事业机构，相当正处级。主要承担税收科学研究工作。经费收支纳入预算管理，核定收支，实行定额或定项补助。

6）信息中心

2000 年 7 月 21 日，设立信息中心，为直属事业机构。主要负责地税信息系统网络建设、网络运行及网络工作。核定事业编制，规格相当正处级，经费收支纳入预算管理，核定收支，实行定额或定项补助。

7）省税务学校（含培训中心和党校）

省税务学校创建于 1985 年，是一所全日制普通中等专业学校。从 1994 年起，隶属于省地税局管理。1995 年 5 月 5 日，省税务学校撤销基建科和膳食科，增设干训科，并确定团委会为正科级单位。1997 年 10 月 20 日，省税务学校增设中共福建省税务学校委员会办公室，为正科级。1999 年 3 月 8 日，省地税局设立省地方税务局培训中心，负责地税干部的教育培训工作，与税务学校合署办公，实行"一套人马，两个牌子"。2001 年 3 月 5 日，省地税局成立中共福建省地方税务局党校，负责地税系统党员领导干部的轮训和政治思想培训工作，党校挂靠省税务学校。2001 年 3 月 7 日，省税务学校增设财务科、保卫科和成教科，为正科级，原人事保卫科更名为人事科。

8）海峡财经导报社

海峡财经导报社的前身，是 1998 年设立的福建税务报社，为事业单位，正处级，经费自收自支。2001 年 12 月，更名为海峡纳税导报社，仍为事业单位，经费自给，编制 30 名。2003 年 8 月，更名为海峡财经导报社。

9）地税培训中心

1997 年 6 月 11 日，漳州市地方税务局成立福建马銮湾地税培训中心，为正科级，核定编制 20 名，由省地税局负责联系和指导，自负盈亏。2005 年 7 月 1 日，福建马銮湾地税培训中心更名为福建地税培训中心。

1997年10月30日，成立武夷山市地税培训中心，作为全省地税系统干部职工的教育培训基地，委托武夷山市地方税务局管理，自负盈亏。

2005年9月5日，设立莆田湄洲地税培训中心，作为福建省地税系统教育培训基地之一，委托莆田市地方税务局湄洲分局管理，财政独立核算，自负盈亏。

（3）设区市地税局

1994年8月，各地（市）按省地税局规定的统一机构名称，先后设立各地（市）地方税务局。1995年1月，南平地区撤地建市，南平地区地方税务局更名为南平市地方税务局。1996年9月，厦门市地方税务局升格为副厅级单位。1997年5月，龙岩地区撤地建市，龙岩地区地方税务局更名为龙岩市地方税务局。2000年10月，宁德地区撤地建市，宁德地区地方税务局更名为宁德市地方税务局。

（4）县（市、区）地税局

从1994年6月开始，各县（市、区）税务机关相继组建国家和地方两个税务机构筹备组。各县（市、区）地方税务局为正科级。9月底，全省共组建县（区）地方税务局90个。各县（市、区）所属的税务所，按行政区划设置，规格为股级。至12月，组建税务所（分局）921个，其中，福州145个，厦门47个，宁德99个，莆田44个，泉州64个，漳州115个，龙岩130个，三明141个，南平136个。

1995年1月，南平市地方税务局更名为延平区地方税务局。

1996年1月，根据《福州市人民政府关于调整市辖区行政区划的通知》，福州市5个辖区的地税机构，分别改称为福州市鼓楼区地方税务局、台江区地方税务局、仓山区地方税务局、晋安区地方税务局、马尾区（开发区）地方税务局。

1996年9月，成立漳州市龙文区地方税务局，为正科级。

1997年4月，同安县地方税务局更名为厦门市同安区地方税务局。5月，龙岩市地方税务局更名为新罗区地方税务局。10月，成立泉州市丰泽区地方税务局和泉州市洛江区地方税务局，为正科级。

2000年6月，撤销泉州市地方税务局肖厝分局，设立泉州市泉港区地方税务局。10月，宁德市地方税务局更名为宁德市蕉城区地方税务局。

2001年8月，基层税务所（分局）按经济区划设置。全省设置686个税务所（分局），其中，福州132个，厦门35个，宁德52个，莆田46个，泉州118个，漳州84个，龙岩85个，三明70个，南平64个。在全省686个所（分局）中，副科级税务分局520个，比原来增加166个；税务所166个，比原来减少334个。

2002年7月，撤销莆田市湄洲湾北岸地方税务局，成立莆田市秀屿区地方税务局。撤销莆田县地方税务局，成立莆田市荔城区地方税务局。

2003年12月，撤销厦门市开元区、杏林区、鼓浪屿区、海沧投资区地方税务局，设立翔安区地方税务局、海沧区地方税务局。12月，对厦门市地方税务局区局直属单位作了调整：厦门市思明区地方税务局下属机构设置10个分局；湖里区地方税务局下属机构设置3个分局；海沧区地方税务局下属机构设置3个分局、稽查局、管理一科、管理二科；集美区地方税务局下属机构设置5个分局、稽查局；同安区地方税务局下属机构设置8个分局（所）、稽查局；翔安区地方税务局下属机构设置5个分局、稽查局，机构规格均为正科级。

2004年12月，厦门市思明区地方税务局公园分局更名为厦门市思明区地方税务局开元分局；厦门市思明区地方税务局思中分局更名为厦门市思明区地方税务局中华分局；厦门市思明区地方税务局文港分局更名为厦门市思明区地方税务局厦港分局。

2005年，全省共有县（市、区）地方税务局84个（包括9个未分设县局由国税部门管理）。7月，福州市仓山区地方税务局建新分局更名为福州市仓山区地方税务局金山分局。设立晋江市地方税务局科技工业园区分局，为副科级。8月，设立厦门市湖里区地方税务局江头分局和金山分局，为正科级。9月，设立漳州市龙文区地方税务局蓝田分局，为副科级机构。

表6-6　　　　　　　　**1994—2005年省地税局系统机构数情况表**

单位：个

年份	局机关数						直属行政单位数					税务分局（税务所）数		
	小计	省局	厦门单列市局	地（市）局	厦门所属区局	县（市、区）局	小计	省局	厦门单列市局	地（市）局		小计	厦门单列市所属区局	县（市、区）局
1994	88	1	1	8	0	78	13	1	.2	10		983	0	983
1995	99	1	1	8	6	83	22	2	3	17		212	41	171
1996	76	1	1	8	0	66	34	2	10	22		907	0	907
1997	85	1	1	8	7	68	30	3	4	23		953	75	878
1998	85	1	1	8	7	68	29	3	4	22		933	70	863
1999	85	1	1	8	7	68	29	3	4	22		933	70	863
2000	89	1	1	8	8	71	27	4	4	19		962	43	919
2001	91	1	1	8	8	73	32	4	4	24		758	43	715
2002	86	1	1	8	7	69	36	4	4	28		757	41	716
2003	86	1	1	8	7	69	36	4	4	28		757	41	716
2004	85	1	1	8	6	69	37	4	5	28		756	40	716
2005	85	1	1	8	6	69	38	4	6	28		756	42	714

二、社团组织

（一）福建省税务学会

1985年3月，在福州召开福建省税务学会第一届会员代表大会，正式成立福建省税务学会，大会选出名誉会长郭亮如、马子明、周保渊；顾问宋丹亭、胡启刚、刘守铭、尹忱之、赵志雄、陈元真；会长张建民；副会长邓子基、余长继、于泽、黄寿南、潘宝明、余衍溪、唐腾翔、吴国栋。学会成立后，开展课题研究、学术交流、创办刊物、宣传税收，多次被中国税务学会、民政部、省社科联、省民政厅评为"先进学会"、"全国先进民间组织"、"标准化学会"、"先进社团"等。

1989年9月，召开第二届会员代表大会，选出名誉会长王一士、陈元魁、郭亮如、马子明、周保渊、张建民；顾问宋丹亭、胡启刚、刘守铭、尹忱之、赵志雄、陈元真；会长余长继；副会长邓子基、于泽、余衍溪、黄寿南、潘宝明、李力军、唐腾翔、吴国栋。

1995年2月，召开第三届会员代表大会，选出名誉会长王一士、潘心城、陈元魁、郭亮如、周保渊、张建民、邓子基；顾问宋丹亭、胡启刚、刘守铭、尹忱之、赵志雄、陈元真、余衍溪；会长余长继；副会长李力军、潘宝明、黄寿南、吴吕和。

2000年7月，召开第四届会员代表大会，选出名誉会长张家坤、王建双、邓子基；顾问潘宝明、黄寿南、叶木凯、吴振坤、詹冬梅；会长余长继；副会长李力军、张学清、邱华炳、蔡德奇、张如力。

2005年1月，召开第五届会员代表大会，选出名誉会长张家坤、陈芸、邓子基；顾问余长继、林秀雄、林根琛、黄邦景、潘宝明、郑建忠、詹冬梅；会长李力军；副会长张金水、张学清、蔡德奇、邓力平、张小平。

（二）福建省国际税收研究会

1996年10月，在福州召开第一届会员代表大会暨成立大会，选举产生名誉会长潘心诚、邓子基；顾问唐腾翔；会长李力军。该研究会成立后，开展国际税收学术与理论、国际税收动向及其发展趋势的研究，对外宣传中国税收制度和对外税收政策，组织学术交流。接受社会各有关部门、纳税人的委托，承担国际税收问题的调查研究、咨询、培训和论证业务，承办税务主管部门和有关部门及企业、事业单位委托的涉税调研事项，组织评议国际税收学术研究成果，进行学术表彰。至2005年未进行换届选举。

（三）福建省注册税务师协会

福建省注册税务师协会，前身是福建省税务咨询协会。福建省税务咨询协会是在1992年9月成立的"福建省税务咨询事务所"基础上，于1996年3月召开福建省税务咨询协会第一届会员代表大会成立的，大会通过潘心诚、邓子基为名誉会长，选举潘宝明为会长，选举 7 名常务理事和 38 名理事。2002 年，福建省税务咨询协会更名为福建省注册税务师协会，4 月，召开福建省注册税务师协会会员代表大会，会议选举潘宝明、林秀雄为顾问，张学清为会长，连开光为副会长。

（四）福建省地方税收咨询协会

2001 年 1 月，在福州召开福建省地方税收咨询协会第一次会员代表大会，186 名会员参加。会议通过章程，选举产生理事长叶木凯，副理事长詹冬梅、余兆禄。该协会是由福建省地方税收咨询工作者、地方税收理论专家学者、工商企业界有关人士自愿结成的专业性、非营利性的社会组织。协会的主要工作是宣传税收法规、开展涉税项目调研、提供地方税收咨询。

第二节　队　伍

一、人员编制

1989 年，全省税务系统人员编制 14313 名，实有人员 13372 名，其中，干部 11725 名，工人 1647 名。临时助征员 1635 名。

1990 年 6 月，全省税务系统人员编制 14820 名，实有人数 13267 名（不含下半年接收的毕业生和选调的干部 752 名）。全年实有人员 13777 名，其中，干部 12152 名，工人 1625 名。

1991 年，全省税务系统人员编制 14767 名，实有人数 14153 名，其中，干部 12458 名，工人 1695 名。临时助征员 1343 名。省税务局编制 238 名，实有人员 215 名。

1992 年 6 月，中央编委办公室下文增加福建省税务系统干部 450 名，重点用于县市以下基层税务局所，县以上各级税务局机关不增编。10 月，福建省编制委员会增加福建省税务局事业编制 12 名（含记者站编制 3 名）。是年，全省人员编制 15294 名，实有人数 14515 名，其中，干部 12685 名，工人 1830 名，省税务局在册人员 238 名。

1993 年，全省税务系统人员编制 15294 名，实有人数 14977 名，其中，干部 12937 名，工人 2040 名；全省临时助征员 1537 名。省税务局编制 280 名，实有人数 264 名，其中干部 235 名。

1995 年，省国税局系统机关人员 2859 名，直属分局人数 3063 名，税务所人数 3322 名，共计 9244 名。是年，核定省地税局机关行政人员编制为 110 名（含纪检、监察干部编制）。1995年5月10日，核定全省各地（市）地方税务局人员编制为2605名。

1996年，省国税系统实有人数8946名，其中，省国税局机关199名。

1997年，重新核定省国税系统人员编制为8515名。全省地税系统行政编制10909名，其中，省、地（市）、县（市、区）地税局机关行政编制2715名，基层专项行政编制8194名。

1999年1月5日，省委机构编制委员会办公室新增省地方税务局编制2名，用于接收安排军队转业干部。

2000年，省国税局机关行政编制185名，其中，管理编制85名，征收编制100名。局领导和机关行政处（室）人员使用管理编制，其中局长1名，副局长4名，纪检组长、总经济师、总会计师各1名，助理巡视员2名；处级领导职数27名（含机关党委专职副书记、机关党委办公室主任、离退休干部管理办公室主任各1名），处级非领导职数14名。直属机构使用征收编制，其中处级领导职数12名，处级非领导职数6名。事业编制控制数为80名。11月，省地税局成立机构改革工作领导小组，按"三定"（定职能、定机构、定编制）原则，精简20%后，重新核定基层税务行政编制6555名，其中，省地税局直属单位153名，福州市地税局1359名，厦门市地税局536名，泉州市地税局914名，漳州市地税局780名，莆田市地税局404名，三明市地税局630名，南平市地税局667名，龙岩市地税局600名，宁德市地税局512名。按全省基层税务行政编制6%比例核定全省基层税务工勤人员事业编制393名（不包括机关工勤人员事业编制252名），其中，省地税局直属单位15名，福州市地方税务局81名，厦门市地方税务局28名，泉州市地方税务局55名，漳州市地方税务局47名，莆田市地方税务局23名，三明市地方税务局37名，南平市地方税务局40名，龙岩市地方税务局34名，宁德市地方税务局33名。

2001年，全省国税系统行政编制7954名（设区市国税局7769名，省国税局机关185名），其中管理编制1996名（设区市1911名；省国税局机关85名），征收编制5958名（设区市5858名；省国税局机关100名）；事业编制设区市1198名。11月1日，福建省委机构编制委员会办公室核定全省地税系统机关行政编制2523名，机关工勤人员为252名，其中福州市地方税务局机关行政编制为403名，机关工勤人员41名；厦门市地方税务局机关行政编制为216名，机关工勤人员20名；泉州市地方税务局机关行政编制为314名，机关工勤人员30名；漳州市地方税务局机关行政编制为322名，机关工勤人员33名；莆田市地方税务局机关行政编制为143名，机关工勤人员14名；三明市地方税务局机关行政编制为344名，机关工勤人员33名；南平市地方税务局机关行政编制为300名，机关工勤人员31名；龙岩市地方税务局机关行政编制为 220 名，机关工勤人员 23 名；宁德市地方税务局机关行政编制为 261 名，机关工勤人员 27 名。

2002 年，省国税局根据国家税务总局下达全省国税系统的行政编制数和事业编制数，对全省各设区市国家税务局系统人员编制进行重新核定。泰宁、建宁、寿宁、周宁、屏南、柘荣、松溪、政和、华安等 9 个县地税局人员的编制问题由省国税局会同省地税局商定。

表 6 - 7　　　　　　　　　**2002 年核定省地税系统人员编制表**

单位：名

单位	总数	人员编制					
		行政编制			工勤事业编制		
		小计	机关	基层	小计	机关	基层
省地税局机关	110	—	—	—	—	—	—
省地税局直属单位	168	—	—	153	—	—	15
福州市地税局	1884	1762	403	1359	122	41	81
厦门市地税局	800	752	216	536	48	20	28
泉州市地税局	1313	1228	314	914	85	30	55
漳州市地税局	1182	1102	322	780	80	33	47
龙岩市地税局	877	820	220	600	57	23	34
三明市地税局	1044	974	344	630	70	33	37
莆田市地税局	584	547	143	404	37	14	23
宁德市地税局	833	773	261	512	60	27	33
南平市地税局	1038	967	300	667	71	31	40
省税务学校	122	108	108	—	14	14	—

2002 年 12 月 4 日，增加省地税局行政编制 4 名。

2005 年，全省国税系统干部 9336 名，地税系统干部 10264 名。

二、干部录用

1989—1993 年，福建省税务系统干部录用实行人事部门调配制度。

1994—2005 年，省国税局组织参加福建省人事厅国家公务员招录考试工作 11 次，共招收国家公务员 1489 名，全省国税系统接收军转干 302 名。1995—2005 年，省地税系统录用公务员 2905 名，地税系统接收军转干 443 名。

三、竞岗交流

（一）竞　岗

1997 年 6 月，福州市国税系统推行竞争上岗，国家税务总局人事司于 1998 年 7 月在全国范围内推广福州市国税局的经验。《人民日报》等多家媒体予以报道。省国税局规定，凡新提拔的设区市国税局机关副科长和县级国税局副局长、总经济师以及县级国税局正副科长、正副分局长、正副所长通过竞争上岗方式产生。

1999 年 5 月，省地税局发文，要求各地市局都要选择一至两个县（市、区）局进行竞争上岗工作试点，有条件的地方可扩大竞争上岗范围。

2000 年，省国税局组织两次处级领导职务竞争上岗，有 25 位干部通过竞争上岗走上处级领导岗位。部分市、县（市、区）地方税务局推行干部竞争上岗制度，厦门市地税局，龙岩市的连城、上杭县地税局，南平市的顺昌、浦城县地税局，宁德市的蕉城区地税局实行公开选拔和竞争上岗制度改革。

2001 年 5 月，省地税局下发《全省地税系统公开选拔、竞争上岗实施办法（试行）》规定，公开选拔方式适用于各设区市地方税务局领导班子副职职务、总经济师和总会计师职务以及各设区市地方税务局内设机构领导职位、各县（市、区）地方税务局领导班子的副职和股所（分局）长。县（市、区）地方税务局领导班子的副职实行公开选拔、竞争上岗的人数原则上要达到同级干部新提拔数的 50% 左右。股（所、分局）长实行公开选拔、竞争上岗的人数原则上要达到同级干部新提拔数的 60% 以上。2002—2005 年，全省地税系统公开选拔、竞争上岗均照此办理。

（二）交　流

1994 年 12 月，省地税局下发《福建省地方税务系统实行干部交流制度的意见》，规定省地税局的正副处长，根据工作需要，可到地、市地税局任职或带职到地、市锻炼 1—3 年；部分正、副主任科员，可到县（市、区）地税局（分局）任职或带职锻炼 1—3 年；一般干部原则上每 2—3 年进行一次跨处室交流。处级干部一般 4—6 年轮岗 1 次。地（市）地税局正、副局长，在全省范围内交流。拟提拔为地（市）地税局正、副局长以上干部，一般应在基层锻炼 3 年以上和在下一级两个领导岗位任职，任期满 2 年以上，经考核确定优秀的，方可提拔使用。现任地、市地税局正、副科长和各县（市、区）地税局（分局）正、副局长，原则上在所在地、市范围内交流。专管员根据业务分工的不同性质一般 1—3 年交流一次。县（市、区）地税局正、副局长以上领导干部交流的期限，各地、市、县、区地税局（分局）干部交流的幅度，由各地决定。

1997 年，省地税局从基层选调 13 位干部到局机关和直属单位交流，挂职锻炼。

2000 年 3 月，省地税局制定《全省地税系统实行干部交流制度的实施意见》，规定各级地方税务局的领导干部在同一职位上或同一领导班子任职满 5 年的，原则上应进行交流任职。任职满 10 年的，必须进行交流任职。基层副科分局长、股所长在同一职位上任职满 5 年以上的，必须进行交流任职。处级领导干部可在全省系统范围内交流，超过 53 周岁的，一般不进行交流；科级领导干部原则上在所在地市范围内交流，超过 50 周岁一般不进行交流。各级领导副职间的工作分工原则上 5 年轮换 1 次。干部交流应与干部任期调整结合起来，交流幅度掌握在 15% ～20%。

2002 年，省地税局选拔江小晖参加援藏工作，担任西藏自治区墨脱县委副书记、常务副县长。

1994—2003 年，省国税局派出 45 位干部到基层单位挂职锻炼，派出 9 位干部赴西藏、宁夏挂职锻炼。

2004 年，省地税局选拔李建功援藏，担任西藏自治区墨脱县委书记。全省地税系统选派 22 名党员干部到行政村任职。

四、干部培训

1989—1992 年，省税务系统采取以会代训、长会短训的形式培训干部。1993 年第四季度，省税务局根据新税制的要求，对税务人员进行分期分批业务培训。

1994 年下半年，省地税系统举办 13 期培训班，培训人员 5600 人次。

1995 年，省国税局下发干部培训方案，各岗位培训人员不少于 1/5。采取"分级负责、分类分批"方式，继续举办全省性的理论、税收计算机、宣传、文秘、师资等培训班，有 2000 人参加学习。组织干部参加外语初级、中级班培训。与福光基金会联合举办赴港涉外税收骨干培训班。鼓励干部、职工参与各类成人学历教育，按 5% ～10% 比例，安排脱产学习与业务进修。是年，省地税系统举办培训班 392 期，参训人员 2.44 万人次。

1996 年，省国税局举办全省性国税系统计算机、税收业务、稽查管理、文秘等培训班 12 期，900 多人参加。省国税局 100 多人参加各类学历教育。漳州市在国家税务总局公务员新税制抽考中取得较好成绩，受到国家税务总局表彰。组织"征管能手"逐级选拔考试，评出 101 名省级征管能手，其中 4 名被评为"全国征管能手"。省地税局举办县局长培训班，邀请有关厅局领导及专家、教授讲授文明建设、廉政建设、公务员制度改革、行政处罚法和赔偿法、领导艺术、计算机原理以及税收征管、会计改革等有关知识。省地税系统举办各类培训班 487 期，接受培训人员 2.22 万人次。

1997 年，省国税局举办政治理论、税政、征管和计算机等培训班 17 期，500 多人次受训。省国税系统举办 180 多期各类培训班，近 6000 人次受训。继续开展

"税收征管能手"评选活动，评选出105名省级"征管能手"。省地税系统举办税务稽查、计算机等各类培训班200多期，培训人员1.5万多人次。

1998年，省国税系统坚持省、地市级领导班子"中心组"学习制度。省国税局举办一期处级干部邓小平理论学习班，各地（市）局也相应举办副科级以上干部政治理论学习班。按照"用什么，学什么，缺什么，补什么"的原则，举办计算机、稽查、税政、文秘、人事等培训班13期，795人次参加学习，全系统有5199人次参加各类培训。是年，省地税局举办全省地税局长理论学习班。组织计算机操作、网络知识、稽查业务统计分析等不同层次、不同内容的专题培训班326期，培训1.56万人次。60%以上的干部通过计算机一级B考试。

1999年，省国税局组织刚提拔任职的副处级以上干部10人，参加国家税务总局在扬州培训中心、湖南税专举办的处级领导干部培训班学习。举办县（市）国税局长任职培训班两期，培训108人。举办纪检监察、档案管理、公文处理、计算机网络、征管软件应用、涉外税务审计规程以及实证业务等各类培训18期，培训税务干部520人次。是年，省地税局成立省地税局干部培训中心，举办系统内各类培训20期2500人次。各地（市）地税局举办的各类培训达到人均1次以上，股所长的培训面达到100%。

2000年，省地税局实施公务员岗前培训、初任培训、军转干部培训，举办科教、计算机、WTO知识等讲座或专题报告。许多地方开展"每日一题、每周一练"等岗位练兵活动。因地制宜地开展学历教育，选送年轻干部到各类高等院校接受再教育，先后委托东北财经大学、厦门大学、福州大学、福光基金会培养在职研究生，在税校举办成人中专班。至2000年底，全系统大专学历人员已占40.58%，本科学历占17.78%，硕士、博士研究生占0.29%，分别比机构分设初期提高11.93个、12.9个和0.2个百分点。

2001年，省国税局下发《福建省国税系统"十五"期间教育培训发展规划》，建立培训基地，举办3期税收信息化培训班。各设区市局开展信息化培训，培训3000余人次。省地税局下发《2001年系统干部培训计划》，全系统共举办各类培训班598期，参训3.35万人次。委托厦门大学举办第二期"专升本"学历教育班，37名在职干部参加报考，其中13名干部被录取。与扬州大学协商并签订协议，举办"专业证书"后大专教育班，有700多名干部报名参加学习。先后推荐8名干部参加国家税务总局委托有关高校举办的相关专业硕士、博士研究生学历、学位教育的报考。地税系统内有50名干部利用业余时间学习取得专科、本科学历或硕士学位；参加大专以上继续教育2753人，占正式干部总数的1/3；公派参加脱产半脱产本科在学人数50人（其中硕士生12名）。至年底，地税系统大专以上学历占65.8%，其中本科以上学历占22%，分别比上年提高3.9个和3.3个百分点。

2002 年，全省各级国税机关开展 NIT 培训、WTO 知识、税收执法全员培训，有 7233 人参加 NIT 中级考试，通过率达到 95%，近 8000 人参加全国税收执法资格考试。4 月，组织省国税系统新提拔科级领导干部的任职培训班，36 名科局长参加培训，集中学习新《中华人民共和国税收征管法》、计算机技术以及 WTO 相关知识。开展现代远程教育、各种成人学历教育，有 2004 名干部职工被湖南大学远程学历教育正式录取，有 5 人考取硕士学位班。省地税局制定《2002 年干部培训计划》、《培训工作要求和考评标准》。组织省地税局机关科级以上干部参加全国税务系统"加入世界贸易组织与中国税务专题培训"福建地税分会场培训。举办县（市、区）局长任职培训班、全省地税系统公务员初任培训班和军转干部培训班。是年，全系统共组织各类培训 50 期 4000 余人次。选送 21 人参加硕士、博士学位教育；1800 名干部参加本科、大专以及其他各类学历教育。

2003 年，省国税局制定并实施干部教育培训五年规划，完成 NIT 的全员培训。全系统共有 6317 人获得 NIT 中级证书，名列全国第一。实施新《中华人民共和国税收征管法》及其实施细则的全员轮训，全系统组织培训项目 100 多个，8000 多名税务干部参加培训。继续加大成人学历教育力度，全系统大专学历以上的 5734 人，占 68.56%。是年，各级地税机关利用地税内部计算机网络建立地税教育网站，开辟网上学习考试基地，开展各种岗位技能、业务能手的比赛活动。省地税局举办各类培训班 24 期 1826 人次。全系统有 2397 位干部职工参加各类学历教育，占系统干部职工总数的 28.34%，具有大专以上学历的干部职工比例达 78.19%，拥有硕士、博士研究生 72 人，并有 48 人在接受硕士或博士学位教育。

2004 年，省国税系统组织实施 100 多个培训项目，有 8000 名税务干部参加考试，合格率达 100%。并举办一期新招录人员初任培训班。大专以上学历干部的比例提高到 78% 以上。省地税局制定下发《2004 年地税系统公务员培训项目计划表》，全系统共举办 1152 期培训班，约 4.2 万人次参加培训，其中省地税局机关举办 22 期培训班，2000 人次参加培训，部署地税全系统开展行政许可法的培训工作，省地税局机关、直属单位大部分干部参加行政许可法基本知识的培训，有 185 名干部参加考试。

2005 年，省国税局制定"干部教育培训五年规划"，完善分级分类培训制度，把领导干部、高层次复合型干部和中青年干部作为教育培训的重点。省国税局共举办两期科局级干部培训班、3 期初任培训班、专门业务和更新知识培训班 25 个。各设区市局共举办 11 期科（所）长轮训班、53 期一般干部更新知识培训班。省地税系统支出各类培训经费 1264 万元，人年均培训经费支出 1426 元，比上年增加 38%。全系统共举办初任培训 1 期，参加培训的新录用公务员 108 人。任职培训 13 期，参加培训人员 479 人次。各类专门业务和更新知识培训 792 期，参加培训人员

33385 人次。在内容上重点突出《中华人民共和国公务员法》学习培训、"三员"（税收管理人员、办税服务厅人员、税务稽查人员）培训。继续推进学历教育，全系统有 515 名干部获得厦大网院财政学"专升本"毕业证书，有 1124 名干部申请更改学历（位），共推荐 8 人报考国家税务总局委托培养研究生及涉外税收高级研修班。到 2005 年底，全系统大专以上学历的人员达 7666 人，占全系统人员的 87.69%，比"九五"末提高 29.04 个百分点。1994—2005 年，省地税局开支干部教育培训费达 7000 万元，人均每年约 1000 元。同时投入近千万元，用于施教机构改善设施建设。11 年间，全系统共举办各类培训班 3200 多期，受训总数达 13 万人次。6000 多人获国家计算机一级 B 以上证书，400 多人获取经济师、税务师、会计师、律师等资格证书，干部取得研究生以上学历、学位的有 113 人。

五、精神文明建设和行风建设

1991 年，省税务局局长余长继在福建电视台、《福建日报》发表《加强基层税务部门和加强基层所站的两个文明建设》的讲话，并提出 6 条要求，指导全省工作。为贯彻省委宣传部关于加强社会主义精神文明建设，拍摄"雷锋精神在福建"先进人物电视剧系列片的指示精神，省税务局与福建省电视中心联合拍摄《喧闹的街市》电视剧。3 月进行首映式，在中央电视台和福建电视台播放。此外，还复制录像带 160 卷，下发基层。各地市组织干部观看《世纪行》、《苏联局势专辑》、《风雪迷途系列片》、《焦裕禄》等电影电视片，基层部门普遍办起宣传栏、黑板报、学习园地。是年，全省税务系统向社会福利事业或灾区捐款近 20 万元，举办各种演讲会 50 多场，知识竞赛 30 多场，巡回报告会 7 场，听众达 2000 多人次，购买学雷锋和先进人物学习资料 4 万多册份。

1992 年 6 月，省税务局对 40 个社会主义精神文明先进单位和 32 位先进个人进行表彰。12 月，省税务局授予 87 个单位"全省税务系统文明税务所站"称号。

1993 年 8 月，召开全省税务系统"双先"表彰大会，表彰先进税务局 60 多个、文明税务所 100 多个、先进工作者 200 多人。

1994 年，省国税系统以建设先进国税文化和创建学习型组织为载体，提升干部队伍的综合素质。出台"首问首接制"、"否定报备制"、"监督反馈制"、"限时办结制"、"优质服务制"、"岗位责任制"、"值班长制度"、"AB 岗顶岗制度"和"办事预约制度"等，形成用制度规范服务、用制度管事管人的机制。全省地税系统重点实施"三大工程"，即党建工作的"龙头工程"、思想政治工作的"固本工程"和创建工作的"形象工程"，将党建工作、思想政治工作与文明创建工作相结合。通过培植地税文化，拓展文化阵地，丰富文明创建的内容。

1995 年，省地税系统开展"爱祖国、爱地税、爱岗位，树立地税良好形象"

的"三爱一树立"活动，开展创建"文明税务所"、"青年文明号"争先创优活动。

1996年，省国税局号召国税干部学习"全国优秀共产党员"、"税务铁人"、"人民满意的公务员"、福建省国税干部袁庭钰的先进事迹，开展"比、学、赶、超"活动。8月，省国税局召开"双先"表彰大会，表彰先进单位60多个、文明税务所100多个、先进工作者200多人。同时加强基层文明建设。局领导深入基层挂点，组织干部到贫困、受灾地区慰问，下拨资金1.2亿元，改善工作、生活条件。开展"创青年文明号"、"文明税务所"、"三爱一树立"等活动。省地税系统开展道德教育和科学文化教育，各级地税部门还制定文明公约、职业道德规范，并建立监督制约机制。全系统涌现出国家级文明税务所2个，省级文明单位12个、省级文明税务所10个，地市级文明单位10个、地市级文明税务所62个，县级文明单位95个、县级文明税务所301个。

1997年，省地税系统开展向长汀县地税局王振民学习活动。6月，《福建日报》刊登反映王振民先进事迹的长篇通讯《壮丽人生》，发表《新时期共产党员的典范》评论；福建电视台在《福建新闻》"党旗下的风采"栏目中，播出王振民事迹。

1998年，省国税系统结合征管工作，推行公开办税制度。对税务登记、一般纳税人认定、发票的领购、税款缓缴、期初存货已征税款审批、税收检查、违章处理等税收执法行为，按程序办理，做到程序合法、手续完备、服务周到、待人热情。开展创建最佳办税服务厅活动，通过评选、考核，获得国家级最佳办税服务厅称号1个，省级最佳办税服务厅称号19个。开展创建"青年文明号"、"创文明行业、建满意窗口"活动，宣传学习袁庭钰和旧镇国税分局的先进事迹。2月，省地税系统被评为全省首届"创文明行业、建满意窗口"竞赛活动先进行业，7个地市的地税部门被命名为当地的"文明系统"或先进行业，省地税系统和67个市、县、区地税局被授予省级文明单位称号，8个示范窗口被评为"满意服务窗口"，9人被评为"满意服务先进个人"，11人被命名为第六届精神文明建设"先进工作者"。10月，南安市地方税务局被中共中央宣传部、国家人事部授予"全国人民满意的公务员集体"称号。

1999年，省国税系统以党建、窗口建设、"双先"评选和迎回归系列活动等为主要内容，加强系统精神文明和行风建设。省国税局机关被省委评为首届"党建工作先进单位"，莆田市国税局外税分局和旧镇国税分局分别被中央文明委授予"精神文明建设先进单位"和"全国创建文明行业先进单位"荣誉称号。省地税局加强窗口文明建设，制定和落实满意服务"十要求"，形成服务程序、服务标准、服务承诺、服务言行等四个规范。地税系统在省政府精神文明创建中名列第四，行业满意率达89.9%，示范点平均满意率达92.7%。漳州市地税局被中央文明委授予

"全国文明单位"称号，厦门市地税局外税分局、晋江市地税局、永安市地税局、南安市地税局溪美分局被国家税务总局授予"全国税务系统文明单位"称号，福清市地税局池友平、厦门市地税局余慧玲被授予"全国税务系统优秀工作者"称号，三明市地税直属分局获"全省人民满意公务员先进集体"称号，龙海市地税局谢育生获"全省人民满意的公务员"称号。此外，还有11个青年先进集体被授予省级青年文明号，1个单位被授予全省"十佳"青年文明号。全系统共有48个单位分别获得各级"巾帼文明示范岗"称号，其中3个单位获"全国巾帼文明示范岗"称号。有102位妇女个人获得省部级各种荣誉称号。

2000年，省国税系统抓党建、窗口建设，"双先"评选等主要内容的创建活动。开展省第七届"文明单位"和省第二届"创文明行业、建满意窗口"考核验收工作，全省有2个单位被团中央和国家税务总局评为"全国青年文明号"，90个单位被评为"省级文明单位"，10个单位被评为"省级青年文明号"；福州市台江区国税局征收分局副局长郭爱莲被全国妇联和国家税务总局授予"十大杰出女税务工作者"称号。省地税局开展"创文明行业，建满意窗口"、"最佳办税服务厅"等活动。"五一"节前夕，泉州市地税局局长施维雄被国务院评为"全国先进工作者"。此外，全系统还有6人被评为"全省先进工作者"，涌现出3个"全国巾帼文明示范岗"、10个"全省巾帼文明示范岗"、2个"全国青年文明号"、10个"省级青年文明号"、1个"全省十佳青年文明号"。10月18日，《人民日报》以《坚实的脚步》为题，报道福建地税精神文明建设成果。

2001年，全省国税系统有4个单位和2人分别获得国家税务总局和国家人事部联合授予的"先进单位"和"先进税务工作者"称号，有2个单位获国家级"巾帼文明示范岗"、4个单位获省级"巾帼示范岗"称号。同时，省国税局与人事厅联合开展"双十佳"评选活动，于10月进行表彰，并组织"全省国税系统先进事迹报告团"赴9个设区市国税局进行巡回报告。省国税局党组发文，要求各级国税机关把"爱国守法、明礼诚信、团结友善、勤俭节约、敬业奉献"，作为每位国税干部职工待人接物、为人处世的基本准则。全省地税系统又涌现4个"全省巾帼文明示范岗"，6人被评为"全省先进工作者"，8个单位获得"五一劳动奖状"。

2002年，省地税系统获全省第三届"创文明行业，建满意窗口"竞赛第一名；在全省24个重点部门"行风状况满意率"综合测评中获第一名。全系统参加行风评议的85个市、县（区）局，有72个单位进入前三名，其中有36个单位名列第一。8个单位获省"五一劳动奖状"，2个单位分别获"全国农村'三个代表'学习教育活动先进集体"、"全省人民满意的公务员集体"称号，有2人分别获"全国五一劳动奖章"和"全省人民满意的公务员"称号。厦门市地税局连续五年被全国评为"创文明机关，做人民公仆"先进单位。其先进事迹被选入《"三个代表"在福建的光辉实践》书中。

2003 年，省国税局把诚信建设写进《福建省国税局关于加强全省国税系统基层建设的意见》。各地国税基层一线加强诚信建设。省国税系统在 26 个纠风重点部门的行风状况满意度测评中获得第二名。省地税系统组织开展"纳税服务年"活动，在全省第三届"创文明行业、建满意窗口"竞赛活动总评中，省地税系统居竞赛行业之首，被授予第三届（2000—2002 年度）全行业创建文明行业工作先进行业称号；系统内 99 个单位被授予第八届（2000—2002 年度）省级文明单位称号；省税务学校被授予第八届（2000—2002 年度）省级文明学校称号；6 个单位被授予第三届（2000—2002 年度）创建文明行业工作先进单位称号；4 人被授予第三届（2000—2002 年度）创建文明行业工作先进个人称号；5 人被授予第八届（2000—2002 年度）精神文明建设先进工作者称号。同时，还有 4 个单位被国家税务总局评为"全国税务系统文明单位"。

2004 年，省国税局组织编辑《福建国税风采》画册，组织文艺汇演，开展争先创优活动，涌现出"全省十大杰出青年"之一郭爱莲和 2 个"全国青年文明号"单位。省地税局和省人事厅联合对全系统 60 个先进单位、70 多名先进个人进行表彰。5 月，省地税系统组织向任长霞、郑培民、牛玉儒、郑忠华等人学习。有 2 人获"全国五一劳动奖章"，5 个单位获"省五一劳动奖状"，9 人获"省五一劳动奖章"。

2005 年，厦门市国税局"12366"纳税服务热线服务满意度达 100%；三明市宁化县国税局连续 16 次获"优质服务群众满意率"测评第一。省地税局在全系统开展首届"福建省地税系统十佳岗位标兵"评选和创文明单位、示范窗口、青年文明号、巾帼文明示范岗以及文明服务标兵等创建活动。全系统共有 19 人被授予厅级荣誉称号，其中，有 4 个单位和 1 名个人分别被国家人事部、国家税务总局联合授予"全国税务系统先进集体"和"全国税务系统先进工作者"称号；3 个单位被中央文明委评为文明单位。10 月，中央文明委授予厦门市地税局、晋江市地税局和漳州市芗城区地税局"全国文明单位"的称号。

1993—2005 年，福建税务系统获得省部级表彰的先进单位有 681 个次，其中，国税地税机构分设前先进单位 3 个次，国税系统 280 个次，地税系统 398 个次；先进个人 175 人次，其中，国税地税机构分设前先进个人 7 人次，国税系统 48 人次，地税系统 120 人次。

六、廉政建设

1990 年，省税务局党组决定，在全省税务系统开展廉政情况调查试点，选择专管个体户的福州市五分局为试点对象，要求各地、市、县（区）税务局也选择一个有代表性的下属单位进行调查。上半年，开展"两公开一监督"（公开办税程序、公开办税结果，接受群众监督）制度落实情况的跟踪调查，全省904个税务所（站），实行公开办税的有882个，占98%。

1991年，根据省税务局"纠风"领导小组的部署，全省税务县局长以上领导干部466人填报"自查表"，并对此进行考核。各地市成立21个检查组，对40个县（市、区）税务局221位正副局长进行考核调查，省税务局组织两个检查组对福州、宁德、莆田3地（市）10位正副局长的廉政情况进行抽查和测评。10月27—29日，召开全省税务系统城乡结合社教工作会议。会后，全省9个地市所辖的县、市、区税务局都组建社教工作组，保证171个试点所有1~2名工作组人员，蹲点领导工作。试点围绕群众反映的"减、免、停、定、罚"五个环节存在的"吃、拿、卡、要、索"问题进行自查自纠。工作组主动登门到当地乡（镇）党委、政府、工商、银行、企业、个体协、个体户征求意见，召开座谈会、协调会。组织人员到企业、个体户明察暗访，向纳税户函发廉政测评表、征求意见函件、廉政建设卡片、征询意见书等。据统计，在自查自纠工作中全省171个试点所，走访当地党政部门的有1200多人次，走访企业近1000户，走访个体户近4000户，向企业和个体户发出征求意见函件近2万份。

1992年11月，省税务局组织41个检查组进行廉政重点抽查，检查76个县（市、区）税务局、9个税干校和741个所站，召开843场座谈会，印发征求意见书和公开信21.54万份。对检查中发现接受吃请等问题进行整改。

1993年，省税务局建立反腐败工作领导小组。9月，组织副处级以上领导干部和9地（市）税务局长37人在长乐下沙集中学习，自查自纠。省税务局党组成员通过民主生活会带头自查自律。

1989—1993年，查处案件843个，政纪处分480人，刑事处分52人。

1994年上半年，省税务局45位处级以上干部和各地（市）税务局76位副处级以上领导干部都作廉政自查自纠。7月，自查面扩大到县（市、区）局长。成立反腐纠风工作领导小组。国税系统清退无偿占用集体资金32.72万元，清退占用企业汽车、摩托车7部，清退收受企业赞助费22万元，清退发票保证金165.7万元，清理本系统经济实体46个（已脱钩27个，撤销1个，划转18个）。省地税系统共受理信访举报信件379件，已办结337件，其中，受刑事处分的4人，行政处分的30人，一些典型案件通报全省地税系统。

1995年，省国税局制定机关本部工作人员公务接待制度。全系统召开自查自纠民主生活会868场，参加人数14266人次。7月，省国税局组织4个检查组，重点检查福州、龙岩、泉州、三明等地（市）国税系统反腐纠风工作，抽查16个县（区）分局和税务所，查处违反规定3批、15人次。全系统拒"吃喝玩乐"9266人次；拒收礼 873 人次，金额 33.88 万元。省地税系统聘请社会义务监督员 3403 名，兼职监督员 845 名，形成专兼职结合、系统内外相联系的监督体系；组织开展专项治理，对全系统配备的汽车、摩托车、移动电话、传呼机的来源进行全面清理；开展明察暗访。同时查处一批违法违纪案件，全省立案 37 起，结案 26 起。

1996 年，省国税局成立清房、清车及反腐败工作领导小组，对违规住房、基层摩托车配备中出现的问题进行清查。省国税局局长和各地市国税局长签订《廉政责任书》。执行礼品、礼金上交登记和领导干部个人收入申报等有关廉洁自律规定，在省国税系统实施廉政警戒制和领导干部个人生活重大事项报告制度。元旦、春节期间，全省国税干部拒收礼金（红包）20 余万元。各级地税部门开展清车、清房、清理占用纳税人财物的活动。全系统共受理信访举报 247 件，已办结 238 件，立案 35 件，结案 28 件，结案率达 80%。在各地行风、政风评议中，省地税系统有 43 个单位被评为前 3 名。在全省纠正行业不正之风评比中，有 10 个单位被评为先进单位，受到省政府表彰。

1997 年，省地税系统对住房、移动电话、机动车辆、预算外经费进行清理。缓建办公楼 17 座，停止装修办公楼 7 座；清理用公费安装住宅电话 444 部，公费购置移动电话 584 部；压缩会议 340 场，节约会议费 148 万元；暂缓购置小汽车 25 部；取消出国（境）10 个团组 31 人，节约经费 98 万元；取消各类庆典活动 68 场，节约资金 65 万元。

1998 年，省国税局向纳税户发出《万家企业评税风调查问卷》2.37 万份，收回 2.27 万份，其中表示对国税行风满意的 2.08 万份，占回收问卷的 91.7%。在省纠风办组织的国税、地税、工商、城管、交警等 5 个行业的民主评议行风活动中国税系统位居榜首。省国税系统清理公费购置的手机 1033 台；取消（合并）会议 298 场，节约会议经费 207 万元；取消庆典 131 个，节约开支 207.4 万元；取消各种评比达标活动 29 个，节约经费 87.4 万元；控制或取消出国组团 8 人，压缩出国人员 24 人，节约经费 30 万元；取消或压缩基建项目 16 个，节约经费 1176 万元。全系统参加领导干部廉洁自律民主生活会 1064 人，自查纠正 593 人，上交礼金 13.52 万元，上交礼品金额 9848 元。

1999 年，省国税系统有 9 个项目停建缓建，节约基建投资 7200 万元。取消出国（境）团组 2 个 11 人，节约经费 7 万元。2000—2001 年，落实《福建省国家税务局关于深入开展制止税务工作人员赠送和接受"红包"工作实施意见》、《福建省国家税务局实行党风廉政建设责任的实施办法》，落实领导干部廉政责任制度 12 项 37 条。向社会各界和全系统干部职工公布"承诺书"和廉政举报电话。

2000 年，省地税系统召开各级领导班子廉政自律专题民主生活会。省地税局先后派出工作组参加 9 个地市党组民主生活会，帮助制定整改措施。

2001 年，省地税局在全系统处级以上干部配偶中开展争当"廉内助"活动，举办预防职务犯罪讲座，组织观看警示教育片，通报典型案例。全系统共上缴礼品、礼金、有价证券 11.5 万元。受理信访举报信件 498 件，初步核实 492 件，立案 20 件，已结案 18 件。有 45 人受到党纪、政纪和法纪处分，另有 24 人受到组织处理、黄牌警告、诫勉谈话或通报批评。

2002 年，省国税局开展预防职务犯罪和"两权"（税收执法权和行政管理权）监督工作，与省检察院召开多次座谈会，联合下发《关于联合开展预防职务犯罪宣传教育月活动的通知》和《福建省国税系统税务人员职务犯罪和违纪案件的情况通报》文件，与省检察院联合召开电视电话会议，对开展宣传教育活动进行动员部署，全系统有 3000 多人参加会议。各地国税局相继组织 73 场预防职务犯罪专题讲座，参加人数达 9000 多人。组织国税干部听取服刑人员现身说法 45 场，参加人数 6000 多人次。组织观看警示教育系列片 103 场，参加人数 8500 人次。全系统近 90% 的干部职工参加中国税务报刊登的《预防职务犯罪知识竞赛试题》答卷。从人大、政协、民主党派、工青妇、纳税户和有关单位中聘请 1131 人为行风评议代表，发给聘书，授予权力，组织明察暗访，接受社会各界的监督。全系统受理群众来信来访 389 件，初步核实线索 145 件。全系统办案干部违规违纪案件 51 件，受到政纪处分 40 人。省国税系统在 26 个纠风重点部门的行风状况满意度测评中取得第二名；厦门市国税局、莆田市国税局、三明市国税局、宁德市国税局获当地行风评议第一名。是年，省地税系统受理信访举报 283 件，已初步核实 273 件，新立案 8 件，结案 8 件，16 人受到党纪政纪处分。

2003 年 5 月，省国税系统受理群众来信来访和电话举报 404 件，核实 128 件，办理政纪案件 23 件，政纪处分 25 人。国家税务总局纪检监察简报第 22 期向全国推广福建省国税系统开展预防职务犯罪教育的做法。省地税局制定《关于建立和完善反腐倡廉工作六个机制的实施意见》、《关于坚决制止用公款大吃大喝等奢侈浪费行为和歪风进一步规范公务活动的通知》，禁止送收"红包"、落实领导干部配偶和子女从业的有关规定，推进廉洁自律工作。查办违法违纪案件，有 16 人次受党政纪处分，5 人受到刑事处罚。

2004 年，省国税局、省地税局落实党风廉政建设责任制和国家税务总局关于单位主要负责人不直接分管人事、财务、基建及招投标等规定。省国税局组织党员、干部收看学习《中国共产党党内监督条例（试行）》和《中国共产党纪律处分条例》辅导报告 VCD 片，重点抓人事、经费、基建、大宗物品采购等行政管理权和税收执法权的监督。9 月，全省国税系统共有 5932 名党员、干部参加党纪条规知识测试。地（市）级国税机关都设立监察室，县级国税机关单独设立监察室的有 76 个。省国税系统收到来信来访 387 件次，结案 148 件，政纪处分 11 人。省地税局制定"政务公开办法",实行责任、审议、评议、反馈和备案五项制度。对违法违纪的18人进行党纪政纪处分。

2005年,省国税系统开展104项执法监察工作,查出违纪金额0.2万元,挽回经济损失2.77万元,提出建议34件,协助建章立制28件,推广经验3件,发现案件线索1件,给予政纪处理1人。纪检监察部门参加采购监督43批次,采购金额3247.51万元,比预算节约714元,比市场价节约965万元。收到来信来访372件次,了结133件。受到政纪处分36人。厦门市国税局"12366纳税服务热线"满意度达100%,三明宁化县国税局连续16次获"优质服务群众满意率"测评第一,漳州市平和县国税局在全县执法单位服务满意率测评中获第一名。省地税局贯彻《建立健全教育、制度、监督并重的惩治和预防腐败体系实施纲要》。

附　录

一、大事年表

1989 年

1 月 1 日起　执行国务院颁发的《国家预算调节基金征集办法》和财政部颁发的《国家预算调节基金征集办法实施细则》。

1 月 7—19 日　国务院税收、财务、物价检查组到莆田、泉州、石狮、晋江、漳州、东山、龙海、厦门等地检查指导工作。

1 月 27 日　省税务局召开省直各单位协税护税表彰大会。

3 月 5 日　省政府办公厅批复，同意福建省税务局设立税务公安办公室。

3 月 10 日　省公安厅、省检察院、省法院、省税务局召开联席会议，听取有关查处偷税抗税专项工作汇报。

3 月 11 日　省人大常委会听取省税务局领导汇报全国税务局长会议情况及福建省贯彻意见。

3 月 14 日　省人事局召开省直厅、局机关单位岗位责任制经验交流会，省税务局李力军代表税务局在大会上作税务系统推行岗位责任制的做法与体会的发言。

4 月 5 日　省税务局领导就有关税收问题答省电视台记者问。

5 月 15 日　省公安厅、检察院、法院、税务局联合召开查处偷税抗税专项工作总结表彰电话会议。会议表彰 50 个先进单位。

8 月 2 日　省政府召开全省税务系统促产增收、个体税收工作会议，省长王兆国参加会议并讲话。

10 月 13 日　省税务局局长余长继随同省长王兆国到三明化工厂、钢铁厂了解有关税收情况，并现场办公。

12 月 20 日　省税务局机关各处（室），由原来的副处级升格为正处级。

1990 年

4 月 23 日　副省长陈明义在《莆田市首季暴力抗税案件超过去年立案数》一

文上批示：对违法暴力抗税的要严肃处理，决不能手软。

8月28日　省长王兆国在一份文件中批示：对暴力抗税的违法分子要依法惩治，对税务工作人员要依法保护。

1991 年

1月7日　在省政府成员会议上，代省长贾庆林强调各级税务部门要严格执行税收法令和财经纪律，千方百计完成组织收入任务。

3月1日　省委书记陈光毅视察三明市税务局直属分局。

3月4日　国家税务局文艺演出队在福州台湾大戏院举行专场慰问演出，慰问福建省税务干部、职工。

4月16日起　实施国务院颁布的《中华人民共和国投资方向调节税暂行条例》。

7月1日起　实施《中华人民共和国外商投资企业和外国企业所得税法》和《中华人民共和国外商投资企业和外国企业所得税法实施细则》。

10月4日　省委书记陈光毅到长乐县鹤上税务所视察。

11月5—7日　省税务局举行全省增值税业务知识竞赛。漳州、福州、莆田税务局分别获得地、市考试平均成绩前三名。

是月　省税务局制定《福建省个体工商业户税收定期定额征收管理办法》。

是月　中国税务报社福建记者站成立。

1992 年

1月16—20日　由省人大常委会代表、政协委员和省政府纠风办人员组成的省纠风察访组一行，到莆田检查税务系统廉政建设和"纠风"工作开展情况。

3月　省税务局成立纪检组（正处级）。

5月12日　省税务局召开十六家"税收宣传月"联办单位汇报会，汇报宣传月活动情况。

11月25日　国务院税收、财务、物价大检查工作组一行3人，前往南平等地税务局检查指导工作。

1993 年

1月1日起　实施全国人民代表大会颁布的《中华人民共和国税收征管法》。

4月19日　国家税务局副局长张相海到厦门市税务局检查指导工作。特别强调进一步做好出口退税、涉外税收、个体税收三项工作。

10月27日　副省长王建双主持召开税务改革工作专题会议。

1994 年

1 月 1 日起　福建省全面实施新税制。税种由 34 个减少到 21 个。

1 月 23 日　福建税务系统举行"新税法咨询宣传日"活动，全省税务系统出动干部近万人，在城乡设立 2000 多个宣传点，先后接待群众咨询 62 万人次。

2 月 3—5 日　国务院副总理朱镕基到福建考察。在闽期间，与福州、厦门工商和税务系统干部进行税制改革座谈。

5 月 31 日　连江县成立全省第一家税务法庭。

5 月　李力军任省国税局局长。

7 月 1 日　潘宝明任省地税局局长。

7 月 27 日　省国税局、省地税局正式挂牌成立。省委常委、常务副省长王建双授牌，并代表省政府致贺词。

8 月 1 日起　实施省政府发布的《福建省屠宰税征收办法》。

10 月 26 日　霞浦县南镇发生殴打税务干部事件。

11 月 30 日　副省长潘心城到福州市国税局军门税务所和福州市地税局洪山分局视察税收工作。

12 月　福建省在全国率先开展"个人所得税福建行"和全省电视大奖赛系列宣传活动，省五套班子领导带头申报纳税。

1995 年

3 月　福建省成为全国第一个由省政府行文对行政事业单位、社会团体扣缴个人所得税办理注册税务登记的省份。

4 月 1 日　"税收宣传月"第一天，全省有 6000 多名税务干部职工，到城市、农村和企业开展税收宣传。

4 月 8—13 日　国家税务总局纪检组组长贺邦靖一行到省地税局机关、福州市基层税务所检查指导工作。5 月，到福州市视察税务队伍廉政建设情况。

7 月 20 日　省地税局升为正厅级。

8 月 21—25 日　全省地税系统促产增收经验交流会召开，国家税务总局副局长杨崇春、副省长潘心城参加会议并讲话。

8 月 27—28 日　国家税务总局副局长杨崇春、总会计师张惠英到厦门市国地税部门视察特区税收工作。

10 月 23—25 日　省地税局与团省委、省劳动厅联合举办福建省地税系统青年岗位能手技能大赛。

10 月 24—26 日　省国税系统创建文明税务所经验交流现场会在三明市召开。

11 月 22—24 日　应福建省税务学会邀请，台湾中华工商税务协进会理事长黄延年率领访问团一行 20 人，参加福州市与福建省税务学会举办的税收学术交流活动。

1996 年

3 月 4 日　中央政治局常委、国务院副总理朱镕基对身患白血病仍坚持工作的清流县国家税务局专管员袁庭钰的先进事迹，作了"应是全国税务工作者的模范"的重要批示。10 日，全省国税系统向袁庭钰同志学习的活动；5 月，中央电视台"新闻联播"、"焦点访谈"等节目播放袁庭钰"身患绝症七年、坚持为国收税"的先进事迹。是月，在三明召开全省国税系统向袁庭钰学习动员大会。副省长潘心城为袁庭钰题写"税务铁人"四个大字；6 月 28 日，中共中央组织部授予袁庭钰"优秀共产党员"称号；9 月 11 日，国家人事部授予袁庭钰"人民满意的公务员"荣誉称号；10 月 18 日，省国税局举行欢迎袁庭钰同志事迹报告团成员仪式。12 月，省国税局组织编写《税务铁人袁庭钰》一书，由国家税务总局党组书记、副局长项怀诚作序，福建省委书记陈明义、副省长潘心城题词，海峡文艺出版社出版。

3 月 15 日　省委统战部、省国税局、省地税局、省工商联联合表彰民营企业纳税先进单位，授予 93 家企业"福建省民营企业纳税先进单位"荣誉称号。

3 月　福建省税务咨询协会成立。

4 月 17 日　1995 年度全省地方税收代征、代扣代缴先进单位暨优秀办税员表彰会在福州召开，会议表彰 32 个代征代缴先进单位、28 个"代扣代缴先进单位"和 40 位"优秀办税员"。

7 月 1 日起　实施《福建省预算外资金调节费征收管理暂行规定》。

11 月 6 日　国家税务总局党组书记、副局长金鑫到南平视察工作。

1997 年

1 月　全省国税系统基本完成公务员过渡，开始全面实施国家公务员制度。

3 月 20 日　国家税务总局副局长程法光前往厦门、南平等地视察工作。

3 月 31 日　陈荣凯任省地税局局长。

3 月 31 日　省国税局、省委宣传部、省电视台在省电视台演播厅联合主办"春暖八闽——税企心连心文艺晚会"。

5 月 21 日　省财政厅、省地税局联合下发《福建省文化事业建设费具体征收管理办法》。

6 月 5 日　省国税局局长李力军应德国普华国家会计公司邀请，前往德国讲解税法及福建省投资法规。

6 月 29 日 省政府追授长汀县地税局局长王振民"福建省先进工作者"称号，《福建日报》刊登反映王振民先进事迹的长篇通讯《壮丽人生》，并发表评论《新时期共产党员的典范》。

6 月下旬 由国家税务总局办公厅、中共福建省委宣传部、省国税局联合录制的电教片《税务铁人袁庭钰》，由福建省出版总社和福建天宇文化音像有限公司发行。

7 月 省国税局制定《个体工商户建账管理暂行办法》。

8 月 17 日 中央文明委调研组在全国总工会副主席倪豪梅带领下到福州市鼓楼区地税局调研。

9 月 20 日 由省人事厅、省国税局联合举办全省国税系统从工人中录用公务员考试，有 580 名工人参加。

10 月 30 日 省人民检察院、省国税局、省地税局联合召开全省税务检查工作总结及表彰大会。

12 月 28 日 省税务学会会长余长继带队赴台湾参加闽台税收学术交流会。

1998 年

1 月 18 日 国家税务总局党组书记、副局长项怀诚率队到福建慰问税务干部、职工。

2 月 省地税局在全国率先完善对不如实申报的外籍人员实行个人所得税核定征收管理办法。

3 月 23 日至 4 月 1 日 全省国税系统举办稽查业务培训班。国家税务总局纪检组副组长、监察局局长权兆运，总局稽查局局长许善达到培训班授课。

4 月 16 日 省委副书记习近平到鼓楼区地税局视察办税窗口工作。

4 月 25 日 省地税局在福州科技馆举办全省地税系统打击偷逃抗税成果展览会。

5 月 省国税局首次建立内部机关网站，机关局域网以及省、地之间的广域网的开发应用工作开始起步。

6 月 23—26 日 福建省惠安县国税局洛阳分局作为全国税务系统文明服务示范单位之一，在全国税务系统"推广协税护税规范化服务座谈会"上作典型经验介绍。

6 月 宁德市国税局率先在全省税务系统国际互联网上建立专业税务站点。

8 月 25—26 日 省国税局、省外经贸委、省人民银行分行联合召开全省税贸、银贸协作会议。

9 月 10 日 中共福建省地税局党组成立，成员由陈荣凯、陈挺成、郑建忠、李康振、詹冬梅组成，陈荣凯任党组书记。

9 月 28 日　省国税局"福建金税信息网"正式加入中国公众多媒体通信网。

11 月 30 日　省委、省政府号召全省各行各业向"人民满意的公务员集体"——南安市地税局学习。1999 年 1 月 12 日，省委组织部、宣传部、省人事厅、地税局在福州联合召开学习宣传全国"人民满意的公务员集体"南安市地税局先进事迹座谈会。

1999 年

1 月 26 日　国家税务总局稽查局召集全国部分省（市）国税稽查局局长在厦门召开"关于调查落实福建省富闽公司等企业接受虚开发票案件"协查会。

2 月 3 日　中央文明办调研组到福建省调研。省国税局副局长张金水向调研组介绍福建省国税系统创建文明行业的体会。

2 月 5 日　中组部副部长虞云耀在省委常委、组织部部长陈营官，省地税局局长陈荣凯陪同下到南安市地税局考察调研。

4 月 12 日　应台湾"中华工商税务协进会"邀请，省税务学会副会长、省国税局局长李力军率领省税务学会访问团一行 15 人，赴台湾考察和学术交流。

4 月 13—18 日　全省国税系统对税务代理机构开展专项检查。

7 月　福建省成立福建省注册税务师管理工作领导小组和福建省注册税务师管理中心。

11 月 15 日　省政府办公厅下发《关于停止征收预算外资金调节费的通知》，决定对福建省行政事业单位停止征收预算外资金费。

2000 年

1 月 23—25 日　国家税务总局党组成员、总经济师李永贵到厦门、福州调研考察，与省国税、省地税两局机关处以上干部进行座谈。

4 月 2 日　调整省地税局领导班子成员：张学清任省地税局党组书记、局长，叶木凯、王国璋、吴振坤任省地税局党组成员、副局长。

6 月 1 日　省地税局效能建设投诉中心成立。

7 月 3 日　省地税局设立税收科学研究所和信息中心。

7 月 4 日　省长习近平、副省长张家坤到省地税局调研。

9 月 1 日起　停止征收福建省"基础设施附加费"。

9 月 4 日　省财政厅、省地税局、省文化厅印发《关于调整娱乐业营业税税率解决娱乐场所监督检查所需经费的意见》。

10 月 8 日　省地税局票证装备分局成立，并举行挂牌仪式。

11 月 28 日　省地税局下发《福建省地方税务行政执法过错追究办法（试行）》。

12 月 19 日　国家税务总局和全国妇联联合授予福州市台江区国税局征收分局副局长郭爱莲"中国十大杰出女税务工作者"称号。

12 月 22—29 日　省国税局机关首次实行部分副处级领导职位竞争上岗制度，竞争上岗职位 12 个。综合成绩为百分制，考试占 36%、面试占 24%、民主推荐占 20%、党组决定占 20%，综合成绩第一名者即为该职位的上岗者。

12 月 29 日　国家税务总局任命张金水为省国税局局长。

2001 年

1 月 1 日　全省基本养老保险费和失业保险费正式移交地税部门征管。

1 月 1 日　车辆购置税开始征收，车辆购置附加费停止征收。

1 月 2 日　国家税务总局副局长崔俊慧到龙岩市地税局直属分局指导工作。

1 月 8—13 日　国家税务总局党组书记、局长金人庆在省政府副省长张家坤、曹德淦分别陪同下，先后前往福州、莆田、泉州、漳州、厦门等地视察慰问，并开展调研。

4 月 1 日　省长习近平在《福建日报》发表题为《提高税收宣传实效，增强公民纳税意识——致我省税收宣传月》的一封信，号召各级税务机关和广大税务工作者紧扣宣传主题和重点，扎实有效地抓好税收宣传月活动。

5 月 1 日起　对夜总会、歌厅、舞厅、射击、狩猎、跑马、游戏、高尔夫球、保龄球、台球等娱乐行为的营业税统一按 20% 的税率征收。

6 月 25 日起　"以工建农、以工补农资金"停止征收。

6 月 28 日　省长习近平对福建省"金税工程"建设情况进行实地调研，并亲自主持省"金税工程"开通仪式。

8 月 31 日　中共中央政治局常委、中央纪委书记尉健行在福建省机关效能建设领导小组办公室报送的《福建省地税系统机关效能建设实施情况汇报》上作重要批示："请关注福建省地税系统从开展效能建设监察发展到加强效能建设的做法和经验。"

9 月 1 日　服务业有奖定额发票在福州市试行。

9 月 20 日　国家税务总局副局长崔俊慧在厦门听取上海、福建、厦门等部分省市国税局、省地税局整顿和规范税收秩序工作情况汇报，并提出下一步工作意见。

10 月 30 日　省委副书记、省纪委书记梁绮萍到南安地税局进行工作考察，对南安地税局多样化、日常化的税收宣传予以表扬。

12 月 20 日　福建省"数字福建"国税政务网站开通，"福建省地税政务信息网"网站按期与省政务信息网联网。

12 月 21 日　海峡纳税导报社成立。

2002 年

1 月 1 日起　全面停止征收社会事业发展费。

1 月 1 日起　地方教育费附加由各级地方税务机关负责征收。

1 月 1 日起　增值税一律实行"免、抵、退"的办法。

1 月　全省国税系统金税二期工程启动。

3 月 27 日　省国税局直属征收分局撤销。

4 月 7 日　省委书记宋德福、副书记黄瑞霖一行到漳平市地税局城区分局视察。

4 月 19 日　全省国税系统首届运动会开幕式在福州体育馆举行。

4 月　福建省税务咨询协会更名为福建省注册税务师协会，并将福建省注册税务师管理中心和福建省注册税务师协会两个机构实行"一套人马，两块牌子"，合署办公。

6 月 6—7 日　由省地税局、中欧工商管理学院、福建兴业银行联合主办，海峡纳税导报社承办的"2002 年民营经济发展（福建）论坛"开幕。

6 月 7 日　国家税务总局作出《关于表彰在国务院"8·7"工作组中表现突出的 64 名税务干部的决定》，为福建省国税稽查局李钟记一等功，省国税局进出口税收管理分局何卫东、泉州市国税局监察室郑向阳记二等功。

9 月 12 日　举行福建省地方税费税银一体划缴合作协议签约仪式。省地税局局长张学清代表地税局分别与福建兴业银行、中国银行福建省分行、中国农业银行福建省分行领导签订福建省地方税费税银一体划缴合作协议书。12 月 24 日，张学清代表省地税局与中国工商银行福建省分行正式签订福建省地方税费税银一体划缴合作协议书。

2003 年

1 月 1 日起　停止征收屠宰税。

3 月　全省实现对 12600 名高收入个人所得税档案管理。

9 月 15—17 日　第五届闽粤湘赣地税稽查协查网络会议在漳州市东山马銮湾地税培训中心召开，龙岩市、漳州市、三明市地税局稽查人员参加会议。

9 月 26 日　省地税局机关工会被全国总工会授予"模范职工之家"称号。

10 月 9—10 日　"福建地税发展论坛"在省工业展览中心举行，全省地税系统 72 名博士、硕士参加论坛。

10 月 14 日　省地税局开展"福建省地税局局长接待（办公）日活动"，现场征询对地税部门的执法、服务及落实政策等方面的意见和建议。

10 月 18 日 省国税局左海大厦落成并投入使用。

11 月 中国税收征管信息系统（CTAIS）在全省上线运行。

2004 年

1 月 1 日起 实施《关于进口货物进口环节海关代征税税收政策问题的规定》。

2 月 1 日起 实施国家税务总局颁布的新《税务登记管理办法》。

3 月 25 日 省检察院和国税局联合召开预防职务犯罪座谈会，省检察院副检察长何小敏，省国税局局长张金水、纪检组组长谭坚平参加会议。

5 月 1 日 实施国家税务总局 2 月 24 日发出的《税务行政复议规则（暂行）》。

5 月 11—15 日 国家税务总局党组书记、局长谢旭人一行 5 人，到厦门、漳州、泉州、福州等税务系统调研，副省长陈芸陪同。

5 月 26 日 省人大常委会副主任贾锡太、省政府副省长陈芸到省地税局检查指导工作。

6 月 1 日 全省国税系统开始实行《福建省国家税务局 CTAIS 运行管理标准》。

7 月 27 日 省地税局在福州举办分税制实施暨省地税局成立十周年工作汇报会，省人大常委会副主任张家坤、省政协副主席潘心城等领导以及三钢等 13 家企业代表出席汇报会。晚上，观看省地税局文艺小分队表演的"火红的十年"文艺晚会。

8 月 2 日 召开省国税局成立十周年庆典大会。8 月 3 日，在福州举办"回首征程"文艺晚会，纪念建局十周年。

8 月 24 日 国家税务总局巡视组在福建国税系统开展巡视。

10 月 23 日 全省地税系统岗位技能竞赛在莆田举行，来自各设区市局和省税校 126 名干部参加个人笔试赛，38 名选手名列各专业成绩前茅；南平、泉州、莆田代表队居前 3 名；12 个单位被省地税局授予优秀组织奖。

11 月 23—24 日 由国家税务总局科研所、省地税局、闽江学院联合主办的"中国地方税改革与发展高级研讨会"在福州召开。

12 月 1—2 日 国家税务总局副局长崔俊慧率浙江、江西省税务局领导及随行人员到泉州考察，副省长陈芸陪同。

2005 年

1 月 1 日 实施《税务机关代开增值税专用发票管理办法（试行）》。

1 月 1 日 省地税局对外门户网站正式开通。

3 月 4 日 省地税局举办先进事迹报告会，邀请全国税务系统先进集体、先进个人作报告。

3 月 19 日　国家税务总局纪检组组长贺邦靖一行，在副省长叶双瑜等陪同下到省国税局、上杭县国税局调研，并就基层建设、办税公开、行风建设等工作提出要求。

5 月 1 日　开始实施国家税务总局发布的《出口货物退（免）税管理办法（试行）》。

5 月 9—12 日　国家税务总局总经济师宋兰等一行到福建参加全国部分省、市个体税收征管座谈会，并到省地税局以及福州、漳州、龙岩等地开展调研，对福建省地税系统推广税管员制度、开展纳税评估、国地税联合办税等工作给予肯定。

5 月 13 日　省国税局贯彻《纳税评估管理办法（试行）》，建立纳税评估的指标体系。

6 月 28 日　李国瑛任省地税局党组书记、局长。

7 月 28 日　省国税局巡视工作办公室成立。

7 月 30 日　省委常委、福州市委书记袁荣祥，福州市长练知轩一行走访省国税局，与省国税局领导座谈，协调解决福州经济税收问题。

8 月 18 日　省地税局在省电视台演播大厅举办"税企社保业务知识竞赛"活动，来自各设区市（不含厦门单列市）的 8 支代表队 24 名选手参加竞赛，福州市、龙岩市、三明市分别获得团体前 3 名。

10 月 1 日起　实施《教育储蓄存款利息所得免征个人所得税实施办法》、《税收减免管理办法（试行）》、《个人所得税管理办法》和《税收减免管理办法（试行）》。

10 月 1 日　税收执法责任制自动考核软件在福州市地税局试点运行成功。

11 月 1 日　开始试行《纳税服务工作规范（试行）》。

11 月 10—16 日　国家税务总局副局长许善达一行到福建调研。

12 月 30 日　省地税局印发《福建省地方税务系统发票真伪鉴定管理办法》。

12 月 30 日　省长黄小晶、副省长陈芸到省国税局调研。

二、重要文献辑存

（一）福建省人民政府贯彻国务院关于加强城乡个体工商户和私营企业税收征管工作决定的通知

（闽政〔1989〕43 号）

各地区行政公署，各市、县人民政府，省直各单位：

　　为了认真贯彻执行国发〔1989〕60 号《国务院关于大力加强个体工商户和私

营企业税收征管工作的决定》，结合我省实际，特通知如下：

一、提高认识，加强领导

个体经济、私营经济是社会主义经济有益的、必要的补充。十年来的改革实践，充分证明了这一点。但个体经济、私营经济也有其不利于社会主义经济发展的消极一面。一些个体户、私营企业违法经营、偷税漏税，甚至抗税，通过不正当手段牟取暴利，是造成社会分配不公、群众意见很大的重要原因。因此，加强对个体经济、私营经济税收征管工作，促进其合法经营，依法纳税，既发挥它们的积极作用，又限制它的消极作用，不仅具有经济意义，而且具有重要的政治意义。各级政府务必切实把加强个体税收工作摆上重要的议事日程，确定一位领导具体负责，并成立由财委、税务、公安、检察、法院、司法、工商、监察、银行等部门领导参加的"整顿个体税收领导小组"，协调加强个体税收征管工作，尽快研究确定实施方案和具体措施。各部门和单位要大力支持税收工作，积极协税护税，广泛深入宣传税收法规，推进以法治税。要加强和充实个体税收征管第一线力量，确保年内个体税收管理取得突破性进展。

二、全面开展纳税检查，严格查处大要案，依法惩处偷、抗税不法分子

要继续鼓励个体经济和私营经济在国家法规、政策允许的范围内积极发展，保障个体工商户和私营企业的正当经营和合法收入。但是对偷税、抗税和用其他非法手段牟取暴利者，要依法处理，严厉制裁。各市、县要集中力量全面开展对个体税收检查整顿，对那些包工头、采矿业主、运输大户、贩运大户、承包大户、租赁大户、批发或零售兼营大户以及假集体真个人大户、私营企业等，要作为检查整顿的重点，查深查透，该补税的补税，该罚款的罚款，该法办的要及时移送司法机关依法公开审理。对围攻税务机关、谩骂、侮辱、殴打税务人员，阻碍、干扰税务人员执行公务的，要依法从重从快惩处，决不心慈手软。要坚决纠正"以补代罚"、"以罚代刑"和"以罚代拘"、"以拘代刑"等降格处理的现象，认真查处涉税案件，以保证个体税收征管工作顺利进行。对清理"假集体"工作，税务、工商部门应密切配合，积极试点，总结经验逐步推广。

三、切实抓好建账建证工作

个体工商户和私营企业，必须按照税务机关的规定建账建证，依法申报纳税。今后，凡未按规定建账或建假账的，税务机关除按规定处以罚款外，可责令其限期纠正；逾期不纠正的，由税务机关直接核定其应纳税款，并按40% ~50%的比率加成征收，限期缴纳。对拒绝缴纳税款、滞纳金和罚款的，可扣押和变卖其商品（货物）、财产和生产经营工具抵缴，或提请人民法院，依法定程序，强制执行。

采取以上措施仍不按规定建账建证或建假账的，由工商行政管理机关吊销其营

业执照；情节严重，构成犯罪的，应移送司法机关依法惩处。

四、全面调整定额和所得税带征率

各地要加强对定期定额和所得税带征率征收业户的管理，税务部门应加强调查研究，联系工商等有关部门，广泛发动群众开展民主评议。要坚持区别对待政策，实事求是，宽严适度，该调整的调整，不搞"一刀切"。对维持生计的小户可予照顾，对未达到起征点的坚持不征税。在经营收入额超过税务机关核定的定额 20% 时，工商户必须主动向当地税务机关申请调整定额，如不主动申报，应视同偷税予以处理。

五、加强发票管理

个体工商户和私营企业向税务机关购买发票，必须提供纳税保证人或保证金，实行"验旧购新"办法。购销商（产）品均应按规定如实取得或开具发票，进货未能取得正式发票的，应将有关凭证报当地税务机关查验盖章或换取正式发票。对伪造、私印、出卖发票等，应从严查处。

六、所有个体工商户和私营企业都要按规定向税务机关申报办理税务登记等事宜，按期申报纳税

由于纳税人不按规定如实申报造成的未缴或少缴的税额，以偷税论处，税务机关可直接确定其应补税额和罚款，并限期缴纳。

七、加强税务干部队伍的廉政建设

各地税务机关要认真执行公开办税制度，提高税收政策的透明度，接受群众监督。要加强干部队伍廉政和职业道德教育，坚持以法治税，廉洁奉公。如有徇私舞弊，接受贿赂，贪赃枉法的，一经发现，要依法从严处理，决不姑息迁就。

一九八九年十一月二日

（二）福建省人民政府关于组建国家税务总局直属机构和地方税务局有关问题的通知

（闽政〔1994〕162 号）

各地区行政公署，各市、县（区）人民政府，省直各单位：

为了认真贯彻落实《国务院关于组建国家税务总局在各地的直属机构和地方税务局有关问题的通知》，按照分税制的要求，结合我省实际情况，现对组建两个税务机构的有关问题通知如下：

一、各级税务机关立即成立组建国家和地方两个税务机构筹备组，在国家税务总局和省委、省政府的领导下，统一负责组建两套税务机构的各项工作。筹备组由各级税务局党组（党委）成员和正、副局长组成，现任的正副局长为筹备组的正、

副组长。

二、组建两个税务机构的指导思想是："依法治税，明确分工，通力合作，确保收入"，以精简、统一、效能为原则，实现稳步过渡。

三、国家税务系统实行国家税务总局垂直领导的管理体制。机构设置为三级，即：福建省国家税务局；福建省××地（市）国家税务局；福建省××县（市、区）国家税务局，税务所（征收分局）按经济区划设置，为县（市、区）国家税务局派出机构；省、地（市）国家税务局根据征管工作需要，可设立若干征收分局，为省地（市）国家税务局派出机构。干部管理按国家税务总局统一制定的组织条例执行。人员编制由国家税务总局报中央机构编制委员会审定。

四、地方税务局按行政区划设置，做到一级财政相应有一级税务机构。名称为福建省地方税务局，××市地方税务局（如福州市地方税务局、宁德市地方税务局，以此类推）。地方税务局系统实行省人民政府和国家税务总局双重领导、以省政府领导为主的管理体制，省以下机构设置、人员编制、干部管理、经费开支实行省垂直管理。省地方税务局暂定为副厅级，归口省财政厅。地、市、县（区）地方税务局的规范与同级政府的工作部门平衡，人员编制及设立副处级以上机构由省地方税务局征求省财政厅意见后报省编委统一核定。

五、为有利工作，减少税收成本，对财政收入比较少的泰宁、建宁、寿宁、周宁、屏南、柘荣、松溪、政和、华安等九个县的税务机构，暂实行两块牌子，一套人员，合署办公，依法征税，分别入库，由地方税务系统统一管理。人员编制由国税和地税系统分别核定。

六、关于税收征管范围中集贸市场和个体工商户税收的征收分工问题，原则上按国务院办公厅〔1993〕87号文件的规定办理。但考虑到我省的实际情况，对未设国家税务机构的乡镇，集贸市场和个体工商户税收，可由地方税务系统征收，分别入库；对虽有国家税务机构的乡镇，但与中央税收没有交叉且纯属地方税收范围的，可由地方税务系统直接征收。

七、人员划分，根据国家税务系统与地方税务系统工作业务范围，在合理分工、适当调配的基础上，按照新税种的划分将相关的业务人员分开，收入分别入库。人事、政工、后勤等人员本着有利于工作的原则，相对分开。人员的划分由组织统一研究确定。

八、在组建两个税务机构的过程中，人事调动、任免和财物原则上予以冻结。

九、两个税务机构组建前，原有的经费渠道暂不改变。组建后，国税系统的经费按国家税务总局规定办理，地方税务系统列入省级预算。集贸市场税收分成暂按原有规定执行。

十、厦门单列市两个税务机构的组建工作在省组建筹备组的统一领导下进行。

十一、两个税务机构组建完成前，两个税务机构仍在组建筹备组统一领导下开展工作。各级政府应从大局出发，积极支持两套税务机构筹备组做好税务机构的组建工作。各级税务机关要从稳定大局出发，服从领导，听从指挥，遵守纪律，稳定队伍，稳定人心，加强对人员、财物的管理，使两套税务机构的组建工作有条不紊地进行，保证新税制改革的顺利实施和税收收入任务的圆满完成。

十二、两个税务机构组建的实施方案由省组建的两个税务机构筹备组下发执行。

一九九四年六月十九日

（三）福建省人民政府关于外商投资企业比照税负退还营业税问题的通知

（闽政综〔1994〕241 号）

各地区行政公署，各市、县（区）人民政府，省直有关单位：

根据第八届全国人民代表大会第五次会议通过的《全国人民代表大会常务委员会关于外商投资企业和外国企业适用增值税、消费税、营业税等暂行条例的决定》精神，按照国务院国发〔1994〕10 号文件授权范围，结合我省实际情况，对 1993 年 12 月 31 日前批准成立的外商投资企业由于改征营业税而多缴纳的税款退还问题，作如下通知：

一、外商投资企业由于改征营业税而多缴纳的税款，是指外商投资企业提供应税劳务、转让无形资产、销售不动产，依照《中华人民共和国工商统一税暂行条例》规定实际缴纳的税款超过依原《中华人民共和国工商统一税暂行条例（草案)》计算的应纳税款及其地方附加的部分。

二、企业计算申报多缴税款时应将本企业当年（期）所提供的各项应税劳务或者转让无形资产、销售不动产，分别按所适用的税率进行计算。同一企业的不同项目劳务或者转让无形资产、销售不动产所多缴和少缴的税款相互对抵之后仍为多缴税款的，方予退还。

三、外商投资企业被查补入库的营业税税款不得作为多缴税款退还。

四、外商投资企业退税，应在年度终了后 30 日内向主管税务机关报送书面申请报告，并填写"外商投资企业营业税比照税负退税申请表"，经主管税务机关审核，逐级上报省国家税务局审批。

五、外商投资企业多缴纳税款的退还，原则上一年据实办理一次。对年度应退税额超过 30 万元的，经企业申请，逐级上报省国家税务局批准，按季预退。各地预退的税款应在年度终了后 45 日内进行清算，并报省国家税务局审批，按实结算。具体退税事宜由省国家税务局另行制定。

以上通知，请遵照执行。

一九九四年九月二十一日

（四）福建省人民政府办公厅转发省财政厅省地方税务局《关于加强个人所得税征收管理工作的报告》的通知

（闽政办〔1994〕210 号）

各地区行政公署，各市、县（区）人民政府，省直各单位：

为认真贯彻国务院办公厅转发财政部、国家税务局关于加强个人所得税征收管理意见的通知，省政府同意省财政厅、省地税局关于加强个人所得税征收管理工作的报告，现转发给你们，望认真贯彻执行。

1994 年 10 月 13 日

关于加强个人所得税征收管理工作的报告

福建省人民政府：

个人所得税是地方财政收入的主要税种之一，是个发展的税源，它对增加地方财政收入、缓解社会分配不公、保障改革开放和经济建设健康发展具有重要的经济意义和深远的政治意义。自今年 1 月 1 日实施个人所得税法以来，我省各级税务机关在当地党政领导和有关部门的密切配合下，经过广大税务干部的辛勤努力，较好地完成了新旧税制的转换与衔接工作，征收管理情况是好的。据统计，截至 6 月底，全省个人所得税入库 16048.6 万元，比去年同期"三税"合计增长 44.7%，剔除工资薪金起征点提高年影响减收约 3000 万元的因素，比增 67.3%。但目前征收中仍存在一些问题，一是对个人所得税的重要意义认识不足。有的部门、单位不愿履行代扣代缴税款的义务；纳税人自觉纳税意识较差，有的隐瞒收入，不主动申报或申报不实的情况比较普遍。二是有法不依、执法不严的现象在一定范围和一定程度上依然存在。三是征收力量不足，征管手段落后。个人工资以外的收入来源渠道多，隐瞒性强，明知个体户、承包户及一些人个人收入较高，但缺乏有效监控手段，难以查到确切依据，造成征收不足，税款流失。所有这些与新税制正常运转的要求不相符合，必须尽快采取有力措施加以改变。为了认真贯彻执行个人所得税法和《国务院办公厅转发财务总局关于加强个人所得税征收管理意见的通知》（国办发〔1994〕81 号），切实加强个人所得税征收管理，结合我省实际，提出如下补充贯彻意见：

一、加强领导与协调。各级政府应进一步加强个人所得税征收工作的领导，专员、市长及县长要亲自过问并适时协调国税局、地税局、银行、工商、宣传、司法、审计、公安、劳动、海关、人事、文化等部门的配合与协作，支持税务部门依法征税，及时研究解决征管工作中遇到的困难和问题。各地应在适当时机召开加强个人所得税工作的动员会议，各级党政领导带头缴纳个人所得税。

二、深入开展税法宣传和法律教育。各级政府应深入、持久地组织各宣传、新闻单位及税务部门开展各种形式的个人所得税法宣传活动，教育公民知法、守法、护法，增强依法纳税观念。各税务征收机关应组织人员深入扣缴户、纳税人开展具体的税收辅导；要组织社会协税护税网络，发挥社会力量举报偷漏税案件，对群众举报的案件，税务机关应按财政部〔78〕财税字 130 号规定，及时兑现本案所补税款 10％以内或本案罚金收入 30％以内的奖励，并予以保密。

三、严格计划考核，明确职责分工。1994 年个人所得税收入计划 3.56 亿元要确保完成，力争多超。福建省地方税务局务必抓紧会同福建省国家税务局将任务分解下达，严格实行单项考核制度，保证全年任务的完成。

四、认真落实代扣代缴工作，完善申报纳税制度。

1. 个人所得税征收管理关键在于源头扣缴。拟于今年 10 月，在全省范围内，由国家税务局、地方税务局系统对扣缴义务人进行一次全面清理，并逐户办理"代扣代缴义务人登记表"。

2. 所有支付个人所得的单位及个人都应依法履行代扣代缴税款的义务，并按税法规定在次月 7 日内将税款缴入国库，同时向税务机关报送"代扣代缴个人所得税报告表"。对不如期申报或申报不实等，严格按《税收征管法》第三十八、三十九、四十条有关规定处罚。

3. 各地应开展纳税人自行申报试点和纳税人储税活动，有条件的单位应推行个人所得税工资薪金计算机管理系统，建立并逐步完善个人收入征管机制。

五、强化个人收入大户和核定征收的纳税人的征管。

1. 针对个人隐性收入透明度低，个体户、承包租赁户普遍账证不全、收入不实的情况，为了堵塞漏洞，加强管征，各级税务机关应适时对实行核定征收个人所得税的纳税人全面开展定额定率调整。为了执行政策的统一性，平衡税负，缴纳增值税、消费税的个体工商户的个人所得税，由地税、国税两局核定后，由国家税务系统统一征收入库。

2. 为了加强高收入者个人所得税管征，堵塞转移收入偷漏税和抑制收人情税问题，对无法查实征收的部分高收入者、个体户试行下限"双控"核定办法，即各地（市）地方税务局区别行业、规模制定本区域内纳税人最低销售额和最低税款（或带证率），各县（市）地方税务机关在不得低于地区规定的最低限以上，根据纳税人具体情况分别核定，征收机关据此征收。

六、开展专项检查，坚决查处偷税、抗税行为。根据国务院办公厅国办发

〔1994〕81号要求，每年开展一次个人所得税专项检查。今年全省拟定于10月份开展。检查重点为高收入者和代扣缴大户。分为自查、检查、省抽查三个阶段进行。凡属省抽查出的个人所得税税款直接入省库。各级国税局、地税局、审计、纪检、公检法部门应密切配合，将各项检查查深查透。具体专检方案由省地税局、省国税局制定下发。

七、考虑到税务机构分设的实际情况，为调动税务机关征收的积极性，弥补征收经费的不足，暂定各级财政部门和税务部门可按个人所得税年入库数10%至15%提成（已列入市场税收提成的个体工商业户上缴的个人所得税除外），专项用于弥补税务局征收经费、购置征管设备、协税护税及奖励。具体提成办法由省财政厅下达。

以上报告如无不妥，请批转各地执行。

福建省财政厅　福建省地方税务局
1994年9月23日

（五）福建省人民政府批转省财政厅地税局《关于支持新一轮创业的若干财政税收政策措施》的通知

（闽政〔1998〕6号）

宁德地区行政公署，各市、县（区）人民政府，省政府各部门、各直属机构、各大企业：

经研究，现将省财政厅、地税局《关于支持新一轮创业的若干财政税收政策措施》批转给你们，请认真贯彻执行。

一九九八年三月十六日

关于支持新一轮创业的若干财政税收政策措施

一、支持高新技术企业发展，促进科技成果转化现实生产力

（一）对省科委认定的高新技术企业，属于老企业达到标准的，经省财政厅、省地税局批准，从认定年度起，参照财政部、国家税务总局财税字〔94〕001号文件执行，即头两年免征企业所得税，免税期满后减按15%税率征收企业所得税；属于新办的高新技术企业，仍按现行规定执行。

（二）为扶持我省企业向"高、精、尖"方向发展，对经省科委认定的高新技术企业生产项目和技改项目，投资方向调节税税率予以从优从宽掌握。

（三）为加强企业新产品开发和技术创新，促进科技成果转化现实生产力，对企业研究开发新产品、新技术、新工艺所发生的各项费用，新产品的试制、技术研

究有关的其他经费以及委托其他单位进行科研试制的费用，计入管理费用，准予全额税前列支。当年列支有困难的，经主管税务机关批准，允许在今后3—5年内分摊列支。对企业研制成功的国家级新产品在三年内、省级新产品在两年内，其新增增值税的地方25％分成部分由同级财政返还。

二、支持国有企业改革，鼓励安置下岗职工

（一）为促进再就业工程的实施，从1998年起，对劳服企业和国有企业为安置下岗职工兴办的"三产"实体，凡通过劳动部门、再就业服务中心等推荐，安置失业人员、下岗职工、富余人员等，其安置比例达不到规定免税比例的，每增加1个百分点，给予减征所得税额1.66％两年的优惠。

（二）下岗职工自谋职业从事个体经营的，给予免征个人所得税两年。

三、扶持支柱产业和重点产业，促进产业结构调整

对省计委、省经贸委确定的我省"5＋2"产业的重点企业，经省计委、省经贸委、省地税局共同确认其生产经营性项目、技术改造项目投资方向调节税税率予以从优从宽掌握。

四、调整行业计税工资标准，照顾特殊行业

在不突破国家规定平均计税工资标准的前提下，对高新技术企业和脏、累、险、艰等个别特殊行业的企业计税工资标准，由省地方税务局提出，经省财政厅批准，可以在一般行业标准的基础上提高20％。

五、支持两岸直航试点，推进闽台经济合作

对从事闽台直航的海运企业，其对台直航取得的运输收入，自营运之日起，三年应缴纳的营业税实行"先征后返"；对台直航的船舶应缴纳的车船使用税或车船使用牌照税，三年内实行"先征后返"。

六、支持企业改组改制，用好用活各项资金

（一）对企业主管部门、企业集团将银行借来资金转贷给所属单位而收取的资金占用费，经主管税务机关确认后，可暂按收取的资金占用费扣除支付银行利息后的余额征收营业税。

（二）对省重点扶持的集团公司，其内部财务结算中心（或类似性质机构）为集团公司内部各成员单位调剂资金，不论资金来源于银行借入，还是集团公司内部各成员单位存入或自有资金，凡在集团公司内部各成员单位间使用的，其所收取的资金占用费，经省地税局审核后报省财政厅个案审批，对其缴纳的营业税实行"先征后返"。

七、支持开发区建设，完善基础设施

对省级经济开发区和高新技术园区在开发土地过程中取得的收入，按扣除土地出让金、土地实偿费和"三通一平"支出后的实际收入征收营业税。

八、控制国有资产流失，完善"国有企业结构调整基金"

对省国资局管理的、纳入省"国有企业结构调整基金"专户存储的国有企业销售不动产和转让无形资产的收入，其缴纳的营业税由同级财政部实行"先征后返"，返还的税款并入省"国有企业结构调整基金"专户。

福建省财政厅　福建省地方税务局

一九九八年二月十四日

（六）中共福建省委、福建省人民政府关于在我省部分地区开展农村税费改革试点的通知

（闽委发〔2001〕4号）

各市、县（区）委和人民政府，省直各单位：

根据《中共中央、国务院关于进行农村税费改革试点工作的通知》（中发〔2000〕7号，以下简称中央7号文件）和全国农村税费改革试点工作会议精神，省委、省政府确定福州市的福清市、罗源县，厦门市的杏林区，漳州市的东山县、平和县，泉州市的永春县，莆田市的涵江区，龙岩市的武平县，三明市的永安市、沙县，南平市的松溪县、建阳市，宁德市的福鼎市、古田县等14个县（市、区）作为首批试点地区，从2001年开始进行农村税费改革工作。现就有关事项通知如下。

一、充分认识农村税费改革的重大意义

农业、农村和农民问题，始终是我国现代化建设的根本问题。当前，农村形势总体上是好的，但也存在着一些比较突出的问题，特别是农民收入增长缓慢、农民负担过重、税费收取不规范的问题尤为突出。有些地方和部门不顾国家三令五申，随意向农民伸手，面向农民的各种收费、集资、罚款和摊派项目多、数额大；有些地方虚报农民人均纯收入，超标准收取村提留和乡统筹费，强迫农民以资代劳；有些地方违反国家税收政策，按人头或田亩平摊征收农业特产税及屠宰税；有些地方各种名目的达标升级活动屡禁不止，所需资金最后大多摊派到农民身上；有些地方基层干部采取非法手段强行向农民收钱收物，酿成恶性案件和群体性事件等。这些问题，严重侵害了农民的经济利益和民主权利，加重了农民负担，挫伤了农民的生产积极性，影响了党群、干群关系，损害农民对党和政府的感情，影响了农村的稳定。因此，推进农村税费改革，从根本上解决农民负担问题，已成为当前农村工作的一项重大而紧迫的任务。

加快农村税费改革，是党中央、国务院为加强农业基础地位、保护农民生产积极性作出的重大决策。农村税费改革是新中国成立以来，继土地改革、家庭承包经营之后农村的第三次重大改革。推进农村税费改革，建立规范的农村税费制度，是

规范国家、集体、农民三者之间的分配关系，切实减轻农民负担，促进农村经济发展和长治久安的一项治本之策，有利于从根本上减轻农民负担，调动农民的生产积极性，进一步解放农村生产力；有利于促进乡镇精简机构，转变基层政府职能和工作作风，改善干群关系。可以说，农村税费改革代表了广大农民的根本利益，是江泽民同志"三个代表"重要思想在农村的具体体现，是一项影响深远的大事，不仅具有重要的经济意义，也具有重要的政治意义。各级党委、政府要进一步统一思想，提高认识，从全局和战略的高度，充分认识加快农村税费改革的必要性和紧迫性，增强责任感和使命感，按照中央的统一部署，积极稳妥地开展农村税费改革。

二、全面准确把握改革指导思想、基本原则和主要内容

农村税费改革试点的指导思想是：贯彻党的十五大和十五届五中全会精神，按照社会主义市场经济发展和推进农村民主法制建设的要求，从根本上治理对农民的各种乱收费，切实减轻农民负担并保持长期稳定，建立规范的农村分配制度，进一步加强农村基层组织建设，巩固农村基层政权，调动和保护农民的生产积极性，促进农村社会稳定和农村经济持续健康发展。工作方针是：坚定不移，稳步推进；扩大试点，积累经验；周密部署，扎实工作。基本原则是：从轻确定农民负担水平并保持长期稳定，兼顾乡镇政府及基层组织正常运转的需要；采取简便易行的征收方式，规范税费征收行为；实行综合配套改革，积极推进乡镇机构和教育体制改革，完善乡镇财政体制，促进乡镇财政良性循环；健全农民负担监督管理机制。主要内容是"三个取消、一个逐步取消、两个调整、一项改革"，即取消乡统筹；取消农村教育集资等专门面向农民征收的行政事业性收费和政府性基金、集资；取消屠宰税；逐步取消统一规定的劳动积累工和义务工；调整农业税政策，调整农业特产税政策；改革村提留征收使用办法。

三、深入开展调查研究，认真制定改革方案

我省地域跨度广，不同地区农业生产特点及自然条件差别较大。各地要紧密结合本地农业经济发展现状和农业生产条件，深入开展调查研究，全面、准确地掌握本地各项基础资料和农村税费征收的真实情况，对计税土地面积、计税常产、计税价格、计税税率等各项改革要素进行认真调查和测算。测算工作必须坚持实事求是，确保各项数据的真实可靠。在此基础上，严格按照中央7号文件精神和省试点方案的要求，结合本地实际，制定具体实施方案和配套措施。

各地在调查研究、制定实施方案时，要根据中央确定的原则，以减轻农民负担为立足点和出发点，正确处理改革力度与各方面可承受程度的关系，既要考虑使农民负担有相当的减轻，又要考虑县、乡财政的承受能力，保证乡镇政府和村级组织履行职责、基层政权正常运转所必需的经费开支。不能不算财政平衡账，但更重要的是要算农民减负账。在这次改革中确定农民负担水平时，决不能超过1997年的

实际负担水平，更不能把以前的不合理负担合法化。要通过规范农村分配关系，从根本上减轻农民负担，促进农村经济发展。

各设区市负责对所属县（市、区）的实施方案进行审核，经党政主要负责同志签字后，报省农村税费改革领导小组审批。各县（市、区）要按照省批复的实施方案，及时做好对所属乡镇改革方案的审批和分解、落实工作。

四、周密部署，扎实推进试点工作

1. 加强组织领导，形成促进改革的合力。农村税费改革试点能否取得成功，关键在于加强领导。各级党委、政府都要高度重视这项工作，充分认识农村税费改革的重要性、紧迫性和复杂性，充分估计试点过程中的工作难度，周密部署，精心组织。党政"一把手"要亲自抓，负总责，要层层成立以党政"一把手"为组长的农村税费改革领导小组及其办公室，抽调得力人员，专管这项工作。要在深入调查研究、广泛听取基层干部和农民意见的基础上，尽快制定本地实施方案。省直各部门要带头贯彻落实中央和省里的精神，大力支持并积极配合试点工作。各级各部门都要严格落实农村税费改革领导责任制。对于领导不力，组织不严，工作不慎，或者不按规定自行其是，影响改革的，要追究领导责任。

2. 大力加强税费改革的宣传发动工作。要结合今明两年在全省进行的农村"三个代表"学习教育活动，制定切合实际的宣传计划和简明扼要的宣传提纲，利用各种宣传方式，采用农民群众喜闻乐见的形式，使税费改革的各项政策进村入户，家喻户晓，让农民真正了解改革的精神，明确应尽的义务及纳税的具体要求和方法步骤。要针对不同层次、不同对象，采取不同的宣传形式，突出不同的宣传重点。一是要宣传改革的根本出发点和首要目标是减负，让农民实实在在地感觉到减负效果，同时又要教育农民依法履行应尽义务，不能只讲减负不讲义务，以实现权利与义务的统一；二是要把改革的内容宣传准确、到位，对减负的对比口径要进行面对面的解释宣传，把政策完整、全面地交给群众，增加农村税费改革工作的透明度，营造有利于改革的良好社会氛围。

要加强农村税费改革工作的教育培训工作。从市县到乡镇村都要培训一支精通业务、政策观念强的干部队伍。要通过层层举办学习班，认真学习文件，吃透中央精神，把改革的重大意义、基本原则、主要内容、基本步骤搞清楚，提高领导农村税费改革的水平。

3. 认真制定和完善有关配套政策。各地要注意研究农村税费改革过程中出现的新情况和新问题，妥善处理各方面的利益关系，实行综合配套改革，不断完善有关政策。要建立健全农民负担监督机制，规范农村收费制度，切实减轻农民负担；要结合市县乡机构改革，精简乡镇机构和人员，减少财政支出；要调整农村中小学校布局，提高办学效益；要严格控制各种达标升级活动，制止各类报刊乱摊派，切实减轻乡、村负担；要加大财政转移支付力度，为农村税费改革提供必要的财力保障。

4. 加强督促检查工作，确保改革政策落到实处。为保证改革的顺利进行，省委、省政府将从省直有关厅局、各市抽调干部，组成督查组，对农村税费改革试点工作情况进行督查。在省派出督查组的同时，各县（市、区）也要按照省农村税费改革领导小组的要求，对所属乡镇派出巡视组，乡镇应对所属村派出指导组或工作组，形成三级督查工作网络。督查组要深入农村税费改革第一线，及时掌握和处理改革中出现的问题，对改革中的问题要及早预见和察觉，研究解决的办法，对薄弱环节要加强督查，尽可能减少失误，扩大改革的实际成效。要加大对改革中违规违纪现象的查纠力度，对执行过程中政策走样的错误行为要及时进行纠正，确保政令畅通。要注意加强纵向和横向联系与信息沟通，及时通报情况，反映问题。

5. 加强基层组织建设，提高基层民主管理水平。各地在进行农村税费改革试点中，要结合农村"三个代表"重要思想的学习教育活动以及乡镇机构改革，切实加强农村基层组织建设。要加快推进农村民主建设进程，抓好乡镇的政务公开和落实以财务公开为主的村务公开，保障公民的合法权益。要善于用民主的办法来推进改革试点工作，每出台一项措施，都要坚持走群众路线，充分听取群众意见。对改革中涉及的计税土地、计税常产、税率、计税价格、税负等具体情况都要上墙公布，接受群众监督，取得大多数农民的认可，切实做到公开、公平、公正。

尚未开展试点的地方要继续严格执行国家现行有关税费政策和中央、省关于减轻农民负担的各项规定，进一步稳定并降低农民的现有负担水平。同时，也要从当地的实际出发，尽快进行调查研究，精心测算，摸清情况，科学地制定农村税费改革方案，为下一步全省全面推行作好充分的准备。

农村税费改革试点是一项事关全局的工作，任务十分艰巨，责任十分重大。各级党委、政府要全面贯彻落实中央关于农村税费改革的各项方针政策，精心组织，扎实工作，正确处理好改革、发展、稳定的关系。真正做到既有效地减轻农民负担，又基本保证农村基层组织的正常运转；既顺利推行税费改革，又促进农村经济发展，维护农村社会稳定，确保改革试点工作的成功，让广大农民满意，让基层干部满意，让党中央、国务院满意。

二〇〇一年四月四日

福建省农村税费改革试点方案

根据《中共中央、国务院关于进行农村税费改革试点工作的通知》（中发〔2000〕7 号文件，以下简称中央 7 号文件）以及全国农村税费改革试点工作会议的有关精神，结合我省实际，制定本方案。

一、农村税费改革试点的指导思想和基本原则

农村税费改革试点的指导思想是：贯彻党的十五大和十五届五中全会精神，按照社会主义市场经济发展和推进农村民主法制建设的要求，从根本上治理对农民的各种乱收费，切实减轻农民负担并保持长期稳定，建立规范的农村分配制度，进一步加强农民基层组织建设，巩固农村基层政权，调动和保护农民的生产积极性，促进农村社会稳定和农村经济持续健康发展。

按照上述指导思想，农村税费改革试点的基本原则是：总体部署，统筹安排，稳步推进；从轻确定农民负担水平并保持长期稳定，兼顾乡镇政府及基层组织正常运转的需要；采取简便易行的征收方式，规范税费征收行为；实行综合配套改革，积极推进乡镇机构和教育体制改革，完善乡镇财政体制，促进乡镇财政良性循环；健全农民负担监督管理机制。

二、农村税费改革试点的主要内容

农村税费改革试点的主要内容是："三个取消、一个逐步取消、两个调整、一项改革"，即取消乡统筹费；取消农村教育集资等专门面向农民征收的行政事业性收费和政府性资金、集资；取消屠宰税；逐步取消统一规定的劳动积累工和义务工；调整农业税政策，调整农业特产税政策；改革村提留征收使用办法。

（一）取消乡统筹费。取消现行按农民人均纯收入一定比例征收的乡统筹费（即乡村两级办学、计划生育、优抚、民兵训练、修建乡村道路等"乡镇五项统筹"）。取消乡统筹费后，原由乡统筹费开支的乡村两级九年制义务教育、计划生育、优抚和民兵训练支出，由各级政府通过财政预算予以安排。修建乡村道路所需资金不再固定向农民收取。村级道路建设资金由村民大会民主协商解决，乡级道路建设资金由政府负责安排。农村卫生医疗事业逐步实行有偿服务，政府适当补助。

（二）取消农村教育集资等专门面向农民征收的行政事业性收费和政府性基金、集资。取消在农村进行的教育集资。中小学危房改造资金，由财政预算安排。取消所有专门面向农民征收的行政事业性收费、政府性基金和涉及农民的集资项目。

（三）取消屠宰税。各地不得以任何名义变相收取屠宰税。

（四）逐步取消统一规定的劳动积累工和义务工。为了减轻农民的劳务负担，防止强行以资代劳，农村税费改革后逐步取消统一规定的劳动积累工和义务工（简称"两工"）。根据我省农业基础设施薄弱、建设任务重等实际情况，决定试点地区从试点年度起用3年时间逐步取消统一规定的"两工"。有条件的地方，可一步到位，即从试点年度起取消"两工"。实际逐步取消"两工"的地方，应本着适当减轻的原则保留部分"两工"，"两工"使用量由试点县人民政府确定。"两工"取消后，村内进行农田水利基本建设、修建村级道路、植树造林等集体生产公益事业所需的劳务，实行一事一议，由村民大会民主讨论决定。除遇到特大防洪、抢险、

抗旱等紧急任务，经县级以上人民政府批准可临时动用农村劳动力外，任何地方和部门均不得无偿动用农村劳动力。

（五）调整农业税政策。

1. 合理确定农业税计税土地面积。农民承包土地从事农业生产的，农业税计税土地面积为第二轮承包用于农业生产的土地，即以二轮承包土地面积为依据，对耕地增加、征占土地、自然灾害等增减耕地，按实际情况进行调整；从事农业生产的其他单位和个人，农业税计税土地为实际用于农业生产的土地面积。各级政府必须负责做好农业税计税土地的核实工作，由农业部门牵头，土地、财政、统计等职能部门密切配合，共同做好农业税计税土地面积核实工作。各级政府及有关部门应本着实事求是的精神，对耕地增加、征占、自然灾害等增减耕地进行科学合理的核实和调整，切实解决"有税无地"或"有地无税"问题。农业税计税土地实行动态管理，计税土地发生增减变化，农业税应当及时进行调整。对农民承包土地被非法征占问题，各级政府和土地部门应依法进行清理和处理。

2. 调整农业税计税常年产量。农业税计税常年产量以 1998 年前 5 年农作物的实际平均产量（折算成稻谷数）为基础，并根据土地级差、农民负担能力、毗邻地区的负担平衡等因素，由县级征收机关对乡村的平均产量进行适当调整后，报县人民政府批准确定，并保持长期稳定。具体确定村和户的常年产量，必须自下而上与自上而下相结合，过去村里有统计数据的，可以经群众认可作为依据；过去村里没有统计数据的，要由农民参加评定，评定结果要张榜公布，让大多数群众认可。可采取以村为单位测算出一个平均数，以此为参照，再对农户进行评估和调整。

3. 合理确定农业税税率。根据国家有关规定以及我省地域条件的差异和农业生产条件的差别，我省农业税税率继续实行地区差别比例税率，最高不超过 7%。

4. 合理确定农业税计税价格。农业税计税价格，折征代金的，以县为单位按 2000 年早稻市场价格确定，一定五年，如遇市场价格跌幅较大，再予以调整。以实物缴纳的，由当地征收机关按当年当地粮食市场价（或保护价）与粮食部门进行结算。

5. 农业税及附加征收方式。农业税保持粮食计算单位。根据我省粮食购销体制改革精神，农村税费改革后，我省农业税及其附加在农民自愿的前提下，鼓励采取折征代金制。折征代金后，如果纳税人以代金方式缴纳有困难的，也可以实物方式履行纳税义务。为方便农民缴税，简化征收手续，征实地区税款结算采取"实物缴纳，货币结算"的方式，纳税额多少以货币衡量。在国家收购粮食品种范围内，农民缴纳实物不受品种限制。对农民缴纳的税款粮，国有粮食购销企业应履行好代征义务，农业发展银行要发放相应的贷款，以保证与征收机关及时结算税款。

各县（市、区）农业税的具体计税常年产量、税率、计税价格和依率计征税额，经设区市农村税费改革领导小组审核并报省农村税费改革领导小组审批后，要分类测算到乡，并落实到农户或其他农业税纳税单位和个人。

农业税减免政策基本维持不变。农业税具体征收管理按新制定的《福建省农业税实施办法（试行）》执行。

（六）调整农业特产税政策。根据中央7号文件和《财政部、国家税务总局关于调整农村税费改革试点地区农业特产税政策的通知》规定，农业税和农业特产税不能重复交叉征收，在非农业税计税土地上从事应税农业特产品生产的，继续征收农业特产税；在农业税计税土地上生产的农业特产品，或者征收农业税，或者征收农业特产税，严禁两税重复征收。对部分生产、收购两个环节征税的农业特产税，合并在生产或收购一个环节征收。适当降低部分农业特产税税率。

农业特产税的税目、税率、征收环节、征管办法及减免政策按新制定的《福建省农业特产税实施办法（试行）》执行。

（七）改革村提留征收和使用办法。村干部报酬、五保户供养、办公经费等三项费用，除原由集体经营收入开支的仍继续保留外，凡由农民上缴村提留开支的，采用新的农业税附加和农业特产税附加方式统一收取，附加比例最高均不得超过其正税的20％。农业税及其附加、农业特产税及附加统一由财政机关负责征收，使用财政部门统一印制的专用票据，也可以委托粮食、林业、供销等部门和单位在收购农副产品时代扣代缴。农业税附加和农业特产税附加属于集体资金，由乡镇经营管理部门负责监督管理，实行乡管村用，必须全额用于村级的三项费用，严禁任何组织或单位进行截留、平调和挪用。

各县（市、区）农业税和农业特产税附加比例由设区市农村税费改革领导小组审批，并报省农村税费改革领导小组备案。

（八）建立健全村级"一事一议"的筹资筹劳管理制度。农村税费改革后，村民委员会提议兴办集体生产和公益事业所需资金和劳务，不再固定向农民筹集，实行"一事一议"。村内"一事一议"的筹资筹劳主要用于本村范围内农田水利基本建设、植树造林、修建村级道路等集体生产、公益事业。筹资筹劳实行上限控制，每年每人的筹资额控制在1999年农民人均纯收入的0.8％以内，筹劳数控制在5个工日以内，任何地方不得强行以资代劳。"两工"分步取消的地方原则上不实行筹劳。各县级人民政府可根据当地经济发展水平和农村事业发展需要以及农民承受能力，在上限范围内确定具体执行标准。属于农民筹资筹劳范围的事项，村民委员会应于年初提出具体预算，经村民大会民主讨论通过，报乡镇人民政府批准后执行，并报县级农民负担监督管理部门备案。个别村委会"一事一议"的筹资筹劳如果确需突破标准，必须经过全体村民同意，乡镇政府审核，报县级人民政府批准后执行。

试点地区要加强村内"一事一议"筹资筹劳的监督管理，实行村务公开、村民监督和上级审计。

（九）采取有效措施均衡农村不同从业人员的负担。原由乡村集体经营收入负担村提留和乡统筹费的，改革后可以采取适当方式继续实行。对不承包土地并从事工商业活动的农民，是否收取一定的资金用于发展村内公益事业，由试点县人民政府确定。如要收取，必须按照权利与义务对等的原则，经村民大会民主讨论确定，收取数量不能超过原乡统筹费和新农业税附加、农业特产税附加的负担水平，并纳入村内一事一议项目，确保用于村内集体公益事业。

在税费改革过程中，各地要认真审核和清理历年形成的农业税、农业特产税、"村提留乡统筹"尾欠，并具体核实到户。要防止出现突击清欠、预收乡统筹和村提留等加重农民负担的现象。对一时全部归还有困难的农户，要制定具体的分年度清欠计划，根据清欠数额和农民承受能力，分批、分期清欠。对农业税、农业特产税尾欠，由乡镇财政部门核实清收。对村提留乡统筹尾欠，由乡镇农民负担监督管理办公室清理初审，并报县农民负担监督管理部门核实后，按原渠道进行清收。对清收的尾欠款，要按原来的渠道管理和使用，任何部门和单位不得挪用。在清理尾欠过程中，必须严格依法清收，严禁采取非法手段，防止引发涉农恶性案件。

三、农村税费改革的有关配套措施

（一）精简乡镇机构和人员，切实转变政府职能。在推进农村税费改革过程中，必须把乡镇机构改革作为重要的配套改革认真抓好。一是精简乡镇机构和人员。各地要按照中央和省的统一部署，精简乡镇党政机构，归并设置过多、过散的事业单位，压缩乡镇行政和事业单位人员编制，清退各类临时人员，裁减超编人员。二是转变乡镇政府职能。随着社会主义市场经济的发展，农村经济组织和经营体制已发生了根本性的变化，农户成为独立自主的经营主体。乡镇政府要适应这个变化，重新规范职能，从过去直接抓生产经营、催种催收，转到落实政策、行政执法、提供公共服务上来，强化为农业、农村和农民服务的功能。三是有条件的地方，对规模过小的乡镇，可以在不影响社会稳定和有利于农村经济发展的前提下适当撤并。四是减少村干部的补贴人数，实行交叉任职，村民小组长一般应由村干部兼任，以缩减村级支出。

（二）精简和优化教师队伍，合理配置教育资源，保障义务教育经费投入。这要作为农村税费改革的重要组成部分和农村基础教育改革与发展的重要任务。一是采取措施精简和优化教师队伍。要改革用人机制，激励教师献身农村教育事业，提高自身素质和教学质量；要严格核定编制和岗位，辞退代课教师，清退临时工勤人员，压缩非教学人员。二是合理调整农村中小学学校布局，优化配置教育资源，改善办学条件，节约教育经费，减轻农民负担。在农村税费改革过程中，要重视农村义务教育的稳定和发展。要建立和完善经费保障机制，加强县级政府对教师管理和教师工资发放的统筹职能，将农村中小学教师工资的管理上收到县，由县级财政按国家规定的标准及时足额发放。要切实安排农村中小学正常的公用经费、危房改造资金和校舍建设资金，确保学校的正常运转。

（三）加大财政转移支付力度，为农村税费改革提供必要的财力保障。农村税费改革后，乡镇政府和村级组织出现了不同程度的收支缺口。解决这个问题，绝不能再在农民身上打主意，而要在精简机构和人员、削减开支、调整支出结构的前提下，通过各级财政转移支付等办法，保障基层政权正常运转。要健全转移支付制度，规范转移支付办法，提高转移支付的透明度，加大对转移支付资金监管的力度。一定要管好用好农村税费改革专项转移支付资金，对截留、挪用转移支付资金，加重农民负担的有关责任人员，要严肃查处。

（四）建立有效的农民负担监督管理机制

1. 规范农村收费管理。各地要结合农村税费改革，对本行政区域内现行涉及农民的收费项目进行一次全面清理整顿。今后各地、各部门不得以任何理由出台涉及农民负担的收费、集资项目。对确需保留的少量涉农收费项目，须上报省财政厅、省物价局、省农民负担监督管理部门重新审核收费范围和标准，并推行涉农收费公示制度，通过新闻媒体向社会公布，从县到乡镇、村、村民小组都要张贴公告，做到家喻户晓，接受广大农民和社会各界的公开监督。

2. 加强对经营服务性收费的管理。各地对承担有偿服务事务的乡镇有关站、所，应将不体现政府职能的收费项目报省物价等部门批准后，及时转为经营性收费，严格按照经营性收费的管理要求，在规定的收费范围和标准内据实收取，严禁强制服务收费等加重农民负担的行为。不得将一些已经取消的行政事业性收费转为经营性收费。

3. 开展专项治理。重点抓好农村中小学乱收费、农村用电乱收费、报刊乱摊派、各种要农民出钱出物的达标升级活动等专项治理整顿工作，对其他涉及农民负担的收费，也要认真进行清理整顿。要坚决取消中小学校代办保险等各种代收费。禁止利用农村电网改造之机搭车收费，农村中生产用电严格实行计量收费，逐步实行城乡同网同价。报刊订阅要严格执行《中共福建省委办公厅、福建省人民政府办公厅关于禁止向农村和农民摊派报刊征订的通知》（闽委办〔2000〕88号）文件有关规定，坚持自愿原则，禁止向基层搞摊派，乡村两级报刊经费实行总量控制。任何部门和单位不得在农民建房、婚姻登记、计划生育、子女入学、户籍管理、外出务工、农机监理等管理过程中搭车收取任何费用。

4. 落实有关责任制。继续执行党政领导亲自抓、负总责的工作制度和专项治理的部门负责制，实行农民负担"一票否决"制度。各地要建立健全农民负担监测、信访举报、检查监督、案件查处等制度，加大对违规违法行为的查处力度。对继续搞"三乱"和擅自进行达标升级活动的，要追究领导责任。

（五）完善县乡（镇）财政体制，规范县、乡、村之间的分配关系。各地应按照财权与事权相统一的原则，相应赋予乡镇与其承担事权相一致的财权。同时，要完善县、乡（镇）财政体制，规范县、乡（镇）村之间的分配关系。严禁无偿平调、挪用乡镇及村级集体财产，保护农民合法权益不受侵犯。农村税费改革后增加的农业税收入原则上留归乡镇。要加强乡镇及村级财务建设，培训财务人员，加强和完善农村基层组织的财务核算和管理工作。

（六）认真研究和妥善处理乡村不良债务。乡村债务产生的原因比较复杂，解决起来需要一个过程。这个问题不是农村税费改革带来的，原则上应与农村税费改革分开处理。要根据乡村债务的性质和构成，区别情况，分类处理，逐步化解。该剥离的剥离，该清偿的清偿，要采取切实措施防止产生新的不良债务。具体办法必须严格按照《福建省人民政府办公厅关于继续做好清理乡村两级不良债务工作的通知》（闽政办〔2000〕175号）文件执行。

（七）制定有利于计划生育的配套政策。试点地区在税费改革过程中要统筹考虑，相互协调，制定有利于人口与计划生育工作的政策。要稳定基层计生队伍，保证必要的计划生育事业经费投入。原县级以上人民政府出台的计划生育优惠政策原则上要予以保留。

（八）加强监督，严肃纪律，保证各项改革任务落到实处。农村税费改革事关农村稳定与发展的大局，各级党委、政府要精心组织，认真实施。改革的成功与否，关键在县（市、区），县（市、区）委书记是这次改革的第一责任人，县（市、区）长是直接责任人。各县（市、区）要将此项工作作为县（市、区）委、县（市、区）政府的中心工作，抓紧、抓实、抓好。各相关部门在改革中要从大局出发，服务改革的需要，积极配合做好工作。各级各有关部门要严格执行中央7号文件精神和省委、省政府的改革方案，不得借改革之机出台任何新的收费项目，不得搭车收费。在开展农村税费改革的同时，省、市对县（市、区）要派出督查组，县（市、区）对乡镇要派出巡视组，乡镇对村要派出指导组。通过建立三级督查网络，确保农村税费改革的各项政策落到实处。对有令不行、巧立名目、以权谋私、变相加重农民负担，或因作风粗暴、工作失职而造成严重后果的单位和个人，要给予党纪、政纪处分；触犯法律的，要依法处理。

四、农村税费改革试点工作安排

按照中央农村税费改革总体部署，结合我省的实际情况，我省农村税费改革工作分四步进行。

第一步（2000年12月至2001年3月）：①召开全省农村税费改革工作会议，传达贯彻中央7号文件及全国农村税费改革试点工作会议精神，动员部署我省农村税费改革工作，开展农村税费改革的宣传发动工作；②制定《福建省农村税费改革试点方案》，并上报国务院备案。

第二步（2001年3—5月）：①抓紧省级对县级财政的双向测算。在此基础上，各试点县（市、区）要根据省试点方案，结合当地实际，抓紧制定本地的实施方案和实施细则，各设区市要将经审核后的所属试点县（市、区）实际方案，于4月底前报省农村税费改革领导小组审批。经审批下达后，各试点县（市、区）要在5月底前落实到各乡镇和村。②制定农村税费改革的各项配套措施。③培训农村税费改革工作人员。

第三步（2001年6—12月）：首批试点县的农村税费改革工作全面推开，各级督查人员深入基层，督促检查我省农村税费改革试点方案及各项配套措施的落实，确保农村税费改革政策落到实处。同时，对改革中出现的新情况、新问题，要积极协助当地党委、政府给予解决。

第四步（2001年底至2002年初）：总结农村税费改革试点经验，完善各项改革措施，在全省全面进行农村税费改革试点。

各地要在省规定的分步实施时间内，结合本地情况，精心组织，扎实工作，加强指导，确保农村税费改革的各项任务如期完成。

本方案适用于经省农村税费改革领导小组确定的试点县（市、区）。其他尚未开展农村税费改革试点的地区，要继续严格执行国家现行有关税费政策和中央、省关于减轻农民负担的各项规定，进一步稳定并降低农民的现有负担水平。

中共福建省委 福建省人民政府

（七）中共福建省委、福建省人民政府关于全面开展农村税费改革试点工作的通知

（闽委〔2003〕第40号）

各市、县（区）委和人民政府，省直各单位：

根据《中共中央、国务院关于进行农村税费改革试点工作的通知》（中发〔2000〕7号）、《国务院关于进一步做好农村税费改革试点工作的通知》（国发〔2001〕5号）、《国务院关于全面推进农村税费改革试点工作的意见》（国发〔2003〕12号）和《国务院办公厅关于天津市、福建省农村税费改革试点方案的复函》（国办函〔2003〕68号）等有关文件精神，经国务院同意，省委、省政府决定，在武平、松溪、福鼎三个县（市）开展农村税费改革试点的基础上，从2003年起在全省范围内全面进行农村税费改革试点。现将《福建省农村税费改革试点方案》印发给你们，并就有关事项通知如下，请认真贯彻执行。

一、深刻认识农村税费改革的重大意义

农业、农村和农民问题，始终是关系我国经济和社会发展全局的重大问题。推进农村税费改革试点，是党中央、国务院审时度势，为加强农业基础地位、保护农民生产积极性，促进城乡协调发展，全面建设小康社会作出的重大决策，是继土地

改革、家庭承包经营之后农村的又一次重大改革。推进农村税费改革，建立规范的农村税费制度，是规范国家、集体、农民三者之间的分配关系，切实减轻农民负担，促进农村经济发展和长治久安的一项治本之策，有利于从根本上减轻农民负担，调动农民的生产积极性，进一步解放农村生产力；有利于促进乡（镇）精简机构，转变基层政府职能和工作作风，改善党群、干群关系。农村税费改革试点是"三个代表"重要思想在农村的具体体现，是一项影响深远的大事，不仅具有重要的经济意义，而且具有重要的政治意义和社会意义。

各级党委、政府一定要从实践"三个代表"重要思想的高度，提高对农村税费改革试点的认识。要按照深怀爱民之心、恪守为民之责、善谋富民之策、多办利民之事的要求，深刻领会农村税费改革试点的重大意义，准确地把握农村税费改革试点的指导思想、基本目标、基本原则、改革的主要内容及其政策，充分准备，精心组织，周密部署，积极稳妥地全面推进我省农村税费改革试点工作，加快县域经济发展，促进农村物质文明、政治文明和精神文明建设。

二、科学制定农村税费改革试点的方案

科学制定好改革方案是确保农村税费改革试点顺利进行的重要条件。各地要依据《福建省农村税费改革试点方案》，在深入调查研究、摸清情况底数的基础上，制定本地区的改革实施方案和配套改革措施。

切实把减轻农民负担放在改革试点工作的首位。通过农村税费改革试点，以县（市、区）为单位，农民平均减负率要达到60%以上；各乡（镇）、村、组和农户负担减轻的程度有高有低，但比税费改革前都应有所减轻，做到村村减负，户户受益。

正确处理改革、发展与稳定的关系。要切实做到"三个确保"（确保改革后农民负担明显减轻、不反弹，确保乡镇机构和村级组织正常运转，确保农村义务教育经费正常需要）。这是衡量农村税费改革是否成功的重要标志，也是顺利推进试点工作、巩固改革成果的必然要求。要大力推进相关配套改革，明确配套改革的目标任务，制定具体的措施和办法。要建立和完善农村义务教育经费保障制度，确保改革后农村义务教育投入不低于改革前总体水平，并逐步有所增加，实现"保工资、保运转、保安全"的基本目标。

稳定农业税政策。改革后农业税税负不再增加，按现有负担水平稳定不变。考虑到目前农民增收趋缓，农业税附加目前仍按现行政策执行。对于《福建省农村税费改革试点方案》中关于农业税附加可按最高不超过正税的40%征收的政策，何时执行由省委、省政府在必要时研究决定。

立即停止征收乡统筹费、村提留费、教育集资等专门面向农民征收的行政事业性收费和政府性基金、集资。对今年以来已经向农民收取的乡统筹、村提留等税费，要做好宣传解释工作，并登记造册，在改革方案实施后给予农民抵顶今年或明年的农业税。要立即暂停清收农村税费改革前的农民税费尾欠，对有困难的农民给予减免照顾。

各市、县制定的实施方案应于10月15日前报送省政府审批。各设区市除上报本级实施方案外，还要负责对所属县（市）实施方案进行审核，并按时转报省政府审批。

三、认真做好农村税费改革的实施工作

全面实施农村税费改革试点，要精心谋划，扎实工作，充分调动各级、各部门的积极性，注重制度建设和体制创新，务必做到"三个确保"。

加强宣传培训。要运用电视、广播、报刊和宣传栏等，对农村税费改革试点工作进行必要的宣传。坚持正面宣传为主，正确把握舆论导向，重点加强"进村入户"的政策宣传工作，把中央和省的改革精神交给基层干部和农民，做到家喻户晓，使每个农户有一个改革政策"明白人"，有一张税费项目"监督卡"，有一本税费负担"明白账"。要加强广大干部特别是农村基层干部的培训，提高他们的政策水平和业务素质，确保农村税费改革政策不折不扣地落实到基层和农户。宣传培训工作既要深入扎实，又要适当有度，不得超越现行政策规定随意承诺。要通过扎实的工作，把农民通过农村税费改革激发出来的积极性引导到加快发展上来。

完善监督机制。农村税费改革后，要严格执行新的农村税费制度，逐步形成农民负担的刚性约束机制，特别是要进一步清理、整顿和规范各种涉农收费，将其纳入法制管理轨道。严格按照规定程序和范围进行村内"一事一议"筹资投劳，不得超范围、超标准、强行向农民筹资投劳，更不得强行以资代劳或将"一事一议"作为固定收费项目向农民收费。要全面落实涉农税收、价格、收费"公示制"、农村订阅报刊费用"限额制"和违反农民负担政策"责任追究制"等农民负担监督管理制度，切实减轻农民负担，促进农民增收。凡是要农民认可的都要经农民签字，凡是政策要求向农民公开的都要张榜公布，凡是按规定要接受群众评议的都要征求农民意见，凡是向农民长期固定收取的都要写入"监督卡"。凡有违背政策加重农民负担的，一经发现，严肃查处。

推进配套改革。农村税费改革最终能否成功，能否确保农民负担不反弹，很大程度上取决于配套改革。各地要按照省委、省政府的部署，抓紧推进乡镇机构改革、农村教育体制改革和县乡财政体制改革等相关配套改革。要以创新促进改革，以改革促进发展，通过发展解决前进中的问题。通过减事减人，减少开支，最大限度消化改革带来的减收因素。配套改革要和税费改革同步进行，整体推进。

规范农税征管。改革方案实施后，各地要尽快建立以农业税收征管机关为主体，聘请协税员协助征税，乡村干部协助做好基础工作，但不直接征税的新的征管体系。推行以定时、定点、定额征收农业税为主的征管方式。要规范完税凭证的使用管理，做到一户一票，不准"打白条"或使用其他非法票据，不准非专业征收人员直接收取农业税税款，严禁组织小分队或动用警力强制收取农业税费。要做好农业税减免工作，稳定减免资金来源，严肃减免政策，规范减免办法，及时兑现到农户。

四、切实加强农村税费改革的组织领导

农村税费改革涉及各方面的利益关系。这项改革是在过去农村问题积累多年、积累较深的情况下进行的，会遇到各种矛盾和困难，需要不断探索、改进和完善。因此，各级党委、政府要对农村税费改革的复杂性、艰巨性和长期性有充分的认识，对改革中可能遇到的困难和问题要有充分的估计、深入的研究和扎实的准备，进一步加大工作力度，保证试点质量，适当加快进度，确保农村税费改革试点工作顺利推进。

建立严格的领导工作责任制。各级党委、政府要高度重视，切实把改革工作摆在突出位置。主要领导要亲自抓，负总责，靠前指挥，指导协调。要层层落实领导责任制，明确工作目标和任务，一级抓一级，一级对一级负责。省、设区市两级重点抓好制定本地区改革方案，研究解决本地区改革中的重大问题，加大对改革的财力支持力度，督促指导基层落实各项政策。县、乡两级是改革的具体组织者和执行者，是改革试点工作的关键环节，县（市、区）委书记、县（市、区）长是改革的主要责任人，乡（镇）党委书记、乡（镇）长是直接责任人，对本地农村税费改革负全面责任。各地要调整充实农村税费改革领导小组及其办公室，抽调精干人员，落实专项经费，完善工作机制，及时有效地开展工作。对于领导不力、组织不严、工作不慎，或者不按规定自行其是，影响改革的，要追究领导责任。

各部门要积极支持和配合搞好改革。省、市、县各部门要带头执行农村税费改革的各项政策，自觉服从农村税费改革的总体安排，适应改革的要求，及时调整工作思路、有关政策和工作方法，坚决取消各种不利于减轻农民负担的农村达标考评和干部考核项目，努力拓展新的工作空间。坚持一切从实际出发、量力而行，可办可不办的事不办，能缓办的事缓办，决不能用牺牲农民利益的代价谋求自身的"政绩"。加强部门协调，形成改革合力，任何部门不得以任何理由干扰改革的大局。

加强督查和工作指导。各地要按照中央要求，建立健全群众信访通报制度，向社会公开咨询和举报电话，确保信访渠道畅通。对群众反映的问题，符合政策、具备条件的，要及时解决；一时解决不了的，要耐心地向农民解释清楚，做到事事有反馈、件件有回音。对上级批转的信访事项，要按期反馈查处结果，不得搪塞敷衍。各级领导要亲自抓督查工作，定期或不定期派出督查组，对改革政策落实情况开展明察暗访，了解真实情况，及时查错纠偏。凡是违反有关规定乱收费，或者歪曲中央和省改革政策加重农民负担的，不但要追究该地区的领导责任，而且上级财政要相应扣减给该地区的转移支付资金，并将重大案（事）件予以通报。各地要把督查与调查研究、指导工作有机结合起来，对改革中的问题早预见、早察觉，及时研究对策，减少失误，扩大成果，真正把农村税费改革这项利国利民的大事办好，好事办实。

附件：福建省农村税费改革试点方案

二○○三年十月七日

福建省农村税费改革试点方案

根据党中央、国务院开展农村税费改革试点工作有关文件精神，结合我省实际情况，制定本方案。

一、农村税费改革的指导思想和基本原则

我省农村税费改革试点工作的指导思想是：全面贯彻党的十六大精神，按照社会主义市场经济发展和推进农村民主法制建设的要求，建立科学规范的农村分配制度，从根本上治理对农民的各种乱收费、乱集资和乱摊派，切实减轻农民负担并保持长期稳定。进一步加强农村基层组织建设，巩固农村基层政权，保护和调动农民的生产积极性，促进农村社会长期稳定和农村经济持续健康发展，推动农村全面小康建设。

按照上述指导思想，我省农村税费改革试点工作应遵循以下基本原则。

（一）从轻确立农民负担水平并保持长期稳定。根据农民的实际收入水平和承受能力，从轻重新确定农民负担。改革后的农民负担要比改革前有较大幅度的减轻，做到村村减负，户户受益。

（二）建立科学规范的农村分配制度。把国家、集体、农民的分配关系纳入规范化、法制化管理的轨道，按照便于农民接受、基层操作、群众监督的要求，采用简便易行的征收和筹集方式，规范农村税费征收行为。

（三）正确处理改革、发展、稳定的关系。统筹兼顾各方面的承受能力，确保改革后农民负担明显减轻、不反弹，确保乡镇机构和村级组织正常运转，确保农村义务教育经费正常需要，促进农村社会稳定、农村经济和社会事业协调发展。

（四）实施综合配套改革，整体推进。大力推进乡镇机构和农村教育体制改革，完善县、乡财政体制，推进村民自治管理，健全农民负担监督机制。

二、农村税费改革的主要内容

我省农村税费改革试点的主要内容是："五个取消、一个稳定、一项改革"，即取消乡统筹费；取消农村教育集资等专门面向农民征收的行政事业性收费和政府性基金、集资；取消除烟叶及原木收购环节特产税外的其他特产税；取消屠宰税；取消统一规定的劳动积累工和义务工；稳定农业税政策；改革村提留征收和使用办法。

（一）取消乡统筹费。取消乡统筹费后，乡村两级九年制义务教育、计划生育、优抚和民兵训练支出，由各级政府通过财政预算予以安排。

（二）取消农村教育集资等专门面向农民征收的行政事业性收费和政府性基金、

集资。取消在农村进行的教育集资，农村中小学危房改造资金，主要由财政预算安排。取消专门面向农民征收的行政事业性收费、政府性基金和涉及农民的集资项目。

（三）取消除烟叶及原木收购环节特产税外的其他农业特产税。从 2003 年 1 月 1 日起，全省取消除烟叶及原木收购环节的特产税之外的其他特产税，不再改征农业税。

（四）取消屠宰税。从 2003 年 1 月 1 日起，全省取消屠宰税。

（五）取消统一规定的劳动积累工和义务工。"两工"取消后，遇到特大防洪、抢险、森林防火、抗旱等紧急任务需要临时动用农村劳动力，须经县级以上人民政府批准。除此之外，动用农村劳动力应当实行自愿或有偿。

（六）稳定农业税政策。改革后农业税税负不再增加，按现有负担水平稳定不变。进一步完善农业税减免制度。对各项社会减免，实行先减免后征收。

（七）改革村提留征收和使用办法。取消原规定的村提留，改革后村干部报酬、五保户供养以及村办公经费，由集体经营收入开支，各级财政给予定额补助，不足部分可通过适当收取农业税附加加以解决，附加比例最高不超过正税的 40％。村内进行农田水利基本建设、农业综合开发、修建村级道路、植树造林等项集体生产、公益事业所需的资金和劳务，严格实行"一事一议"和上限控制，每人每年筹资不得超过 15 元，沿海经济发达的县（市、区）最高不得超过 20 元；每个劳动力每年投劳不得超过 5 个工日，并不得强行以资代劳。

三、农村税费改革的配套措施

（一）精简乡镇机构和人员，切实转变政府职能。各地要根据中央和省委、省政府的统一部署，巩固扩大乡镇机构改革成果，归并乡镇事业单位，大力压缩乡镇财政供养人员。乡镇事业单位（不含学校、医院）由财政核拨（含财政核拨补助）的事业编制要比现有精简 20％以上。在确保社会稳定、有利于农村经济发展和小城镇建设的前提下，根据实际情况，加大乡镇村区划调整的力度，适当撤并乡镇，合并行政村。按照社会主义市场经济发展需要，切实转变政府职能，强化为农业、农村和农民服务的功能，发展和完善农业和农村社会化服务体系。

（二）精简和优化教师队伍，合理配置教育资源。要按照《福建省人民政府办公厅转发省委编办、省教育厅、省财政厅关于福建省中小学教职工编制标准的实施意见的通知》（闽政办〔2002〕121 号）文件规定，严格核定编制和岗位，实行教职员工竞聘上岗，分流富余教职员工，清退代课教师和临时工勤人员，压缩非教学人员。合理调整农村中小学学校布局，优化配置教育资源，扩大校均规模，提高教学质量和教育投资效益，节约教育经费。学校收取的杂费要全部用做学校正常的办公经费，不得用于发放工资和福利。

（三）完善县乡财政体制，合理制定转移支付办法。按照分税制财政体制的要求，结合农村税费改革，合理划分县乡事权和财权，重新核定收支基数，进一步完善县乡财政体制。农村税费改革后乡镇财力和村级经费缺口，通过中央、省和市、县四级财政转移支付来帮助解决。中央和省财政转移支付将按照统一规范、公开透明的原则，考虑各地取消乡统筹、农村教育集资、除烟叶及原木收购环节特产税以外的其他特产税、屠宰税、村提留后的财力缺口，在各地精简机构和人员、压缩开支、自我消化的基础上，根据各地的经济发展水平和财政收支状况，区别对待，重点向经济欠发达地区和财政困难地区倾斜。切实保障农村义务教育经费投入，继续实行农村中小学教师工资由县财政统一发放的管理办法，实现"保工资、保运转、保安全"的基本目标。在中央财政转移支付补助的基础上，省、市、县财政要进一步调整支出结构，加大财政转移支付力度，确保农民负担得到明显减轻、不反弹，确保乡镇机构和村级组织的正常运转，确保农村义务教育经费正常需要。

（四）大力压缩村级开支，规范村级财务管理。推进村党支部委员和村委会成员交叉任职，村民小组长一般由村干部兼任，减少村组干部的补贴人数。每个村享受定额补贴的村主干严格控制在 3 ~ 5 人。严格控制书报费支出，每村每年订阅报刊经费最高不得超过 2000 元，重点保证党报、党刊的订阅。在压缩村级开支、规范村级财务管理的基础上，对村干工资、五保户供养、村办公经费给予定额补助。合理使用村级资金，全面推行村级财务公开制度，进一步完善村级组织的财务核算和管理工作。

（五）认真研究和妥善处理乡村债务。乡村债务产生的原因比较复杂，原则上应与农村税费改革分开处理。各地区对乡村债务要摸清底数，分清责任，结合实际制订办法，逐步化解。要在防止发生新债的基础上，通过加快发展农村经济、深化农村改革，积极探索通过债权债务抵冲、依法削减高利贷、盘活集体存量资产、加强内部控制、节约开支等有效办法化解乡村债务。严禁将乡村债务分摊转嫁或变相转嫁给农民个人承担。要暂停清收农村税费改革前的农民税费尾欠。对改革前农民的税费尾欠，要进行核实、登记、归类；对不符合有关政策规定的，要予以核销，不得再向农民追缴；对符合减免规定的，要给予减免；对农民历年形成的农业税收及符合政策规定的乡统筹和村提留费尾欠，采取先挂账的办法，待农村经济进一步发展、农民承受能力明显增强后再作处理。

（六）规范农村收费管理。对现行涉及农民的收费项目进行全面清理整顿，取消不合理、不合法的收费项目。对批准保留的涉及农民行政事业性收费项目，严格推行收费公示制度和规范管理。加强农村中介或经营服务性收费监管，禁止强行服务、强行收费或只收费不服务。继续抓好农村中小学生就学、计划生育指标审批、农民建房、农村婚姻登记、农业生产性费用、农民外出务工的收费和农村用电用水价格以及报刊摊派和各种要农民出钱出物的达标升级活动等专项治理。坚决取消各种不利于控制和减轻农民负担的各种考核制度和考核指标。

（七）建立监督机制，严肃税改纪律。各有关部门要从大局出发，认真执行中央和省里的税改政策，服从改革需要，积极配合做好工作。纪检、监察、财政、审计、农业、物价等部门要认真履行监督检查职能，严格执行有关违反农村税费改革政策和减轻农民负担政策行为的处罚处分规定。对有令不行、有禁不止、弄虚作假、巧立名目、变相加重农民负担和挪用财政转移支付资金的单位和个人，要给予严肃处理。要建立农民负担监督管理责任制，认真落实涉及农民负担案（事）件责任追究制，严肃查处各种违法违纪行为。对在改革中不顾大局、违反纪律和以权谋私的单位和个人，要依照党纪政纪给予处分；触犯刑律的，要移交司法机关依法处理。

四、农村税费改革工作的组织实施

（一）加强组织领导。各级党委、政府要切实加强对农村税费改革试点工作的统一领导，党政"一把手"亲自抓、负总责。省里根据工作需要，调整充实了省农村税费改革领导小组，由省委书记任组长，省长任第一副组长，省委、省政府分管领导任副组长，省委办公厅、省政府办公厅、省委组织部、省委农办、省委编办、省监察厅、省财政厅、省农业厅、省教育厅、省民政厅、省物价局、省统计局等部门的主要负责同志任成员。领导小组下设办公室，办公室设在省财政厅，并从领导小组成员单位抽调得力的处级干部充实办公室力量。各设区市、各县（市、区）要按照省里的要求调整充实领导小组和工作班子。县（市、区）委书记、县（市、区）长是此项改革工作的主要责任人，乡（镇）党委书记和乡（镇）长是直接责任人。要将此项工作作为县（市、区）党委、政府的一项中心工作，切实抓紧、抓实、抓好。

（二）搞好部门配合。为确保各项改革措施落到实处，要求各级把农村税费改革试点工作分解细化，实行部门分工负责。省领导小组各成员单位要按照改革的要求，及时调整有关政策和工作方法，抓紧制订有关配套改革措施，研究具体工作方案，提出明确的目标要求，分阶段组织实施。涉及各部门的配套改革，要按照职责分工，落实部门负责制和领导责任制，限期完成；涉及多个部门的，部门之间要加强配合，主动搞好协调，形成工作合力，确保农村税费改革顺利进行。

（三）有计划分阶段全面推进。

1. 动员部署和宣传发动阶段。召开全省农村税费改革动员会议，全面部署农村税费改革试点工作。出台《福建省农村税费改革试点方案》及配套文件。层层搞好动员部署，逐级进行人员培训。加强舆论宣传，正确把握舆论导向，运用电视、广播、报刊等多种媒体，开展宣传活动，把农村税费改革的意义、目标、方针、政策、措施传达到农村，做到家喻户晓、深入人心。

2. 全面组织实施阶段。各市、县要根据本方案及有关配套文件，结合当地实际，制定具体实施方案，报省政府审批；各设区市除上报市本级税改实施方案外，负责对所属县（市）实施方案进行审核，并经政府主要领导签字后，转报省政府。同时，各地要认真做好农村税费改革的各项基础工作，积极推进各项配套改革，建立健全农业税征管体系，向农民发放纳税证书和农民负担监督卡。

3. 检查验收和总结阶段。在开展农村税费改革的同时，省、市对县要派出督查组，县对乡镇要派出巡视组，乡镇对村要派出指导组。通过建立三级督查网络，对农村税费改革试点工作及配套措施落实情况进行及时督导和检查验收。对执行政策中出现的偏差，应及时纠正；对农民反映的问题，要认真对待，及时处理。各级政府都要建立健全税费改革群众信访查处反馈制度，向社会公开政策咨询和群众举报电话，定期通报有关情况，自觉接受社会监督。

已经进行农村税费改革的松溪、武平、福鼎三个首批试点县（市），应于2003年内按本方案的改革政策要求，调整完善当地的改革方案，并经设区市审核后，上报省农村税费改革领导小组办公室备案。

三、获省部级以上表彰的先进单位和先进个人名表

（一）先进集体名表

表彰年份	获奖单位	授予单位及荣誉称号
1993	诏安县税务局	国家人事部、国家税务总局授予"全国税务系统先进集体"称号
1993	厦门市税务局对外税务分局湖里办事处	国家人事部、国家税务总局授予"全国税务系统先进集体"称号
1993	永春县税务局五里街税务所	国家人事部、国家税务总局授予"全国税务系统先进集体"称号
1995	南安市国税局	省委、省政府授予"文明单位"称号
1995	龙海市国税局	省委、省政府授予"文明单位"称号
1995	诏安县国税局	省委、省政府授予"文明单位"称号
1995	长泰县国税局	省委、省政府授予"文明单位"称号
1995	华安县国税局	省委、省政府授予"文明单位"称号
1995	三明市国税局	省委、省政府授予"文明单位"称号
1995	建宁县国税局	省委授予"全省先进基层党组织"称号

续表

表彰年份	获奖单位	授予单位及荣誉称号
1996	闽侯县国税局上街税务所	团中央、国家税务总局授予"全国青年文明号"称号
1996	厦门市国税局直属三局湖里税务所	团中央、国家税务总局授予"全国青年文明号"称号
1996	惠安县国税局洛阳分局	国家税务总局授予"全国文明税务所"称号
1996	东山县国税局铜陵分局	国家税务总局授予"全国文明税务所"称号
1996	上杭县国税局才溪分局	国家税务总局授予"全国文明税务所"称号
1996	建阳县国税局麻沙分局	国家税务总局授予"全国文明税务所"称号
1996	厦门市国税局同安分局直接征收所	国家税务总局授予"全国文明税务所"称号
1996	晋江市地税局磁灶分局	团中央、国家税务总局授予"全国青年文明号"称号
1996	厦门市地税局稽查局	团中央、国家税务总局授予"全国青年文明号"称号
1996	漳州市地税局直属分局征收所	国家税务总局授予"全国税务系统文明单位"称号
1996	三明市地税局直属分局办税服务厅	国家税务总局授予"全国税务系统文明单位"称号
1996	福清市地税局宏路分局	国家税务总局授予"全国税务系统文明单位"称号
1996	厦门市集美区地税局后溪税务所	国家税务总局授予"全国税务系统文明单位"称号
1997	福州市台江区国税局征收分局	国家人事部、国家税务总局授予"全国税务系统先进集体"称号
1997	厦门市国税局稽查局	国家人事部、国家税务总局授予"全国税务系统先进集体"称号
1997	漳浦县国税局旧镇分局	国家人事部、国家税务总局授予"全国税务系统先进集体"称号
1997	惠安县国税局洛阳分局	国家税务总局授予"全国文明服务示范单位"称号
1997	厦门市地税局机关党委	省委授予"省先进基层党组织"称号
1997	漳州市地税局	国家人事部、国家税务总局授予"全国税务系统先进集体"称号
1997	三明市地税局直属分局	国家人事部、国家税务总局授予"全国税务系统先进集体"称号
1997	厦门市地税局稽查局	国家人事部、国家税务总局授予"全国税务系统先进集体"称号
1998	邵武市国税局办税服务厅	团中央、国家税务总局授予"全国青年文明号"称号
1998	福州市仓山区国税局办税服务厅	国家税务总局授予"全国最佳办税服务厅"称号

续表

表彰年份	获奖单位	授予单位及荣誉称号
1998	厦门市国税局办税服务厅	国家税务总局授予"全国最佳办税服务厅"称号
1998	省国税局	省委、省政府授予"文明单位"称号
1998	福州市国税局	省委、省政府授予"文明单位"称号
1998	长乐市国税局	省委、省政府授予"文明单位"称号
1998	福清市国税局	省委、省政府授予"文明单位"称号
1998	福州市台江区国税局	省委、省政府授予"文明单位"称号
1998	罗源县国税局	省委、省政府授予"文明单位"称号
1998	福州市晋安区国税局	省委、省政府授予"文明单位"称号
1998	福州市鼓楼区国税局	省委、省政府授予"文明单位"称号
1998	闽侯县国税局	省委、省政府授予"文明单位"称号
1998	永泰县国税局	省委、省政府授予"文明单位"称号
1998	闽清县国税局	省委、省政府授予"文明单位"称号
1998	福州市仓山区国税局	省委、省政府授予"文明单位"称号
1998	平潭县国税局	省委、省政府授予"文明单位"称号
1998	连江县国税局	省委、省政府授予"文明单位"称号
1998	福州市国税局直属局	省委、省政府授予"文明单位"称号
1998	福州市马尾经济技术开发区国税局	省委、省政府授予"文明单位"称号
1998	仙游县国税局	省委、省政府授予"文明单位"称号
1998	莆田市国税局湄洲分局	省委、省政府授予"文明单位"称号
1998	南安市国税局	省委、省政府授予"文明单位"称号
1998	永春县国税局	省委、省政府授予"文明单位"称号
1998	德化市国税局	省委、省政府授予"文明单位"称号
1998	晋江市国税局安海分局	省委、省政府授予"文明单位"称号
1998	惠安县国税局洛阳分局	省委、省政府授予"文明单位"称号
1998	漳州市国税局直属局	省委、省政府授予"文明单位"称号
1998	龙海市国税局	省委、省政府授予"文明单位"称号
1998	诏安县国税局	省委、省政府授予"文明单位"称号
1998	东山县国税局	省委、省政府授予"文明单位"称号
1998	南靖县国税局	省委、省政府授予"文明单位"称号
1998	长泰县国税局	省委、省政府授予"文明单位"称号
1998	华安县国税局	省委、省政府授予"文明单位"称号
1998	龙岩市国税局	省委、省政府授予"文明单位"称号
1998	三明市国税局	省委、省政府授予"文明单位"称号

续表

表彰年份	获奖单位	授予单位及荣誉称号
1998	三明市国税局直属分局	省委、省政府授予"文明单位"称号
1998	清流县国税局	省委、省政府授予"文明单位"称号
1998	尤溪县国税局	省委、省政府授予"文明单位"称号
1998	建宁县国税局	省委、省政府授予"文明单位"称号
1998	南平市国税局	省委、省政府授予"文明单位"称号
1998	邵武市国税局	省委、省政府授予"文明单位"称号
1998	松溪县国税局	省委、省政府授予"文明单位"称号
1998	宁德地区国税局	省委、省政府授予"文明单位"称号
1998	屏南县国税局	省委、省政府授予"文明单位"称号
1998	省国税局直属分局	省委、省政府授予"省窗口行业'满意服务'先进单位"称号
1998	厦门市国税局办税服务厅	省委、省政府授予"省窗口行业'满意服务'先进单位"称号
1998	漳州市国税局直属局征收分局	省委、省政府授予"省窗口行业'满意服务'先进单位"称号
1998	霞浦县国税局三沙分局	省委、省政府授予"省窗口行业'满意服务'先进单位"称号
1998	福州市台江区国税局征收分局	省委、省政府授予"省窗口行业'满意服务'先进单位"称号
1998	莆田市国税局对外税务分局	省委、省政府授予"省窗口行业'满意服务'先进单位"称号
1998	惠安县国税局洛阳分局	省委、省政府授予"省窗口行业'满意服务'先进单位"称号
1998	上杭县国税局才溪分局	省委、省政府授予"省窗口行业'满意服务'先进单位"称号
1998	三明市国税局直属分局办税服务厅	省委、省政府授予"省窗口行业'满意服务'先进单位"称号
1998	建阳市国税局麻沙分局	省委、省政府授予"省窗口行业'满意服务'先进单位"称号
1998	莆田市国税局党总支	省委授予"省先进基层党组织"称号
1998	诏安县国税局党总支	省委授予"省先进基层党组织"称号
1998	省地税系统	省委、省政府授予"全省首届'创文明行业、建满意窗口'活动先进行业"称号

续表

表彰年份	获奖单位	授予单位及荣誉称号
1998	闽侯县地税局	全国总工会授予"全国五一劳动奖状"称号
1998	闽侯县地税局	团中央、国家税务总局授予"全国青年文明号"称号
1998	厦门市地税局外税分局	团中央、国家税务总局授予"全国青年文明号"称号
1998	南安市地税局	国家人事部授予"全国'人民满意的公务员集体'"称号
1998	福州市鼓楼区地税局申报大厅	国家税务总局授予"全国最佳办税服务厅"称号
1998	厦门市开元区地税局申报大厅	国家税务总局授予"全国最佳办税服务厅"称号
1998	省地税局	省委、省政府授予"省级文明单位"称号
1998	福州市地税局	省委、省政府授予"省级文明单位"称号
1998	福州市地税局直属局	省委、省政府授予"省级文明单位"称号
1998	福州市鼓楼区地税局	省委、省政府授予"省级文明单位"称号
1998	福州市台江区地税局	省委、省政府授予"省级文明单位"称号
1998	福州市仓山区地税局	省委、省政府授予"省级文明单位"称号
1998	福州市地税局外税分局	省委、省政府授予"省级文明单位"称号
1998	福州市马尾区地税局	省委、省政府授予"省级文明单位"称号
1998	福州市晋安区地税局	省委、省政府授予"省级文明单位"称号
1998	闽侯县地税局	省委、省政府授予"省级文明单位"称号
1998	闽清县地税局	省委、省政府授予"省级文明单位"称号
1998	长乐市地税局	省委、省政府授予"省级文明单位"称号
1998	连江县地税局	省委、省政府授予"省级文明单位"称号
1998	福清市地税局	省委、省政府授予"省级文明单位"称号
1998	永泰县地税局	省委、省政府授予"省级文明单位"称号
1998	罗源县地税局	省委、省政府授予"省级文明单位"称号
1998	平潭县地税局城关分局	省委、省政府授予"省级文明单位"称号
1998	厦门市地税局	省委、省政府授予"省级文明单位"称号
1998	漳州市地税局	省委、省政府授予"省级文明单位"称号
1998	漳州市地税局直属分局	省委、省政府授予"省级文明单位"称号
1998	漳州市芗城区地税局	省委、省政府授予"省级文明单位"称号
1998	龙海市地税局	省委、省政府授予"省级文明单位"称号
1998	诏安县地税局	省委、省政府授予"省级文明单位"称号
1998	南靖县地税局	省委、省政府授予"省级文明单位"称号
1998	漳浦县地税局	省委、省政府授予"省级文明单位"称号
1998	云霄县地税局云陵分局	省委、省政府授予"省级文明单位"称号
1998	长泰县地税局	省委、省政府授予"省级文明单位"称号

续表

表彰年份	获奖单位	授予单位及荣誉称号
1998	平和县地税局	省委、省政府授予"省级文明单位"称号
1998	华安县地税局	省委、省政府授予"省级文明单位"称号
1998	泉州市地税局	省委、省政府授予"省级文明单位"称号
1998	泉州市地税局德化分局	省委、省政府授予"省级文明单位"称号
1998	泉州市鲤城区地税局	省委、省政府授予"省级文明单位"称号
1998	晋江市地税局	省委、省政府授予"省级文明单位"称号
1998	石狮市地税局	省委、省政府授予"省级文明单位"称号
1998	晋江市地税局磁灶分局	省委、省政府授予"省级文明单位"称号
1998	南安市地税局	省委、省政府授予"省级文明单位"称号
1998	南安市地税局溪美分局	省委、省政府授予"省级文明单位"称号
1998	惠安县地税局	省委、省政府授予"省级文明单位"称号
1998	德化县地税局	省委、省政府授予"省级文明单位"称号
1998	南安县地税局水头分局	省委、省政府授予"省级文明单位"称号
1998	莆田市城厢区地税局	省委、省政府授予"省级文明单位"称号
1998	莆田县地税局	省委、省政府授予"省级文明单位"称号
1998	仙游县地税局	省委、省政府授予"省级文明单位"称号
1998	仙游县地税局郊尾分局	省委、省政府授予"省级文明单位"称号
1998	三明市地税局	省委、省政府授予"省级文明单位"称号
1998	三明市地税局直属分局	省委、省政府授予"省级文明单位"称号
1998	永安市地税局	省委、省政府授予"省级文明单位"称号
1998	宁化县地税局	省委、省政府授予"省级文明单位"称号
1998	大田县地税局	省委、省政府授予"省级文明单位"称号
1998	尤溪县地税局	省委、省政府授予"省级文明单位"称号
1998	建宁县地税局	省委、省政府授予"省级文明单位"称号
1998	南平市地税局	省委、省政府授予"省级文明单位"称号
1998	南平市延平区地税局	省委、省政府授予"省级文明单位"称号
1998	顺昌县地税局	省委、省政府授予"省级文明单位"称号
1998	浦城县地税局	省委、省政府授予"省级文明单位"称号
1998	光泽县地税局	省委、省政府授予"省级文明单位"称号
1998	松溪县地税局	省委、省政府授予"省级文明单位"称号
1998	宁德地区地税局	省委、省政府授予"省级文明单位"称号
1998	宁德市地税局	省委、省政府授予"省级文明单位"称号
1998	福安市地税局	省委、省政府授予"省级文明单位"称号

续表

表彰年份	获奖单位	授予单位及荣誉称号
1998	福鼎市地税局	省委、省政府授予"省级文明单位"称号
1998	霞浦县地税局	省委、省政府授予"省级文明单位"称号
1998	屏南县地税局	省委、省政府授予"省级文明单位"称号
1998	龙岩市地税局	省委、省政府授予"省级文明单位"称号
1998	龙岩市新罗区地税局	省委、省政府授予"省级文明单位"称号
1998	漳平市地税局	省委、省政府授予"省级文明单位"称号
1998	武平县地税局	省委、省政府授予"省级文明单位"称号
1998	省税校	省委、省政府授予"省级文明学校"称号
1998	闽侯县地税局	省委、省政府授予"省窗口行业'满意服务'先进单位"称号
1998	厦门市地税局联合申报大厅	省委、省政府授予"省窗口行业'满意服务'先进单位"称号
1998	漳州市地税局直属分局	省委、省政府授予"省窗口行业'满意服务'先进单位"称号
1998	漳州市地税局云霄分局	省委、省政府授予"省窗口行业'满意服务'先进单位"称号
1998	南安市溪美分局	省委、省政府授予"省窗口行业'满意服务'先进单位"称号
1998	三明市地税局直属分局纳税服务中心	省委、省政府授予"省窗口行业'满意服务'先进单位"称号
1998	武平县地税局城区分局	省委、省政府授予"省窗口行业'满意服务'先进单位"称号
1999	漳浦县国税局旧镇分局	中央文明委授予"全国创建文明行业先进单位"称号
1999	莆田市国税局对外税务分局	中央文明委授予"全国精神文明建设先进单位"称号
1999	福州市国税局	国家税务总局授予"全国税务系统文明单位"称号
1999	厦门市国税局	国家税务总局授予"全国税务系统文明单位"称号
1999	南安市国税局	国家税务总局授予"全国税务系统文明单位"称号
1999	省国税局	省委授予"党建先进单位"称号
1999	莆田市国税局党总支	省委授予"先进基层党组织"称号
1999	诏安县国税局党总支	省委授予"先进基层党组织"称号
1999	漳州市地税局	中央文明委授予"全国精神文明建设先进单位"称号
1999	南安市地税局	全国总工会授予"全国'五一'劳动奖章奖状"称号
1999	晋江市地税局	国家税务总局授予"全国税务系统文明单位"称号

续表

表彰年份	获奖单位	授予单位及荣誉称号
1999	永安市地税局	国家税务总局授予"全国税务系统文明单位"称号
1999	厦门市地税局外税分局	国家税务总局授予"全国税务系统文明单位"称号
1999	南安市地税局溪美分局	国家税务总局授予"全国税务系统文明单位"称号
1999	南安市地税局党总支	省委授予"先进基层党组织"称号
1999	三明市地税局直属机关党委	省委授予"先进基层党组织"称号
1999	宁德地区地税局党支部	省委授予"先进基层党组织"称号
1999	龙岩市地税局党支部	省委授予"先进基层党组织"称号
2000	福州市仓山区国税局	团中央、国家税务总局授予"全国青年文明号"称号
2000	厦门市海沧投资区国税局	团中央、国家税务总局授予"全国青年文明号"称号
2000	省国税局	省委、省政府授予"文明单位"称号
2000	福州市国税局	省委、省政府授予"文明单位"称号
2000	福州市国税局稽查局	省委、省政府授予"文明单位"称号
2000	福州市国税局外税局	省委、省政府授予"文明单位"称号
2000	福州市鼓楼区国税局	省委、省政府授予"文明单位"称号
2000	福州市台江区国税局	省委、省政府授予"文明单位"称号
2000	福州市仓山区国税局	省委、省政府授予"文明单位"称号
2000	福州市晋安区国税局	省委、省政府授予"文明单位"称号
2000	福州市开发区国税局	省委、省政府授予"文明单位"称号
2000	福清市国税局	省委、省政府授予"文明单位"称号
2000	平潭县国税局	省委、省政府授予"文明单位"称号
2000	长乐市国税局	省委、省政府授予"文明单位"称号
2000	连江县国税局	省委、省政府授予"文明单位"称号
2000	罗源县国税局	省委、省政府授予"文明单位"称号
2000	闽清县国税局	省委、省政府授予"文明单位"称号
2000	闽侯县国税局荆溪分局	省委、省政府授予"文明单位"称号
2000	永泰县国税局	省委、省政府授予"文明单位"称号
2000	厦门市国税局管理二局湖里分局	省委、省政府授予"文明单位"称号
2000	漳州市国税局	省委、省政府授予"文明单位"称号
2000	龙海市国税局	省委、省政府授予"文明单位"称号
2000	漳浦县国税局	省委、省政府授予"文明单位"称号
2000	漳浦县国税局旧镇分局	省委、省政府授予"文明单位"称号
2000	云霄县国税局	省委、省政府授予"文明单位"称号
2000	诏安县国税局	省委、省政府授予"文明单位"称号

续表

表彰年份	获奖单位	授予单位及荣誉称号
2000	东山县国税局	省委、省政府授予"文明单位"称号
2000	南靖县国税局	省委、省政府授予"文明单位"称号
2000	长泰县国税局	省委、省政府授予"文明单位"称号
2000	华安县国税局	省委、省政府授予"文明单位"称号
2000	泉州市鲤城区国税局	省委、省政府授予"文明单位"称号
2000	石狮市国税局	省委、省政府授予"文明单位"称号
2000	晋江市国税局安海分局	省委、省政府授予"文明单位"称号
2000	晋江市国税局	省委、省政府授予"文明单位"称号
2000	南安市国税局	省委、省政府授予"文明单位"称号
2000	惠安县国税局洛阳分局	省委、省政府授予"文明单位"称号
2000	永春县国税局	省委、省政府授予"文明单位"称号
2000	德化县国税局	省委、省政府授予"文明单位"称号
2000	莆田市国税局	省委、省政府授予"文明单位"称号
2000	仙游县国税局	省委、省政府授予"文明单位"称号
2000	莆田市城厢区国税局	省委、省政府授予"文明单位"称号
2000	莆田市荔城区国税局	省委、省政府授予"文明单位"称号
2000	莆田市涵江区国税局	省委、省政府授予"文明单位"称号
2000	莆田市秀屿区国税局	省委、省政府授予"文明单位"称号
2000	莆田市湄洲岛国税局	省委、省政府授予"文明单位"称号
2000	三明市国税局	省委、省政府授予"文明单位"称号
2000	三明市国税局征收局	省委、省政府授予"文明单位"称号
2000	三明市梅列区国税局	省委、省政府授予"文明单位"称号
2000	三明市三元区国税局	省委、省政府授予"文明单位"称号
2000	明溪县国税局	省委、省政府授予"文明单位"称号
2000	宁化县国税局	省委、省政府授予"文明单位"称号
2000	永安市国税局	省委、省政府授予"文明单位"称号
2000	大田县国税局	省委、省政府授予"文明单位"称号
2000	尤溪县国税局	省委、省政府授予"文明单位"称号
2000	沙县国税局	省委、省政府授予"文明单位"称号
2000	泰宁县国税局	省委、省政府授予"文明单位"称号
2000	将乐县国税局	省委、省政府授予"文明单位"称号
2000	南平市延平区国税局	省委、省政府授予"文明单位"称号
2000	邵武市国税局	省委、省政府授予"文明单位"称号
2000	顺昌县国税局	省委、省政府授予"文明单位"称号
2000	松溪县国税局	省委、省政府授予"文明单位"称号

续表

表彰年份	获奖单位	授予单位及荣誉称号
2000	政和县国税局	省委、省政府授予"文明单位"称号
2000	宁德市国税局	省委、省政府授予"文明单位"称号
2000	宁德市蕉城区国税局城区分局	省委、省政府授予"文明单位"称号
2000	福安市国税局	省委、省政府授予"文明单位"称号
2000	福鼎市国税局	省委、省政府授予"文明单位"称号
2000	霞浦县国税局	省委、省政府授予"文明单位"称号
2000	周宁县国税局	省委、省政府授予"文明单位"称号
2000	屏南县国税局	省委、省政府授予"文明单位"称号
2000	永定县国税局	省委、省政府授予"文明单位"称号
2000	上杭县国税局	省委、省政府授予"文明单位"称号
2000	武平县国税局	省委、省政府授予"文明单位"称号
2000	连城县国税局	省委、省政府授予"文明单位"称号
2000	闽侯县国税局上街分局	省委、省政府授予"第二届创文明行业、建满意窗口先进单位"称号
2000	厦门市国税局湖里中心所	省委、省政府授予"第二届创文明行业、建满意窗口先进单位"称号
2000	漳州市国税局征收局	省委、省政府授予"第二届创文明行业、建满意窗口先进单位"称号
2000	莆田市涵江区国税局汉口分局	省委、省政府授予"第二届创文明行业、建满意窗口先进单位"称号
2000	邵武市国税局办税服务厅	省委、省政府授予"第二届创文明行业、建满意窗口先进单位"称号
2000	武平县国税局城区分局	省委、省政府授予"第二届创文明行业、建满意窗口先进单位"称号
2000	霞浦县国税局三沙分局	省委、省政府授予"第二届创文明行业、建满意窗口先进单位"称号
2000	闽侯县地税局	国家税务总局、团中央授予"青年文明号"称号
2000	福州市台江区地税局	国家税务总局、团中央授予"青年文明号"称号
2000	厦门市地税局稽查局	国家税务总局、团中央授予"青年文明号"称号
2000	厦门市地税局外税分局	国家税务总局、团中央授予"青年文明号"称号
2000	厦门市开元区地税局开元分局	国家税务总局、团中央授予"青年文明号"称号
2000	晋江市地税局磁灶分局	国家税务总局、团中央授予"青年文明号"称号
2000	南安市地税局征收分局	全国妇联授予"巾帼文明示范岗"称号
2000	三明市地税局直属分局办税服务厅	全国妇联授予"巾帼文明示范岗"称号

续表

表彰年份	获奖单位	授予单位及荣誉称号
2000	省地税局直征分局办税服务厅	全国妇联授予"巾帼文明示范岗"称号
2000	莆田市地税局	中华全国总工会授予"'职工体育活动月'优秀组织奖"称号
2000	省地税局	国家税务总局授予"税收执法检查先进单位"称号
2000	省地税局	财政部、国家税务总局授予"税收资料调查工作先进单位"称号
2000	省地税局直征分局纳税申报服务厅	省委、省政府授予"第二届创文明行业、建满意窗口先进单位"称号
2000	福州市台江区地税局	省委、省政府授予"第二届创文明行业、建满意窗口先进单位"称号
2000	厦门市地税局对外税务分局	省委、省政府授予"第二届创文明行业、建满意窗口先进单位"称号
2000	晋江市地税局安海分局	省委、省政府授予"第二届创文明行业、建满意窗口先进单位"称号
2000	仙游县地税局郊尾分局	省委、省政府授予"第二届创文明行业、建满意窗口先进单位"称号
2000	漳平市地税局城区分局	省委、省政府授予"第二届创文明行业、建满意窗口先进单位"称号
2000	永安市地税局办税服务厅	省委、省政府授予"第二届创文明行业、建满意窗口先进单位"称号
2000	邵武市地税局市区分局	省委、省政府授予"第二届创文明行业、建满意窗口先进单位"称号
2000	福州市地税局	省委、省政府授予"文明单位"称号
2000	福州市鼓楼区地税局	省委、省政府授予"文明单位"称号
2000	福州市地税局直属分局	省委、省政府授予"文明单位"称号
2000	福州市地税局外税分局	省委、省政府授予"文明单位"称号
2000	福州市台江区地税局	省委、省政府授予"文明单位"称号
2000	福州市仓山区地税局	省委、省政府授予"文明单位"称号
2000	福州市晋安区地税局	省委、省政府授予"文明单位"称号
2000	福州市马尾区地税局	省委、省政府授予"文明单位"称号
2000	福清市地税局	省委、省政府授予"文明单位"称号
2000	长乐市地税局	省委、省政府授予"文明单位"称号
2000	闽侯县地税局	省委、省政府授予"文明单位"称号

续表

表彰年份	获奖单位	授予单位及荣誉称号
2000	连江县地税局	省委、省政府授予"文明单位"称号
2000	罗源县地税局	省委、省政府授予"文明单位"称号
2000	永泰县地税局	省委、省政府授予"文明单位"称号
2000	平潭县地税局	省委、省政府授予"文明单位"称号
2000	厦门市地税局	省委、省政府授予"文明单位"称号
2000	厦门市地税局对外税务分局	省委、省政府授予"文明单位"称号
2000	厦门市地税局稽查局	省委、省政府授予"文明单位"称号
2000	厦门市同安区地税局	省委、省政府授予"文明单位"称号
2000	厦门市集美区地税局	省委、省政府授予"文明单位"称号
2000	厦门市开元区地税局	省委、省政府授予"文明单位"称号
2000	厦门市湖里区地税局	省委、省政府授予"文明单位"称号
2000	厦门市杏林区地税局	省委、省政府授予"文明单位"称号
2000	厦门市思明区地税局	省委、省政府授予"文明单位"称号
2000	厦门市鼓浪屿区地税局	省委、省政府授予"文明单位"称号
2000	漳州市地税局	省委、省政府授予"文明单位"称号
2000	漳州市地税局直属分局	省委、省政府授予"文明单位"称号
2000	漳州市芗城区地税局	省委、省政府授予"文明单位"称号
2000	漳州市龙文区地税局	省委、省政府授予"文明单位"称号
2000	龙海市地税局	省委、省政府授予"文明单位"称号
2000	漳浦县地税局	省委、省政府授予"文明单位"称号
2000	云霄县地税局	省委、省政府授予"文明单位"称号
2000	诏安县地税局	省委、省政府授予"文明单位"称号
2000	东山县地税局	省委、省政府授予"文明单位"称号
2000	平和县地税局	省委、省政府授予"文明单位"称号
2000	华安县国地税局	省委、省政府授予"文明单位"称号
2000	泉州市鲤城区地税局	省委、省政府授予"文明单位"称号
2000	泉州市丰泽区地税局	省委、省政府授予"文明单位"称号
2000	石狮市地税局	省委、省政府授予"文明单位"称号
2000	晋江市地税局	省委、省政府授予"文明单位"称号
2000	晋江市地税局磁灶分局	省委、省政府授予"文明单位"称号
2000	晋江市地税局陈埭分局	省委、省政府授予"文明单位"称号
2000	南安市地税局	省委、省政府授予"文明单位"称号
2000	南安市地税局溪美分局	省委、省政府授予"文明单位"称号

续表

表彰年份	获奖单位	授予单位及荣誉称号
2000	南安市地税局征收分局	省委、省政府授予"文明单位"称号
2000	南安市地税局水头分局	省委、省政府授予"文明单位"称号
2000	惠安县地税局	省委、省政府授予"文明单位"称号
2000	安溪县地税局	省委、省政府授予"文明单位"称号
2000	永春县地税局	省委、省政府授予"文明单位"称号
2000	德化县地税局	省委、省政府授予"文明单位"称号
2000	泉州市地税局肖厝分局	省委、省政府授予"文明单位"称号
2000	泉州市地税局	省委、省政府授予"文明单位"称号
2000	泉州市地税局外税征收分局	省委、省政府授予"文明单位"称号
2000	莆田市地税局	省委、省政府授予"文明单位"称号
2000	莆田市地税局直属分局	省委、省政府授予"文明单位"称号
2000	莆田市地税局稽查局	省委、省政府授予"文明单位"称号
2000	莆田县地税局	省委、省政府授予"文明单位"称号
2000	莆田县地税局江口分局	省委、省政府授予"文明单位"称号
2000	仙游县地税局	省委、省政府授予"文明单位"称号
2000	仙游县地税局枫亭分局	省委、省政府授予"文明单位"称号
2000	莆田市城厢区地税局	省委、省政府授予"文明单位"称号
2000	莆田市涵江区地税局	省委、省政府授予"文明单位"称号
2000	莆田市湄洲湾北岸地税局	省委、省政府授予"文明单位"称号
2000	莆田市地税局湄州分局	省委、省政府授予"文明单位"称号
2000	三明市地税局	省委、省政府授予"文明单位"称号
2000	三明市梅列区地税局	省委、省政府授予"文明单位"称号
2000	三明市地税局直属分局	省委、省政府授予"文明单位"称号
2000	永安市地税局	省委、省政府授予"文明单位"称号
2000	龙溪县地税局	省委、省政府授予"文明单位"称号
2000	大田县地税局	省委、省政府授予"文明单位"称号
2000	明溪县地税局	省委、省政府授予"文明单位"称号
2000	宁化县地税局	省委、省政府授予"文明单位"称号
2000	南平市地税局	省委、省政府授予"文明单位"称号
2000	武夷山市地税局	省委、省政府授予"文明单位"称号
2000	建瓯市地税局	省委、省政府授予"文明单位"称号
2000	建阳市地税局	省委、省政府授予"文明单位"称号
2000	顺昌县地税局	省委、省政府授予"文明单位"称号

续表

表彰年份	获奖单位	授予单位及荣誉称号
2000	清城县地税局	省委、省政府授予"文明单位"称号
2000	光泽县地税局	省委、省政府授予"文明单位"称号
2000	松溪县国地税局	省委、省政府授予"文明单位"称号
2000	政和县国地税局	省委、省政府授予"文明单位"称号
2000	龙岩市地税局	省委、省政府授予"文明单位"称号
2000	龙岩市新罗区地税局	省委、省政府授予"文明单位"称号
2000	武平县地税局	省委、省政府授予"文明单位"称号
2000	长汀县地税局	省委、省政府授予"文明单位"称号
2000	漳平市地税局	省委、省政府授予"文明单位"称号
2000	宁德市蕉城区地税局	省委、省政府授予"文明单位"称号
2000	宁德市蕉城区地税局城关分局	省委、省政府授予"文明单位"称号
2000	福安市地税局	省委、省政府授予"文明单位"称号
2000	福鼎市地税局	省委、省政府授予"文明单位"称号
2000	福鼎市地税局秦屿分局	省委、省政府授予"文明单位"称号
2000	古田县地税局	省委、省政府授予"文明单位"称号
2000	屏南县国地税局	省委、省政府授予"文明单位"称号
2000	周宁县国地税局	省委、省政府授予"文明单位"称号
2000	霞浦县地税局	省委、省政府授予"文明单位"称号
2000	宁德市地税局	省委、省政府授予"文明单位"称号
2001	福州市国税局涉外税收管理局	国家人事部、国家税务总局授予"全国税务系统先进集体"称号
2001	厦门市杏林区国税局	国家人事部、国家税务总局授予"全国税务系统先进集体"称号
2001	南安市国税局	国家人事部、国家税务总局授予"全国税务系统先进集体"称号
2001	建阳市国税局	国家人事部、国家税务总局授予"全国税务系统先进集体"称号
2001	南平市国税局征收局	全国城镇妇女"巾帼建功"活动领导小组授予"全国巾帼文明示范岗"称号
2001	三明市国税局征收局	全国城镇妇女"巾帼建功"活动领导小组授予"全国巾帼文明示范岗"称号
2001	省地税局机关党委	省委授予"先进基层党组织"称号
2001	厦门市地税局外税分局党支部	省委授予"先进基层党组织"称号

续表

表彰年份	获奖单位	授予单位及荣誉称号
2001	漳州市地税局机关党委	省委授予"先进基层党组织"称号
2001	莆田市地税局机关党总支	省委授予"先进基层党组织"称号
2001	三明市地税局直属分局党支部	省委授予"先进基层党组织"称号
2001	南平市地税局机关党委	省委授予"先进基层党组织"称号
2001	长汀县地税局机关党总支	省委授予"先进基层党组织"称号
2001	光泽县地税局党支部	省委授予"先进基层党组织"称号
2001	厦门市地税局	省委、省政府授予"全省'三五'法制宣传教育先进单位"称号
2001	厦门市地税局外税分局	国家人事部、国家税务总局授予"全国税务系统先进集体"称号
2001	晋江市地税局	国家人事部、国家税务总局授予"全国税务系统先进集体"称号
2001	漳平市地税局城区分局	国家人事部、国家税务总局授予"全国税务系统先进集体"称号
2001	福州市台江区地税局办税服务厅	全国妇联授予"全国巾帼文明示范岗"称号
2001	漳平市地税局城区分局办税服务厅	全国妇联授予"全国巾帼文明示范岗"称号
2001	漳州市龙文区地税局办税服务厅	全国妇联授予"全国巾帼文明示范岗"称号
2001	莆田市地税局直属分局办税服务厅	全国妇联授予"全国巾帼文明示范岗"称号
2002	宁德市蕉城区国税局	中央文明委授予"全国精神文明建设先进单位"称号
2002	福州市国税局涉外税收管理局	团中央、国家税务总局授予"全国青年文明号"称号
2002	厦门市同安区国税局新店分局	团中央、国家税务总局授予"全国青年文明号"称号
2002	厦门市地税局	省政府、省军区授予"福建省军民共建'三挂钩'先进集体"称号
2002	厦门市地税局	中央文明委授予"全国精神文明建设先进单位"称号
2002	晋江市地税局	中央文明委授予"全国创建文明行业工作先进单位"称号
2002	漳平市地税局城区分局	全国"学教"活动领导小组、中共中央组织部授予"全国农村'三个代表'重要思想学习教育活动先进集体"称号
2002	厦门市地税局海沧投资区局	团中央、国家税务总局授予"全国青年文明号"称号
2002	南平市地税局征收分局	团中央、国家税务总局授予"全国青年文明号"称号

续表

表彰年份	获奖单位	授予单位及荣誉称号
2003	厦门市国税局	国家税务总局授予"全国税务系统文明单位"称号
2003	诏安县国税局	国家税务总局授予"全国税务系统文明单位"称号
2003	莆田市国税局征收局	国家税务总局授予"全国税务系统文明单位"称号
2003	南平市国税局征收局	国家税务总局授予"全国税务系统文明单位"称号
2003	福州市国税局征收局三科	全国城镇妇女"巾帼建功"活动领导小组授予"全国巾帼文明示范岗"称号
2003	厦门市国税局涉外税收管理局管理二科	全国城镇妇女"巾帼建功"活动领导小组授予"全国巾帼文明示范岗"称号
2003	武平县国税局	全国城镇妇女"巾帼建功"活动领导小组授予"全国巾帼文明示范岗"称号
2003	省国税局系统	省委、省政府授予"第三届(2000 – 2002 年度)全行业创建文明行业工作先进行业"称号
2003	省国税局	省委、省政府授予"文明单位"称号
2003	福州市国税局	省委、省政府授予"文明单位"称号
2003	闽侯县国税局	省委、省政府授予"文明单位"称号
2003	福州市国税局稽查局	省委、省政府授予"文明单位"称号
2003	福州市鼓楼区国税局	省委、省政府授予"文明单位"称号
2003	福州市台江区国税局	省委、省政府授予"文明单位"称号
2003	福州市马尾区国税局	省委、省政府授予"文明单位"称号
2003	福州市国税局涉外税收管理局	省委、省政府授予"文明单位"称号
2003	长乐市国税局	省委、省政府授予"文明单位"称号
2003	连江县国税局	省委、省政府授予"文明单位"称号
2003	闽清县国税局	省委、省政府授予"文明单位"称号
2003	平潭县国税局	省委、省政府授予"文明单位"称号
2003	福州市仓山区国税局城门分局	省委、省政府授予"文明单位"称号
2003	厦门市国税局管理二局湖里分局	省委、省政府授予"文明单位"称号
2003	厦门市杏林区国税局	省委、省政府授予"文明单位"称号
2003	厦门市海沧投资区国税局	省委、省政府授予"文明单位"称号
2003	漳州市国税局	省委、省政府授予"文明单位"称号
2003	漳州市国税局征收局	省委、省政府授予"文明单位"称号
2003	龙海市国税局	省委、省政府授予"文明单位"称号
2003	漳浦县国税局旧镇管理分局	省委、省政府授予"文明单位"称号

续表

表彰年份	获奖单位	授予单位及荣誉称号
2003	云霄县国税局	省委、省政府授予"文明单位"称号
2003	东山县国税局	省委、省政府授予"文明单位"称号
2003	南靖县国税局	省委、省政府授予"文明单位"称号
2003	长泰县国税局	省委、省政府授予"文明单位"称号
2003	漳州市国税局涉外税收管理局	省委、省政府授予"文明单位"称号
2003	漳州市芗城区国税局	省委、省政府授予"文明单位"称号
2003	漳州市龙文区国税局	省委、省政府授予"文明单位"称号
2003	平和县国税局	省委、省政府授予"文明单位"称号
2003	泉州市鲤城区国税局	省委、省政府授予"文明单位"称号
2003	石狮市国税局	省委、省政府授予"文明单位"称号
2003	晋江市国税局安海分局	省委、省政府授予"文明单位"称号
2003	晋江市国税局	省委、省政府授予"文明单位"称号
2003	南安市国税局	省委、省政府授予"文明单位"称号
2003	惠安县国税局洛阳分局	省委、省政府授予"文明单位"称号
2003	永春县国税局	省委、省政府授予"文明单位"称号
2003	德化县国税局	省委、省政府授予"文明单位"称号
2003	泉州市国税局征收局	省委、省政府授予"文明单位"称号
2003	安溪县国税局	省委、省政府授予"文明单位"称号
2003	莆田市国税局	省委、省政府授予"文明单位"称号
2003	仙游县国税局郊尾管理分局	省委、省政府授予"文明单位"称号
2003	莆田市荔城区国税局	省委、省政府授予"文明单位"称号
2003	莆田市城厢区国税局	省委、省政府授予"文明单位"称号
2003	莆田市涵江区国税局	省委、省政府授予"文明单位"称号
2003	莆田市秀屿区国税局	省委、省政府授予"文明单位"称号
2003	莆田市湄洲岛国税局	省委、省政府授予"文明单位"称号
2003	三明市国税局	省委、省政府授予"文明单位"称号
2003	三明市国税局征收局	省委、省政府授予"文明单位"称号
2003	三明市梅列区国税局	省委、省政府授予"文明单位"称号
2003	三明市三元区国税局	省委、省政府授予"文明单位"称号
2003	永安市国税局	省委、省政府授予"文明单位"称号
2003	沙县国税局	省委、省政府授予"文明单位"称号
2003	尤溪县国税局	省委、省政府授予"文明单位"称号
2003	明溪县国税局	省委、省政府授予"文明单位"称号

续表

表彰年份	获奖单位	授予单位及荣誉称号
2003	宁化县国税局	省委、省政府授予"文明单位"称号
2003	泰宁县国税局	省委、省政府授予"文明单位"称号
2003	清流县国税局	省委、省政府授予"文明单位"称号
2003	建宁县国税局	省委、省政府授予"文明单位"称号
2003	南平市国税局	省委、省政府授予"文明单位"称号
2003	南平市延平区国税局	省委、省政府授予"文明单位"称号
2003	邵武市国税局	省委、省政府授予"文明单位"称号
2003	顺昌县国税局	省委、省政府授予"文明单位"称号
2003	建瓯市国税局	省委、省政府授予"文明单位"称号
2003	建阳市国税局	省委、省政府授予"文明单位"称号
2003	浦城县国税局	省委、省政府授予"文明单位"称号
2003	光泽县国税局	省委、省政府授予"文明单位"称号
2003	松溪县国税局	省委、省政府授予"文明单位"称号
2003	政和县国税局	省委、省政府授予"文明单位"称号
2003	龙岩市国税局	省委、省政府授予"文明单位"称号
2003	永定县国税局	省委、省政府授予"文明单位"称号
2003	上杭县国税局	省委、省政府授予"文明单位"称号
2003	龙岩市新罗区国税局	省委、省政府授予"文明单位"称号
2003	宁德市国税局	省委、省政府授予"文明单位"称号
2003	宁德市蕉城区国税局城区分局	省委、省政府授予"文明单位"称号
2003	福安市国税局	省委、省政府授予"文明单位"称号
2003	福鼎市国税局	省委、省政府授予"文明单位"称号
2003	屏南县国税局	省委、省政府授予"文明单位"称号
2003	周宁县国税局	省委、省政府授予"文明单位"称号
2003	霞浦县国税局	省委、省政府授予"文明单位"称号
2003	古田县国税局	省委、省政府授予"文明单位"称号
2003	柘荣县国税局	省委、省政府授予"文明单位"称号
2003	福州市国税局计划征收局办税服务厅	省委、省政府授予"第三届创建文明行业工作先进单位"称号
2003	厦门市杏林区国税局办税服务厅	省委、省政府授予"第三届创建文明行业工作先进单位"称号
2003	漳州市国税局征收局办税服务厅	省委、省政府授予"第三届创建文明行业工作先进单位"称号

续表

表彰年份	获奖单位	授予单位及荣誉称号
2003	泉州市国税局征收局办税服务厅	省委、省政府授予"第三届创建文明行业工作先进单位"称号
2003	三明市国税局征收局梅列办税服务厅	省委、省政府授予"第三届创建文明行业工作先进单位"称号
2003	邵武市国税局征收局办税服务厅	省委、省政府授予"第三届创建文明行业工作先进单位"称号
2003	莆田市国税局涉外税收管理局党支部	省委授予"先进基层党支部"称号
2003	莆田市湄洲岛工商、国家分局联合党支部	省委授予"先进基层党支部"称号
2003	泉州市国税局办税服务厅	国家税务总局、团中央联合授予"2003年度税务系统全国青年文明号"称号
2003	厦门市国税局稽查局稽查二科	国家税务总局、团中央联合授予"2003年度税务系统全国青年文明号"称号
2003	省地税系统	省委、省政府授予"福建省第三届（2000—2002年度）全行业创建文明行业工作先进行业"称号
2003	省地税局	省委、省政府授予"文明单位"称号
2003	福州市地税局	省委、省政府授予"文明单位"称号
2003	福州市地税局直属分局	省委、省政府授予"文明单位"称号
2003	福州市地税局外税分局	省委、省政府授予"文明单位"称号
2003	福州市鼓楼区地税局	省委、省政府授予"文明单位"称号
2003	福州市台江区地税局	省委、省政府授予"文明单位"称号
2003	福州市仓山区地税局	省委、省政府授予"文明单位"称号
2003	福州市晋安区地税局	省委、省政府授予"文明单位"称号
2003	福州市马尾区地税局	省委、省政府授予"文明单位"称号
2003	福清市地税局	省委、省政府授予"文明单位"称号
2003	长乐市地税局	省委、省政府授予"文明单位"称号
2003	闽侯县地税局	省委、省政府授予"文明单位"称号
2003	连江县地税局	省委、省政府授予"文明单位"称号
2003	罗源县地税局	省委、省政府授予"文明单位"称号
2003	闽清县地税局	省委、省政府授予"文明单位"称号
2003	永泰县地税局	省委、省政府授予"文明单位"称号
2003	平潭县地税局	省委、省政府授予"文明单位"称号

续表

表彰年份	获奖单位	授予单位及荣誉称号
2003	厦门市地税局	省委、省政府授予"文明单位"称号
2003	厦门市地税局稽查局	省委、省政府授予"文明单位"称号
2003	厦门市开元区地税局	省委、省政府授予"文明单位"称号
2003	厦门市湖里区地税局	省委、省政府授予"文明单位"称号
2003	厦门市思明区地税局	省委、省政府授予"文明单位"称号
2003	厦门市鼓浪屿区地税局	省委、省政府授予"文明单位"称号
2003	厦门市同安区地税局	省委、省政府授予"文明单位"称号
2003	厦门市集美区地税局	省委、省政府授予"文明单位"称号
2003	厦门市杏林区地税局	省委、省政府授予"文明单位"称号
2003	漳州市地税局直属分局	省委、省政府授予"文明单位"称号
2003	漳州市芗城区地税局	省委、省政府授予"文明单位"称号
2003	龙海市地税局	省委、省政府授予"文明单位"称号
2003	云霄县地税局	省委、省政府授予"文明单位"称号
2003	诏安县地税局	省委、省政府授予"文明单位"称号
2003	东山县地税局	省委、省政府授予"文明单位"称号
2003	长泰县地税局	省委、省政府授予"文明单位"称号
2003	泉州市地税局	省委、省政府授予"文明单位"称号
2003	泉州市地税局外税分局	省委、省政府授予"文明单位"称号
2003	泉州市地税局稽查局	省委、省政府授予"文明单位"称号
2003	泉州市鲤城区地税局	省委、省政府授予"文明单位"称号
2003	泉州市丰泽区地税局	省委、省政府授予"文明单位"称号
2003	泉州市泉港区地税局	省委、省政府授予"文明单位"称号
2003	泉州市石狮市地税局	省委、省政府授予"文明单位"称号
2003	晋江市地税局	省委、省政府授予"文明单位"称号
2003	晋江市地税局磁灶分局	省委、省政府授予"文明单位"称号
2003	晋江市地税局陈埭分局	省委、省政府授予"文明单位"称号
2003	南安市地税局	省委、省政府授予"文明单位"称号
2003	南安市地税局集美分局	省委、省政府授予"文明单位"称号
2003	南安市地税局水头分局	省委、省政府授予"文明单位"称号
2003	南安市地税局征收分局	省委、省政府授予"文明单位"称号
2003	惠安县地税局	省委、省政府授予"文明单位"称号
2003	安溪县地税局	省委、省政府授予"文明单位"称号
2003	永春县地税局	省委、省政府授予"文明单位"称号

续表

表彰年份	获奖单位	授予单位及荣誉称号
2003	德化县地税局	省委、省政府授予"文明单位"称号
2003	莆田市地税局	省委、省政府授予"文明单位"称号
2003	莆田市地税局稽查局	省委、省政府授予"文明单位"称号
2003	莆田市地税局直属分局	省委、省政府授予"文明单位"称号
2003	莆田市荔城区地税局	省委、省政府授予"文明单位"称号
2003	莆田市城厢区地税局	省委、省政府授予"文明单位"称号
2003	莆田市涵江区地税局	省委、省政府授予"文明单位"称号
2003	莆田市涵江区地税局江口分局	省委、省政府授予"文明单位"称号
2003	莆田市地税局湄洲分局	省委、省政府授予"文明单位"称号
2003	三明市地税局	省委、省政府授予"文明单位"称号
2003	三明市地税局直属分局	省委、省政府授予"文明单位"称号
2003	三明市梅列区地税局	省委、省政府授予"文明单位"称号
2003	三明市三元区地税局	省委、省政府授予"文明单位"称号
2003	永安市地税局	省委、省政府授予"文明单位"称号
2003	沙县地税局城关分局	省委、省政府授予"文明单位"称号
2003	明溪县地税局	省委、省政府授予"文明单位"称号
2003	宁化县地税局	省委、省政府授予"文明单位"称号
2003	泰宁县地税局	省委、省政府授予"文明单位"称号
2003	建宁县地税局	省委、省政府授予"文明单位"称号
2003	南平市地税局征收分局	省委、省政府授予"文明单位"称号
2003	南平市延平区地税局	省委、省政府授予"文明单位"称号
2003	武夷山市地税局	省委、省政府授予"文明单位"称号
2003	建瓯市地税局	省委、省政府授予"文明单位"称号
2003	建阳市地税局	省委、省政府授予"文明单位"称号
2003	顺昌县地税局	省委、省政府授予"文明单位"称号
2003	浦城县地税局	省委、省政府授予"文明单位"称号
2003	光泽县地税局	省委、省政府授予"文明单位"称号
2003	松溪县地税局	省委、省政府授予"文明单位"称号
2003	政和县地税局	省委、省政府授予"文明单位"称号
2003	龙岩市地税局	省委、省政府授予"文明单位"称号
2003	龙岩市新罗区地税局	省委、省政府授予"文明单位"称号
2003	永定县地税局	省委、省政府授予"文明单位"称号
2003	上杭县地税局	省委、省政府授予"文明单位"称号

续表

表彰年份	获奖单位	授予单位及荣誉称号
2003	武平县地税局	省委、省政府授予"文明单位"称号
2003	长汀县地税局	省委、省政府授予"文明单位"称号
2003	连城县地税局	省委、省政府授予"文明单位"称号
2003	漳平市地税局	省委、省政府授予"文明单位"称号
2003	漳平市地税局城区分局	省委、省政府授予"文明单位"称号
2003	宁德市蕉城区地税局	省委、省政府授予"文明单位"称号
2003	宁德市蕉城区地税局征收分局	省委、省政府授予"文明单位"称号
2003	福安市地税局	省委、省政府授予"文明单位"称号
2003	福鼎市地税局	省委、省政府授予"文明单位"称号
2003	古田县地税局	省委、省政府授予"文明单位"称号
2003	屏南县地税局	省委、省政府授予"文明单位"称号
2003	周宁县地税局	省委、省政府授予"文明单位"称号
2003	霞浦县地税局	省委、省政府授予"文明单位"称号
2003	柘荣县地税局	省委、省政府授予"文明单位"称号
2003	福建省税务学校	省委、省政府授予"文明单位"称号
2003	省地税局直征分局办税服务厅	省委、省政府授予"第三届创建文明行业工作先进单位"称号
2003	福州市台江区地税局征收分局办税服务厅	省委、省政府授予"第三届创建文明行业工作先进单位"称号
2003	厦门市地税局外税分局办税服务厅	省委、省政府授予"第三届创建文明行业工作先进单位"称号
2003	晋江市地税局安海分局办税服务厅	省委、省政府授予"第三届创建文明行业工作先进单位"称号
2003	漳平市地税局城区分局办税服务厅	省委、省政府授予"第三届创建文明行业工作先进单位"称号
2003	南平市地税局征收分局办税服务厅	省委、省政府授予"第三届创建文明行业工作先进单位"称号
2003	厦门市开元区地税局开禾管理分局	全国妇联授予"全国巾帼文明示范岗"称号
2003	永安市地税局征收分局	全国妇联授予"全国巾帼文明示范岗"称号
2003	上杭县地税局城区分局	全国妇联授予"全国巾帼文明示范岗"称号
2003	永定县地税局城区分局征收股	全国妇联授予"全国巾帼文明示范岗"称号
2003	漳州市地税局直属分局征收科	全国妇联授予"全国巾帼文明示范岗"称号

续表

表彰年份	获奖单位	授予单位及荣誉称号
2003	南平市地税局征收分局办税服务厅	全国妇联授予"全国巾帼文明示范岗"称号
2003	福安市地税局征收分局	全国妇联授予"全国巾帼文明示范岗"称号
2003	省地税局机关工会	全国总工会授予"全国模范职工之家"称号
2003	厦门市地税局稽查局	国家税务总局授予"全国税务系统文明单位"称号
2003	漳州市芗城区地税局	国家税务总局授予"全国税务系统文明单位"称号
2003	莆田市涵江区地税局	国家税务总局授予"全国税务系统文明单位"称号
2003	古田县地税局	国家税务总局授予"全国税务系统文明单位"称号
2003	厦门市地税局	国家税务总局授予"全国税务系统信息化建设先进单位"称号
2003	厦门市地税局信息技术分局	国家税务总局授予"全国税务系统信息化建设先进单位"称号
2003	厦门市思明区地税局	国家税务总局授予"全国税务系统信息化建设先进单位"称号
2003	泉州市地税局	国家税务总局授予"全国税务系统信息化建设先进单位"称号
2003	莆田市地税局	国家税务总局授予"全国税务系统信息化建设先进单位"称号
2003	福鼎市地税局	国家税务总局授予"全国税务系统信息化建设先进单位"称号
2003	漳州市芗城区地税局	国家税务总局授予"全国税务系统信息化建设先进单位"称号
2003	闽侯县地税局	国家税务总局授予"全国税务系统信息化建设先进单位"称号
2003	三明市地税局直属分局	国家税务总局授予"全国税务系统信息化建设先进单位"称号
2003	省地税局	省政府授予"纠风工作先进集体"称号
2003	泉州市地税局	省政府授予"纠风工作先进集体"称号
2003	罗源县地税局	省政府授予"纠风工作先进集体"称号
2003	省地税局	省委授予"党建工作先进单位"称号
2004	省国税局创建青年文明号管理办公室	团中央等24个单位联合授予"十年青年文明号活动优秀组织奖"称号
2004	仙游县地税局	省政府授予"福建省就业和再就业工作先进集体"称号
2004	省地税局政策法规处	省政府授予"福建省就业和再就业工作先进集体"称号
2004	厦门市思明区地税局	省政府授予"福建省就业和再就业工作先进集体"称号
2004	尤溪县地税局	省政府授予"福建省就业和再就业工作先进集体"称号

续表

表彰年份	获奖单位	授予单位及荣誉称号
2004	石狮市地税局	省政府授予"福建省就业和再就业工作先进集体"称号
2004	福州市台江区地税局征收分局	团中央授予"全国青年文明号十年成就奖"称号
2005	邵武市国税局计征科	全国妇联授予"全国巾帼文明示范岗"称号
2005	柘荣县国税局办税服务厅	全国妇联授予"全国巾帼文明示范岗"称号
2005	厦门市海沧区国税局	国家人事部、国家税务总局联合授予"全国税务系统先进集体"称号
2005	福清市国税局	国家人事部、国家税务总局联合授予"全国税务系统先进集体"称号
2005	泉州市泉港区国税局	国家人事部、国家税务总局联合授予"全国税务系统先进集体"称号
2005	建阳市国税局	国家人事部、国家税务总局联合授予"全国税务系统先进集体"称号
2005	永安市国税局	中央精神文明建设指导委员会、国家人事部联合授予"全国文明单位"称号
2005	诏安县国税局	中央精神文明建设指导委员会、国家人事部联合授予"全国文明单位"称号
2005	宁德市国税局	中央文明委授予"全国精神文明创建工作先进单位"称号
2005	漳州市国税局	全国双拥工作领导小组、中央宣传部、中央文明办、民政部、总政治部联合授予"全国军民共建社会主义精神文明先进单位"称号
2005	省地税局	财政部、国家税务总局授予"全国税收资料调查工作先进单位"称号
2005	莆田涵江区地税局征收分局	全国妇联授予"全国巾帼文明示范岗"称号
2005	明溪县地税局城关分局	全国妇联授予"全国巾帼文明示范岗"称号
2005	漳州芗城区地税局征收分局	全国妇联授予"全国巾帼文明示范岗"称号
2005	蕉城区地税局征收分局	全国妇联授予"全国巾帼文明示范岗"称号
2005	福鼎市地税局征收分局	全国妇联授予"全国巾帼文明示范岗"称号
2005	晋江市地税局征收分局	全国妇联授予"全国巾帼文明示范岗"称号
2005	泉州市地税局征收分局	全国妇联授予"全国巾帼文明示范岗"称号
2005	莆田市地税局湄洲分局团支部	团中央授予"五四红旗团支部"称号
2005	晋江市地税局磁灶分局	全国青年文明号组委会授予"全国青年文明号信用建设示范单位"称号

续表

表彰年份	获奖单位	授予单位及荣誉称号
2005	福州仓山区地税局	全国双拥办等授予"全国军民共建社会主义精神文明先进单位"称号
2005	厦门市地税局	省委、省政府、省军区授予"爱国拥军模范单位"称号
2005	莆田城厢区地税局	省委、省政府、省军区授予"爱国拥军模范单位"称号
2005	厦门市地税局	中央精神文明建设指导委员会授予"全国文明单位"称号
2005	晋江市地税局	中央精神文明建设指导委员会授予"全国文明单位"称号
2005	漳州芗城区地税局	中央精神文明建设指导委员会授予"全国文明单位"称号
2005	福州市地税局外税分局	国家人事部、国家税务总局授予"全国税务系统先进集体"称号
2005	厦门市地税局信息技术分局	国家人事部、国家税务总局授予"全国税务系统先进集体"称号
2005	南平市地税务局征收分局	国家人事部、国家税务总局授予"全国税务系统先进集体"称号
2005	长汀县地税局南山分局	国家人事部、国家税务总局授予"全国税务系统先进集体"称号

（二）先进个人名表

年份	获奖姓名	所在单位	授予单位及荣誉称号
1989	苏文英	莆田市城厢税务分局	国务院授予"全国先进工作者"称号
1991	严　敏	霞浦县税务局溪南税务所所长	国家税务局、团中央联合授予"全国税务青年标兵"称号
1991	林明亮	仙游县税务局城关税务所专管员	国家税务局、团中央联合授予"全国税务青年标兵"称号
1991	丘吉光	连江县税务局敖江税务所所长	国家税务局、团中央联合授予"全国税务青年标兵"称号
1991	许国荣	厦门市税务局第三分局公园税务所所长	国家税务局、团中央联合授予"全国税务青年标兵"称号
1993	陈兴明	建阳县税务局黄坑税务所所长	国家人事部、国家税务总局联合授予"全国税务系统先进工作者"称号
1993	林明亮	仙游县税务局鲤城分局专管员	国家人事部、国家税务总局联合授予"全国税务系统劳动模范称号"称号
1995	吴步玉	仙游县国税局	省委、省政府授予"全省精神文明建设先进工作者"称号

续表

年份	获奖姓名	所在单位	授予单位及荣誉称号
1995	杨华强	石狮市地税局	省委授予"省优秀共产党员"称号
1995	黄训章	泉州市地税局	省委授予"省优秀共产党员"称号
1995	陈春庆	仙游县地税局	省委授予"省优秀共产党员"称号
1995	彭建龙	莆田市地税局	省委授予"省优秀共产党员"称号
1995	康桂美	省税校	国家税务总局授予"全国税务系统先进教育工作者"称号
1995	林金肥	省税校	国家税务总局授予"全国税务系统优秀教师"称号
1996	袁庭钰	清流县国税局	中共中央组织部授予"全国优秀共产党员"称号 国家人事部授予"全国人民满意的公务员"称号 省委授予"省优秀共产党员"称号 省政府授予"省劳动模范"称号
1996	黄昌有	龙岩市国税局	省委授予"省优秀共产党员"称号
1996	陈时镕	霞浦县国税局	省委授予"省优秀共产党员"称号
1997	林连元	南平市延平区国税局	国家人事部、国家税务总局联合授予"全国税务系统先进工作者"称号
1997	陈进福	东山县国税局	省委授予"省优秀共产党员"称号
1997	毛厚明	福清市国税局	省政府授予"省劳动模范"称号
1997	王钦民	福州市国税局直属四局	省政府授予"省劳动模范"称号
1997	陈德发	德化县国税局	省政府授予"省劳动模范"称号
1997	陈连泰	南安市地税局	国家人事部、国家税务总局联合授予"全国税务系统先进工作者"称号
1997	施维雄	晋江市地税局	省政府授予省"劳动模范"称号
1997	余清雄	惠安县地税局	省政府授予省"劳动模范"称号
1997	苏启芬	大田县地税局石牌税务所	省政府授予省"劳动模范"称号
1997	王振民	长汀县地税局	省政府授予"省先进工作者"称号
1997	王振民	长汀县地税局	省委授予"省优秀共产党员"称号
1998	张乃鹏	闽侯县国税局	省委、省政府授予"省窗口行业'满意服务'先进个人"称号
1998	郭爱莲	福州市台江区国税局	省委、省政府授予"省窗口行业'满意服务'先进个人"称号
1998	蔡少俊	莆田县国税局	省委、省政府授予"省窗口行业'满意服务'先进个人"称号

续表

年份	获奖姓名	所在单位	授予单位及荣誉称号
1998	苏木森	德化县国税局	省委、省政府授予"省窗口行业'满意服务'先进个人"称号
1998	林镇权	漳浦县国税局	省委、省政府授予"省窗口行业'满意服务'先进个人"称号
1998	黄 芳	邵武市国税局	省委、省政府授予"省窗口行业'满意服务'先进个人"称号
1998	林镇权	漳浦县国税局	省委、省政府授予"省第六届精神文明建设先进工作者"称号
1998	陈 荣	省国税局	省委、省政府授予"省第六届精神文明建设先进工作者"称号
1998	程汉儒	福州市地税局	省委、省政府授予"省第六届精神文明建设先进工作者"称号
1998	沈奠国	漳州市地税局	省委、省政府授予"省第六届精神文明建设先进工作者"称号
1998	谢育生	龙海市地税局	省委、省政府授予"省第六届精神文明建设先进工作者"称号
1998	陈目才	诏安县地税局	省委、省政府授予"省第六届精神文明建设先进工作者"称号
1998	王顺法	泉州市地税局	省委、省政府授予"省第六届精神文明建设先进工作者"称号
1998	陈连泰	南安市地税局	省委、省政府授予"省第六届精神文明建设先进工作者"称号
1998	庄荣辉	泉州市地税局	省委、省政府授予"省第六届精神文明建设先进工作者"称号
1998	郑永仁	莆田市地税局	省委、省政府授予"省第六届精神文明建设先进工作者"称号
1998	邹世明	南平市地税局	省委、省政府授予"省第六届精神文明建设先进工作者"称号
1998	李希昌	光泽县地税局	省委、省政府授予"省第六届精神文明建设先进工作者"称号
1998	吴汉文	龙岩市地税局	省委、省政府授予"省第六届精神文明建设先进工作者"称号
1998	池友平	福清市地税局	省委、省政府授予"省窗口行业'满意服务'先进个人"称号
1998	林苏滨	厦门市地税局	省委、省政府授予"省窗口行业'满意服务'先进个人"称号

续表

年份	获奖姓名	所在单位	授予单位及荣誉称号
1998	翁开枝	漳州市地税局直属分局	省委、省政府授予"省窗口行业'满意服务'先进个人"称号
1998	陈其南	晋江市地税局	省委、省政府授予"省窗口行业'满意服务'先进个人"称号
1998	杨林琼	莆田涵江区地税局	省委、省政府授予"省窗口行业'满意服务'先进个人"称号
1998	王巧云	永安市地税局	省委、省政府授予"省窗口行业'满意服务'先进个人"称号
1998	王家才	南平市地税局直属分局	省委、省政府授予"省窗口行业'满意服务'先进个人"称号
1998	黄惠萍	福安市地税局	省委、省政府授予"省窗口行业'满意服务'先进个人"称号
1998	陈寿福	龙岩市地税局	省委、省政府授予"省窗口行业'满意服务'先进个人"称号
1999	林惠文	莆田县国税局	省委授予"省新长征突击手"称号
1999	柯益刚	莆田县国税局	省委授予"省新长征突击手"称号
1999	黄横山	华安县国税局	省委授予"省新长征突击手"称号
1999	夏　勇	霞浦县国税局	省委授予"省新长征突击手"称号
1999	吴邦暖	沙县国税局	国家税务总局授予"全国优秀税务工作者"称号
1999	陈祖铭	宁德地区国税局	国家税务总局授予"全国优秀税务工作者"称号
1999	李建宏	福鼎市地税局	全国总工会授予"全国文明家庭"称号
1999	池友平	福清市地税局宏路分局	国家税务总局授予"全国税务系统先进工作者"称号
1999	余惠玲	厦门市地税局直征局	国家税务总局授予"全国税务系统先进工作者"称号
1999	陈清宝	莆田市地税局	省委授予"省优秀共产党员"称号
1999	张伙元	惠安县地税局	省委授予"省优秀共产党员"称号
2000	郭爱莲	福州市台江区国税局	国家税务总局、全国妇联联合授予"中国十大杰出女税务工作者"称号
2000	王美珍	省国税局直属分局	全国妇联授予"全国三八红旗手"称号
2000	袁秋水	长汀县国税局	省委、省政府授予"福建省先进工作者"称号
2000	叶　鸿	福州市晋安区地税局	省委、省政府授予"精神文明建设先进工作者"称号
2000	林松官	长乐市地税局	省委、省政府授予"精神文明建设先进工作者"称号
2000	方进勇	云霄县地税局	省委、省政府授予"精神文明建设先进工作者"称号

续表

年份	获奖姓名	所在单位	授予单位及荣誉称号
2000	陈目才	诏安县地税局	省委、省政府授予"精神文明建设先进工作者"称号
2000	黄雄伟	晋江市地税局	省委、省政府授予"精神文明建设先进工作者"称号
2000	周志望	南安市地税局	省委、省政府授予"精神文明建设先进工作者"称号
2000	陈东水	永春县地税局	省委、省政府授予"精神文明建设先进工作者"称号
2000	庄荣辉	泉州市地税局肖厝分局	省委、省政府授予"精神文明建设先进工作者"称号
2000	洪和平	泉州市地税局	省委、省政府授予"精神文明建设先进工作者"称号
2000	陈良明	福安市地税局	省委、省政府授予"精神文明建设先进工作者"称号
2000	曾永祥	古田县地税局	省委、省政府授予"精神文明建设先进工作者"称号
2000	胡自春	宁德市地税局	省委、省政府授予"精神文明建设先进工作者"称号
2000	严奉泽	省地税局机关党委	省委、省政府授予"精神文明建设先进工作者"称号
2000	池友平	福清市地税局宏路分局	省委、省政府授予"'创文明行业、建满意窗口'竞赛活动满意服务先进个人"称号
2000	陈盛存	厦门市集美区地税局后溪分局	省委、省政府授予"'创文明行业、建满意窗口'竞赛活动满意服务先进个人"称号
2000	沈盛波	诏安县地税局南诏分局	省委、省政府授予"'创文明行业、建满意窗口'竞赛活动满意服务先进个人"称号
2000	王建春	永春县地税局直属分局	省委、省政府授予"'创文明行业、建满意窗口'竞赛活动满意服务先进个人"称号
2000	郭继红	莆田市涵江区地税局	省委、省政府授予"'创文明行业、建满意窗口'竞赛活动满意服务先进个人"称号
2000	王琨	三明市地税局直属局征收分局	省委、省政府授予"'创文明行业、建满意窗口'竞赛活动满意服务先进个人"称号
2000	徐榴雁	南平市地税局直属分局办税服务厅	省委、省政府授予"'创文明行业、建满意窗口'竞赛活动满意服务先进个人"称号

续表

年份	获奖姓名	所在单位	授予单位及荣誉称号
2000	吴迪明	宁德市蕉城区地税局城关分局	省委、省政府授予"'创文明行业、建满意窗口'竞赛活动满意服务先进个人"称号
2000	施维雄	泉州市地税局	国务院授予"全国先进工作者"称号
2000	王培英	厦门市地税局	团中央授予"全国优秀共青团干部"称号
2000	林素贞	莆田市地税局	全国总工会授予"全国先进女职工"称号
2000	郑永仁	莆田市地税局	全国妇联授予"全国巾帼建功标兵"称号
2000	苏承改	泉州市地税局	国家税务总局授予"全国税收宣传先进个人"称号
2000	赖增轩	三明市地税局	国家税务总局授予"全国依法治税业务学习先进分子"称号
2000	刘晓玲	厦门市地税局	省政府授予"全省先进工作者"称号
2000	洪月琼	南安市地税局	省政府授予"全省先进工作者"称号
2000	郑仲义	漳州市地税局	省政府授予"全省先进工作者"称号
2000	陈日才	诏安县地税局	省政府授予"全省先进工作者"称号
2000	林素贞	莆田市地税局	省政府授予"全省先进工作者"称号
2000	唐日平	漳平市地税局	省政府授予"全省先进工作者"称号
2001	林镇权	诏安县国税局	国家人事部、国家税务总局联合授予"全国税务系统先进工作者"称号
2001	林明亮	仙游县国税局	国家人事部、国家税务总局联合授予"全国税务系统先进工作者"称号
2001	郭爱莲	福州市台江区国税局	全国妇联、国家税务总局等联合授予"全国十行百佳妇女先进个人"称号
2001	柯益刚	莆田市国税局征收局	省委、省政府授予"福建省先进工作者"称号
2001	王　真	三明市国税局征收局	省委、省政府授予"福建省先进工作者"称号
2001	李　东	顺昌县地税局	团中央、国家经贸委、劳动和社会保障部联合授予"全国青年岗位能手"称号
2001	林家忠	福州市地税局外税分局	国家人事部、国家税务总局联合授予"全国税务系统先进工作者"称号
2001	王巧云	永安市地税局办税服务厅	国家人事部、国家税务总局联合授予"全国税务系统先进工作者"称号
2001	刘晓玲	厦门市集美区地税局	全国总工会授予"全国先进女职工"称号
2001	沈　萍	福州市地税局机关工会	全国总工会授予"全国财贸系统优秀工会工作者"称号
2001	吴汉文	龙岩市地税局	省委授予"省优秀共产党员"称号

续表

年份	获奖姓名	所在单位	授予单位及荣誉称号
2001	庄荣辉	泉州市泉港区地税局	省委授予"省优秀共产党员"称号
2001	马 力	福州市地税局直属分局	省政府、省军区授予"优秀预任军官"称号
2002	李 钟	省国税局稽查局	国家税务总局给予记一等功称号
2002	何卫东	省国税局进出口税收管理分局	国家税务总局给予记二等功称号
2002	郑向阳	泉州市国税局监察室	国家税务总局给予记二等功称号
2002	周志望	南安市地税局	全国总工会授予"全国五一劳动奖章"称号
2003	黄志斌	厦门市国税局稽查局稽查二科	国家税务总局授予"全国优秀税务工作者"称号
2003	王振堂	福安市国税局	国家税务总局授予"全国优秀税务工作者"称号
2003	张 耕	闽侯县国税局	国家税务总局授予"全国优秀税务工作者"称号
2003	邱大南	省国税局征收管理处	国家税务总局授予"全国优秀税务工作者"称号
2003	杨常青	柘荣县国税局	省委、省政府授予"福建省先进工作者"称号
2003	陈义然	厦门市海沧投资区国税局	省委、省政府授予"福建省先进工作者"称号
2003	谢燕南	泉州市国税局	省委、省政府授予"福建省先进工作者"称号
2003	赖建文	泉州市国税局稽查局	团中央等十三个部委局联合授予"中国杰出（优秀）青年卫士"称号
2003	颜伟宏	泉州市地税局办公室	全国总工会授予"全国五一劳动奖章"称号
2003	许丽娟	莆田市涵江区地税局	全国总工会授予"全国五一劳动奖章"称号
2003	何 青	长乐市地税局	国家税务总局授予"全国税务系统优秀税务工作者"称号
2003	蔡 玲	漳平市地税局	国家税务总局授予"全国税务系统优秀税务工作者"称号
2003	张锦宏	厦门开元区地税局开禾分局	国家税务总局授予"全国税务系统优秀税务工作者"称号
2003	施明碳	石狮市地税局	国家税务总局授予"全国税务系统优秀税务工作者"称号
2003	陈海涛	省地税局信息技术处	国家税务总局授予"全国税务系统信息化建设先进工作者"称号
2003	张 毅	厦门市地税局	国家税务总局授予"全国税务系统信息化建设先进工作者"称号
2003	林立松	厦门市地税局信息技术分局硬件科	国家税务总局授予"全国税务系统信息化建设先进工作者"称号
2003	林建德	龙岩市地税局信息技术科	国家税务总局授予"全国税务系统信息化建设先进工作者"称号

续表

年份	获奖姓名	所在单位	授予单位及荣誉称号
2003	卢希贤	莆田市地税局信息技术科	国家税务总局授予"全国税务系统信息化建设先进工作者"称号
2003	林　军	南平市地税局信息技术科	国家税务总局授予"全国税务系统信息化建设先进工作者"称号
2003	刘万明	三明市地税局信息技术科	国家税务总局授予"全国税务系统信息化建设先进工作者"称号
2003	颜伟宏	泉州市地税局办公室	省委、省政府授予"福建省先进工作者"称号
2003	许丽娟	莆田市涵江区地税局	省委、省政府授予"福建省先进工作者"称号
2003	黄雄伟	晋江市地税局	省委、省政府授予"福建省先进工作者"称号
2003	施明碳	石狮市地税局	省委、省政府授予"福建省先进工作者"称号
2003	周志望	南安市地税局	省委、省政府授予"福建省先进工作者"称号
2003	华　富	三明市三元区地税局	省委、省政府授予"福建省先进工作者"称号
2003	江柏旺	长汀县地税局	省委、省政府授予"福建省先进工作者"称号
2003	黄惠萍	福安市地税局征收分局	省委、省政府授予"福建省先进工作者"称号
2003	杨常青	柘荣县地税局	省委、省政府授予"福建省先进工作者"称号
2003	林长寿	云霄县地税局云陵分局管理一股	省委、省政府授予"创建文明行业工作先进个人"称号
2003	吴福闪	仙游县地税局郊尾分局	省委、省政府授予"创建文明行业工作先进个人"称号
2003	吴爱梅	福鼎市地税局征收分局	省委、省政府授予"创建文明行业工作先进个人"称号
2003	陈思奇	永安市地税局征收分局	省委、省政府授予"创建文明行业工作先进个人"称号
2003	陆明亮	厦门市地税局	省政府授予"纠风工作先进个人"称号
2003	王马养	龙岩市地税局监察室	省政府授予"纠风工作先进个人"称号
2003	李德明	省地税局监察室	省政府授予"纠风工作先进个人"称号
2003	王　强	闽侯县地税局	省委、省政府授予"精神文明建设先进工作者"称号
2003	陈信英	闽清县地税局	省委、省政府授予"精神文明建设先进工作者"称号
2003	许丽娟	莆田市涵江区地税局	省委、省政府授予"精神文明建设先进工作者"称号
2003	陈文雄	泰宁县地税局	省委、省政府授予"精神文明建设先进工作者"称号

续表

年份	获奖姓名	所在单位	授予单位及荣誉称号
2003	张锦珊	省地税局宣教处	省委、省政府授予"精神文明建设先进工作者"称号
2004	叶守光	福州市国税局涉外管理局	团中央等24个单位联合授予"十年青年文明活动优秀个人奖"称号
2004	谢燕南	泉州市国税局	全国总工会授予"全国五一劳动奖章"称号
2004	李国成	厦门市国税局	国家税务总局给予记三等功称号
2004	郭新辉	龙岩市新罗区地税局税政股	国务院授予"全国就业和再就业工作先进工作者"称号
2004	林金秋	莆田市城厢区地税局	全国总工会授予"全国五一劳动奖章"称号
2004	杨　烽	宁德市地税局税政管理二科	全国总工会授予"全国五一劳动奖章"称号
2004	林建委	龙海市地税局	省政府授予"就业和再就业工作先进工作者"称号
2004	江月清	福州市晋安区地税局税政科	省政府授予"就业和再就业工作先进工作者"称号
2004	杨建忠	南平市地税局法规科	省政府授予"就业和再就业工作先进工作者"称号
2004	陈清松	福安市地税局坂中分局	省政府授予"就业和再就业工作先进工作者"称号
2004	赵州生	龙岩市地税局	团中央授予"十年全国青年文明号活动优秀个人奖"称号
2005	刘金英	仙游县国税局计划征收科	国家人事部、国家税务总局联合授予"全国税务系统先进工作者"称号
2005	何敦玉	省国税局人事处	国家人事部、国家税务总局联合授予"全国税务系统先进工作者"称号
2005	林镇权	诏安县国税局	国务院授予"全国先进工作者（劳动模范）"称号
2005	郑建新	省地税局	国务院第一次全国经济普查领导小组授予"第一次全国经济普查国家级先进个人"称号
2005	陈　健	顺昌县地税局	国家人事部、国家税务总局联合授予"全国税务系统先进工作者"称号
2005	张美雪	晋江市地税局	全国妇女巾帼建功活动领导小组授予"全国'巾帼建功'标兵"称号
2005	黄秀兰	龙岩市地税局	全国总工会授予"全国工会财会工作荣誉积极分子"称号

四、税务数据选录

（一）1989—2005年福建省各项税收收入情况表

单位：万元

税　种 ＼ 年　份	1989	1990	1991	1992	1993	1994	1995	1996	1997
产品税	101513	113879	134527	137408	189346	—	—	—	—
增值税	90590	100367	110962	134359	218547	625598	727625	808376	912617
营业税	112164	121253	137072	166441	262361	235872	290913	357069	451727
消费税	—	—	—	—	—	109000	129186	144711	156285
资源税	59	84	85	208	636	4574	4738	5171	5564
盐税	4658	3981	3394	3314	3134	—	—	—	—
城市维护建设税	15969	18898	20186	23549	35826	41069	54699	60807	71048
中外合资经营企业所得税	3006	2907	2044	70	—	—	—	—	—
外国企业所得税	602	1284	2395	67	—	—	—	—	—
外商投资企业和外国企业所得税	—	—	1320	9825	17694	31000	36284	36909	49891
国营企业所得税	79641	63178	62115	62513	80242	—	—	—	—
国营企业工资调节税	287	657	487	451	1	—	—	—	—
集体企业所得税	23046	23684	23618	27319	37721	—	—	—	—
企业所得税	—	—	—	—	—	151671	179727	214577	275038
个人所得税	313	389	677	790	1158	36934	75978	106851	144219
个人收入调节税	3616	5539	6805	9671	16162	—	—	—	—
城乡个体工商业户所得税	2410	3021	4444	6143	10080	—	—	—	—
国营企业奖金税	905	1418	982	641	23	—	—	—	—
事业单位奖金税	230	413	180	148	1	—	—	—	—
集体企业奖金税	197	374	285	239	2	—	—	—	—

续表

税种 ＼ 年份	1989	1990	1991	1992	1993	1994	1995	1996	1997
土地增值税	—	—	—	—	—	—	4	145	490
房产税	6247	8265	10740	12377	16381	18960	25499	35787	56003
车船使用税（车船使用牌照税）	1727	1858	2553	2754	2920	3455	3728	4126	4562
车辆购置税	—	—	—	—	—	—	—	—	—
印花税	1711	1891	1732	2180	3053	3507	4836	7295	11005
城镇土地使用税	3011	4802	4856	4047	4274	4672	5274	8890	10856
屠宰税	455	470	492	484	469	1312	2611	2915	3532
固定资产投资方向调节税	—	—	3107	9912	9852	10963	13636	13261	19279
筵席税	21	16	18	16	—	—	—	—	—
特别消费税	10764	17069	2999	12	66	—	—	—	—
工商统一税	28069	35963	47121	60853	114749	—	—	—	—
专项调节税	1723	2025	783	153	176	—	—	—	—
私营企业所得税	109	161	180	255	613	—	—	—	—
牲畜交易税	23	23	29	19	—	—	—	—	—
建筑税	5864	9087	5338	822	—	—	—	—	—
滞纳金、罚款收入	1811	2103	3235	3979	6464	4026	6551	9080	10817
其他各税	—	—	—	—	—	20300	20724	22606	7987
股份制企业所得税	—	—	—	—	2951	—	—	—	—
税收收入合计	500741	545059	594761	681019	1034902	1302913	1582013	1838576	2190920

税种 ＼ 年份	1998	1999	2000	2001	2002	2003	2004	2005
产品税	—	—	—	—	—	—	—	—
增值税	999877	1087908	1432300	1640941	1912363	2197314	2522732	2942413

续表

税种＼年份	1998	1999	2000	2001	2002	2003	2004	2005
营业税	541773	585131	639893	666627	768102	851401	1030208	1230315
消费税	213997	235274	295404	317690	331196	355449	409356	434550
资源税	5360	6490	7002	7136	9857	14501	17486	21438
盐税	—	—	—	—	—	—	—	—
城市维护建设税	79576	87674	97640	97518	121356	138958	159996	185546
中外合资经营企业所得税	—	—	—	—	—	—	—	—
外国企业所得税	—	—	—	—	—	—	—	—
外商投资企业和外国企业所得税	61466	80203	128522	200931	259337	309977	396193	451435
国营企业所得税	—	—	—	—	—	—	—	—
国营企业工资调节税	—	—	—	—	—	—	—	—
集体企业所得税	—	—	—	—	—	—	—	—
企业所得税	242278	273438	364300	567922	476862	589180	767756	903867
个人所得税	183897	225166	303593	447194	470855	531371	613295	685346
个人收入调节税	—	—	—	—	—	—	—	—
城乡个体工商业户所得税	—	—	—	—	—	—	—	—
国营企业奖金税	—	—	—	—	—	—	—	—
事业单位奖金税	—	—	—	—	—	—	—	—
集体企业奖金税	—	—	—	—	—	—	—	—
土地增值税	868	2343	4327	5264	7890	9874	16100	40782
房产税	69511	82047	97134	100091	118406	131260	144529	169582

续表

税种 ＼ 年份	1998	1999	2000	2001	2002	2003	2004	2005
车船使用税（车船使用牌照税）	5311	5510	6086	5926	7297	9810	12107	12665
车辆购置税	—	—	—	73000	111000	143000	163000	182458
印花税	13775	14928	18380	19946	26935	34769	43993	55272
城镇土地使用税	13383	14188	16033	15057	17611	20207	22901	29392
屠宰税	4323	5133	5055	4079	4648	606	—	—
固定资产投资方向调节税	26344	23699	8780	2934	654	70	53	104
筵席税	—	—	—	—	—	—	—	—
特别消费税	—	—	—	—	—	—	—	—
工商统一税	—	—	—	—	—	—	—	—
专项调节税	—	—	—	—	—	—	—	—
私营企业所得税	—	—	—	—	—	—	—	—
牲畜交易税	—	—	—	—	—	—	—	—
建筑税	—	—	—	—	—	—	—	—
滞纳金、罚款收入	—	—	—	—	—	—	—	—
其他各税	1883	911	—	—	—	—	—	—
股份制企业所得税	—	—	—	—	—	—	—	—
税收收入合计	2463622	2730043	3424449	4172256	4644369	5337747	6319705	7345165

注：1. 相关税种不含海关代征，出口退税未予剔除。
2. 其他各税是指国税部门征收的资源税、城市维护建设税、房产税、城镇土地使用税、印花税、车船使用税、屠宰税、专项调节税等，以上税种从1999年开始均由地税局征收。
3. 滞纳金、罚款收入中的1994—1997年的数字，均是地税系统的。

（二）1990—2005 年农业四税收入情况表

单位：万元

年份	农业税	农林特产税	契税	耕地占用税
1990	9254	17271	499	2962
1991	9385	19620	904	3732
1992	10052	20743	2634	6516
1993	9201	22520	4864	9298
1994	18823	56130	10388	19013
1995	20513	71446	12446	16709
1996	28937	78172	13156	17128
1997	24402	85315	16234	16080
1998	21757	82400	30027	15439
1999	20892	86188	47066	13617
2000	18220	81425	55799	13474
2001	11878	70102	65058	15997
2001	16134	84127	84010	15489
2003	11785	37141	115484	20931
2004	7835	39307	168277	27668
2005		22021	209093	32003

（三）1994—2005 年福建省国税、地税税收收入表

单位：亿元

年份	国税税收收入	地税税收收入	国税、地税税收收入之和
1994	86.600	43.691	130.291
1995	102.452	55.749	158.201
1996	113.442	70.415	183.857
1997	127.622	91.470	219.092
1998	144.699	101.663	246.362
1999	157.544	115.460	273.004
2000	212.907	129.538	342.445
2001	258.221	159.005	417.226
2002	291.581	172.856	464.437
2003	331.822	201.953	533.775
2004	388.325	243.645	631.970
2005	450.800	283.716	734.516

（四）1989—2005 年福建省基金与规费征收情况表

单位：万元

年份	基金			社会保险费	其他收费				
	能源交通重点建设基金	国家预算调节基金	以工建农、以工补农资金		教育费附加	地方教育附加	社会事业发展费	文化事业建设费	基础设施建设附加费
1989	41772	20005	0	0	0	0	0	0	0
1990	40431	24715	0	0	1446	0	0	0	0
1991	42454	28373	0	0	5011	0	0	0	0
1992	34317	24471	0	0	5933	0	0	0	0
1993	34543	24254	0	0	7920	0	0	0	0
1994	4477	5385	2512	0	3818	0	8406	0	24152
1995	923	3302	3111	0	6296	0	28419	0	26188
1996	434	429	2634	0	13167	0	33100	0	17346
1997	0	0	2166	0	24206	0	42485	3215	20558
1998	0	0	2295	0	33542	0	44547	4696	22352
1999	0	0	2178	0	35282	0	47744	4890	24466
2000	0	0	3087	0	41357	0	63793	5761	24752
2001	0	0	2108	379262	43869	0	65004	5998	1220
2002	0	0	19	450562	44660	15425	13081	6295	515
2003	0	0	4	523614	54737	21895	1025	7015	418
2004	0	0	1	704749	61592	26066	233	8922	168
2005	0	0	55	947932	75329	33369	70	10016	63
合计	199351	130934	20170	3006119	458165	96755	347907	56808	162198

（五）1989—1993 年福建省税务系统人员构成情况表

单位：人

年份	构成人数项目	人数	女性	少数民族	文化程度							
					硕士研究生数	大学本科数	大专人数	中专人数	高中人数	初中以下人数		
1989	合计	13372	2494	110	1	215	1941	3092	5483	2640		
	干部	11725	2139	79	1	215	1939	3052	4726	1792		
	工人	1647	355	31	0	0	2	40	757	848		
1990	合计	13816	2759	102	6	279	2472	3445	5232	2382		
	干部	12117	2377	92	6	279	2464	3388	4367	1613		
	工人	1699	382	10	0	0	8	57	865	769		
1991	合计	14153	2913	126	11	390	3044	3689	4839	2180		
	干部	12458	2537	118	10	388	3014	3595	4012	1439		
	工人	1695	376	8	1	2	30	94	827	741		
1992	合计	14515	3085	155	11	447	3546	3907	4514	2090		
	干部	12685	2689	142	11	447	3490	3781	3612	1344		
	工人	1830	396	13	0	0	56	126	902	746		
1993	合计	14977	3254	131	12	512	3771	4166	4532	1984		
	干部	12937	2765	115	12	512	3724	4014	3486	1189		
	工人	2040	489	16	0	0	47	152	1046	795		

续表

年份	构成人数项目	政治面貌				年龄						
		中共党员人数	共青团员人数	民主党派人数	无党派数	30岁及以下人数	31~35岁人数	36~45岁人数	46~50岁人数	51~55岁人数	56~60岁人数	61岁及以上人数
1989	合计	3830	5778	4	3760	8825	1381	1143	733	667	608	15
	干部	3549	5292	4	2880	7801	1026	944	677	656	606	15
	工人	281	486	0	880	1024	355	199	56	11	2	0
1990	合计	3973	6139	8	3696	9133	1509	1164	744	665	597	4
	干部	3640	5697	8	2772	8180	1085	932	683	640	593	4
	工人	333	442	0	924	953	424	232	61	25	4	0
1991	合计	4220	5621	250	4062	9278	1653	1312	697	591	567	55
	干部	3850	5222	217	3169	8412	1188	1039	641	558	565	55
	工人	370	399	33	893	866	465	273	56	33	2	0
1992	合计	4407	4945	213	4950	9145	1988	1518	658	550	584	72
	干部	4006	4560	198	3921	8232	1484	1206	600	512	579	72
	工人	401	385	15	1029	913	504	312	58	38	5	0
1993	合计	4761	5065	22	5129	8947	2513	1752	618	569	559	19
	干部	4314	4641	19	3963	7997	1964	1338	543	530	546	19
	工人	447	424	3	1166	950	549	414	75	39	13	0

（六）1994—2005年福建省国税系统人员情况表

单位：人

年份				1994	1995	1996	1997	1998	1999	2000	2001	2002	2003	2004	2005
人数总计				13555	14010	14593	15054	15448	15392	15829	14204	14172	13493	13484	13586
正式职工	正式干部	合计		9014	9244	9556	9809	9948	9975	9947	9519	9584	9638	9670	9810
		小计		7804	8410	8723	9381	9522	9538	9494	9077	9119	9167	9202	9336
		其中女性		1756	1947	2052	2222	2274	2297	2266	2223	2233	2265	2296	2350
		学历情况	硕士研究生	5	14	16	18	21	23	24	25	26	33	48	54
			本科	361	486	646	791	951	1157	1228	1538	1823	2209	2809	3898
			专科	2429	2905	3210	3492	3991	3546	3743	3848	3890	4042	4108	3944
			中专	2407	2419	2472	2603	2434	2363	2174	1800	1571	1263	923	537
			高中	1976	2013	1854	1995	1688	2002	1928	1613	1566	1386	1102	722
			初中以下	626	573	525	482	437	447	397	253	243	234	212	181
		政治情况	共产党员	2752	3184	3703	4220	4654	4882	5159	5340	5476	5818	5903	6094
			共青团员	2208	2204	2162	2033	1744	1327	1138	678	625	501	416	394
			民主党派	7	9	11	35	17	20	24	24	29	33	37	37
			无党派	2837	3013	2847	3093	3107	3309	3173	3035	2989	2815	2846	2811
		年龄情况	30岁及以下	4118	3723	3498	3236	2973	2589	2192	1759	1490	1193	998	883
			31～35岁	1830	2674	3014	3791	3613	3222	2681	2101	1977	1866	1676	1529
			36～45岁	912	1126	1313	1523	2133	2935	3787	4570	4864	5104	5346	5562
			46～50岁	269	249	577	517	492	482	541	414	503	662	789	878
			51～55岁	314	327						160	180	200	244	314
			56～60岁	351	305	314	311	303	310	291	72	104	142	149	170
			61岁及以上	10	6	7	3	8	0	2	1	1	0	0	0
	工人			1210	834	833	428	426	437	453	442	465	471	468	474
	临时人员			2440	2617	2860	3047	3275	3142	3615	2140	2100	1429	1431	1427
离退休人员	小计			2101	2149	2177	2198	2225	2275	2267	2545	2488	2426	2383	2349
	离休人数			277	263	259	247	238	234	224	210	208	201	190	178
	退休人数			1824	1886	1918	1951	1987	2041	2043	2335	2280	2225	2193	2171

（七）1994—2005年福建省地税系统人员情况表

年份				1994	1995	1996	1997	1998	1999	2000	2001	2002	2003	2004	2005
人数总计				8106	10165	9187	9289	9696	8254	10303	10336	9940	10122	8180	10513
正式职工	合计			6971	8493	7554	7894	8163	8217	8494	8364	8432	8588	8071	8741
正式职工	正式干部	小计		6017	7918	6983	7304	7620	7669	7914	7765	7828	7943	8046	8108
正式职工	正式干部	其中女性		—	1782	1651	1698	1844	1904	2013	2004	2030	2064	2136	2156
正式职工	正式干部	学历情况	硕士研究生	—	11	16	18	20	22	24	30	34	40	62	74
正式职工	正式干部	学历情况	本科	—	557	824	999	1115	1202	1509	1744	1964	2336	2892	3983
正式职工	正式干部	学历情况	专科	—	2600	2548	2904	3389	3085	3403	3362	3428	4206	4128	3330
正式职工	正式干部	学历情况	中专	—	2495	1993	2015	1932	1807	1581	1407	1223	682	431	297
正式职工	正式干部	学历情况	高中	—	1627	1257	1068	906	1292	1161	1080	1043	566	428	328
正式职工	正式干部	学历情况	初中以下	—	628	345	300	258	261	236	142	136	113	105	96
正式职工	正式干部	政治情况	共产党员	—	2986	3134	3565	4054	4469	4888	4987	5211	5450	5682	5835
正式职工	正式干部	政治情况	共青团员	—	2474	1896	1870	1706	0	1265	1025	777	661	549	443
正式职工	正式干部	政治情况	民主党派	—	59	3	6	7	13	19	19	23	23	28	42
正式职工	正式干部	政治情况	无党派	—	2404	1950	1863	1853	0	1743	1735	1819	1813	1787	1788
正式职工	正式干部	年龄情况	30岁及以下	—	5655	5433	5433	2927	2716	2596	2375	2130	1898	1574	1360
正式职工	正式干部	年龄情况	31～35岁	—		—		2605		1981		1535		1659	
正式职工	正式干部	年龄情况	36～45岁	—	1374	928	1456	1474	1961	2669	3238	3505	3669	3890	4039
正式职工	正式干部	年龄情况	46～50岁	—	434	424	460	383	40	439	328	427	509	579	612
正式职工	正式干部	年龄情况	51～54岁	—	262	—	—	—	—	—	125	137	163	193	234
正式职工	正式干部	年龄情况	55～59岁	—	192	193	276	224	227	222	78	93	126	151	157
正式职工	正式干部	年龄情况	60岁及以上	—	6	5	25	7	7	8	2	3	0	0	1
正式职工	工人			954	575	571	590	543	548	580	599	604	645	25	633
临时人员				739	1361	1582	1352	1481	0	1755	1747	1489	1524	96	1727
离退休人员	小计			396	311	51	43	52	37	54	225	19	10	13	45

编 后 记

《福建省志·税务志（1989—2005）》于 2006 年开始编纂。省国税局、省地税局领导十分重视，联合成立《福建省志·税务志（1989—2005）》编纂委员会和编辑部，确定正、副主编及编写人员，并解决修志工作的编辑人员、场所、经费等具体问题。该志书的编纂大体经历了以下几个阶段：第一阶段：借鉴上轮志书体例和外地修志经验，制订编修计划，拟定志书篇目，经过多次讨论和听取专家意见，作多次修改和补充；第二阶段：广泛收集原始资料，依照篇目进行分门别类，然后开展试写。并请省方志委专家对试写稿进行评讲，确定模版后开展全面编纂。到 2010 年，完成 50 多万字初稿编写任务；第三阶段：在此基础上，请省方志委专家对初稿进行点评，"解剖麻雀"，帮助提高；第四阶段：召开由省方志委专家和有关人员参加的初稿评议会。根据评议意见，编辑部于 2011 年 5 月又组织人员，抽调吴诚和聘请何明才两位同志，对原稿进行全面修改。12 月，完成修改稿，并印制 80 份，分发给省国税局、省地税局领导，编委会成员，熟悉税务情况的离退休老同志以及各处室负责人审阅。2012 年 2 月 15 日，召开志稿一审评议会。根据评议和领导及各处室意见，编纂人员对志稿又进行深入总纂，精心修改，微调篇目，增删资料，核对史实，平衡全志，形成送审稿。5 月 15 日，召开二审评议会。之后，形成正式书稿，上报省方志委审定出版。

本志书各章节编纂人员分工如下：

概述：包逸生、吴诚；

第一章税制与管理体制：杨纯华、包逸生；

第二章税种：包逸生、夏长安、杨纯华、郑旭田（第 1 节），包逸生、叶明、杨纯华（第 2 节），杨纯华、包逸生（第 3 节），杨纯华、包逸生（第 4 节），郑旭田、陈新儿、杨纯华（第 5 节）；

第三章税收管理：包逸生、郑旭田、苏翔天、陈端拯（国税内容），王爱华、翁祖东（地税内容）；

第四章法制建设：包逸生（国税内容），李朝霞（地税内容）；

第五章税收科研与宣传：缪爱东（国税内容），赖勤学、王爱华（地税内容）；

第六章机构与队伍：陈端拯、吴诚（国税内容），赖勤学、王爱华（地税内容）；

大事年表：苏翔天（国税内容），翁祖东（地税内容）；

总纂：包逸生、赖勤学。

余祥霞、陈瑞霞帮助资料汇编和文字整理；王大华编译英文目录。为本志书提供原始数据和资料的还有陈光平、何荔春、李斌、李红、李香美、林国清、林清、陈永州、吕奕森、陈良银、黄明毅、宋军、陈凌枫、陈斌、陈慧明、刘一剑、林兰、黄映青、汤志勇、范向群、姚斌、黄清若、李诸斌、施剑峰、刘懿、许增强、兰晓锋、黄文化等。

本志在编纂过程中，得到省国税局和省地税局领导的高度重视和大力支持，得到省方志委领导和专家的悉心指导，得到省档案馆、省图书馆、国地税局档案部门的热心帮助，得到国税、地税各处室领导的支持和密切配合，在此致以诚挚的谢意！

《福建省志·税务志（1989—2005）》编辑部

2012 年 6 月